FINANCE

互联网金融系列教材
HULIANWANG JINRONG XILIE JIAOCAI

征信技术与实务

ZHENGXIN JISHU YU SHIWU

主　编◎楼裕胜
副主编◎安　静　杨秋海　徐　倩

中国金融出版社

责任编辑：王　君
责任校对：李俊英
责任印制：张也男

图书在版编目（CIP）数据

征信技术与实务/楼裕胜主编．—北京：中国金融出版社，2018.2
ISBN 978-7-5049-9331-1

Ⅰ.①征…　Ⅱ.①楼…　Ⅲ.①信用制度—研究　Ⅳ.①F830.5

中国版本图书馆CIP数据核字（2017）第296107号

征信技术与实务
ZHENGXIN JISHU YU SHIWU
出版
发行　中国金融出版社
社址　北京市丰台区益泽路2号
市场开发部　(010)66024766，63805472，63439533（传真）
网 上 书 店　www.cfph.cn
　　　　　　(010)66024766，63372837（传真）
读者服务部　(010)66070833，62568380
邮编　100071
经销　新华书店
印刷　保利达印务有限公司
尺寸　185毫米×260毫米
印张　12
字数　260千
版次　2018年2月第1版
印次　2022年7月第5次印刷
定价　39.00元
ISBN 978-7-5049-9331-1

前言

信用是立国之本，是市场经济发展的必然要求。信用对社会经济发展的重要意义从宏观的视角来看，是社会稳定的基石，是经济发展的助推器，因而受到从中央到地方各级党委政府的重视。从微观的视角来看，良好的信用可以提升企业与个人形象，企业与个人可以因主体守信而获取经济利益，因此，信用也越来越得到企业和个人等主体的关注。随着我国社会经济发展中产生的新问题和新矛盾越来越多、越来越复杂，一个完善社会信用体系的建立，显得越来越重要。

征信是社会信用体系建设过程中的基础环节，是关系到整个社会信用体系建设水平的关键，自然会受到政府和社会各界的关注。特别是自 2013 年国务院颁布《征信业管理条例》以来，征信在社会信用体系建设中的地位进一步凸显。

我国自古以来有很多关于信用的思想，近现代也有很多实践与探索，更是在 1932 年就诞生了第一家征信机构—中华征信所，与西方征信发达的国家征信业起源的历史相近。但是我们必须承认，在该领域内，我国与发达国家有一定差距，特别是在人才培养方面。当代的大学生是我国今后社会信用体系建设的主力军、参与者和见证人，也将是最大的受益者。培养大学生信用意识、拓展大学生信用知识、提升大学生信用能力以及延展大学生信用素养，作为培养合格社会主义接班人的高等院校义不容辞，这也是编者编写此书的初衷。

本书从普及征信知识入手，从中国当前征信发展的实际出发，结合高职高专学生的特点，引入大量的案例与素材，力求使用浅显易懂的语言来编写。在编写过程中，作者参考了众多的文献与资料，既吸收了一些当前征信研究的前沿成果，也选取了一些实际工作部门的案例。

本书由浙江金融职业学院楼裕胜担任主编，由顺德职业技术学院安静、河南财政金融学院杨秋海和江苏财会职业学院徐倩担任副主编。具体编写分工如下：第一章　浙江金融职业学院楼裕胜；第二章　陕西财经职业技术学院韩梦娟、邓婕；第三章　江苏财会职业学院徐倩；第四章　陕西财经职业技术学院路涛；第五章　江苏财会职业学院张诗雨；第六章　河南财政金融学院杨秋海；第七章　顺德职业技术学院安静、胡锦娟；第八章　顺德职业技术学院马瑞、卢丽琴。

目录

第一章

绪　　论

【学习目标】

- 掌握征信的概念，理解征信的特征与功能
- 掌握征信产品与服务的种类与适用
- 了解征信的起源与发展，明确征信对整个社会的意义
- 掌握征信体系的含义、内容，明确国外征信体系的模式

第一节　征信的概念

一、征信的含义

（一）征信的词义

征信一词来源于《左传·昭公八年》中的“君子之言，信而有征，故怨远于其身”。其中，“信而有征”意为可验证其言为信实，或征求、验证信用。在英语世界里，有“credit checking”“credit investigation”“credit inquiry/enquiry”等词，通常我们认为，这就是汉语中的“征信”或称之为“信用调查”。目前广泛使用的词是“credit reporting”，在英美等相关法律和世界银行以及一些研究机构的参考文献中常用这个词。“credit reporting”的含义所涵盖的范围更广，能够更好地与汉语中的“征信”一词相对应。

相应地，从事征信活动的机构，就是征信机构，又称征信所，如解放前的中国征信所、联合征信所等。按照台北中国文化书院 1968 年版《中文大词典》的解释，征信所是以调查报告工厂、商号暨个人身家事业之财产信用，以及市场消息为职务之机关，有营利、非营利两种。前者以营利为目的而设立，受他人之委托，调查报告公司、团体或个人之信用状况；后者是银行业或工商业联合组织，为自卫手段的一种。

综上所述，征信就是专业化的、独立的第三方机构为个人或企业建立信用档案，依法采集、客观记录其信用信息，并依法对外提供信用信息服务的一种活动，它为专业化的授信机构提供了信用信息共享的平台。

征信还有一个重要的特点是尊重事实，让事实说话，即这条信息是可验证、有记

录的。对于准确性不高的信息，坚决不予采集，因为异议处理将会使征信活动从经济层面看很不划算，并且会影响到征信的公信力。

（二）征信的含义

根据信用管理工作内容的不同，有狭义征信和广义征信之分。

所谓狭义的征信，就是指对信用主体的信息进行采集、核实、整理、保存、加工等对外服务的活动，包括资信调查和信用评级等业务活动。目前一般由第三方征信机构依法收集、整理、保存、加工信用主体信用信息，并对外提供征信报告、信用咨询等信用管理服务，帮助客户判断和控制信用风险。

而广义的征信，则是在狭义征信的基础上，加入深度的信用管理服务。即除了传统征信报告、信用咨询等服务外，还开展信用评级、商账追收、信用担保、信用保险和保理、深度信用管理咨询以及信用衍生产品的开发与应用活动，提供信用风险防范。

在企业或个人全过程的信用管理中，离不开信用信息的服务。其中既有对企业和个人信用风险的评价和防范、控制、转移等技术，还有信息服务等。

二、征信的作用与功能

（一）作用

1. 减轻逆向选择。逆向选择是信贷交易在信息不对称情况下发生的问题，不良贷款风险往往来自那些积极寻找贷款的人。在信息不对称条件下，那些不良借款者往往采用各种手段骗取贷款机构的信任，导致贷款机构将贷款投向不良借款者而非优质借款者，即信贷交易中出现了逆向选择问题。

从理论研究来看，征信活动能使信贷机构有效甄别借款者信用风险的大小。举例来看，当一家企业在一家本地银行发生借贷关系并且信用良好时，通过信息传递机制的安排（例如征信机构），这家银行的信息能够为外地的银行所了解，外地银行就能像对待自己的长期客户一样来对待这家企业。因此，征信有助于银行对申请借款者特征的了解和比较准确地预测还款概率，有利于银行实现对贷款对象的优化和对贷款定价的合理化，减轻逆向选择问题。

2. 减轻对申请借款者的掠夺。征信可以降低银行从其客户处收取的信息租金（信息租金是指贷款机构凭借自身对中小企业信息的垄断而获得的一种超额利润。贷款机构的利润等于市场平均利润加上信息租金，但是，在信息共享的情况下，这一超额利润将不存在，贷款机构只能获得市场平均利润）。其原因在于：当银行对借款者的特征认识非常充分时，就能够比那些不了解情况的竞争对手收取更有竞争优势的租金，从他所拥有的信息中获取信息租金。

银行自身所拥有的信息优势赋予银行对其拥有的客户享有一定的市场垄断权力，由此产生了对客户的掠夺行为，而客户预期银行未来可能会收取掠夺性利率，遂借款者将减小合约履约的动力。这种局面将会导致更高的违约和利率，甚至会导致信贷市场的崩溃。然而，如果银行互相交换信息，将会保证借款者的信息能够有效共享，银行收取信息租金的能力将会受到约束。这意味着融资项目中所产生的总剩余中将有更大的部分为借款者所获得，借款者从贷款中所获得的净福利提高。因此，借款者将有更大的动力去确保他们所投资项目的成功，从而降低违约的可能性，银行收取的利率也将伴随违约率的降低而降低。相比于没有信息传递时的情况，银行总的贷款额将会增加。

将各家银行的信息汇集，保证借款者的信息能够及时传递到信贷市场，有助于降低各家贷款机构的信息优势和隐含的租金，迫使每个贷款机构的贷款价格更具竞争力；利率的降低提高了借款者的净收益，增加了他们还款的动力。因此，通过征信活动，促使信息在银行之间传递，减轻了银行从关系客户中所榨取的信息租金；贷款机构也有动力去组建征信机构，实现信息共享，保证信息在贷款机构之间的传递；当申请高额的潜在借款者的可选择机会越多时，贷款机构就越有动力去推动借款者的信息在银行间共享。

3. 产生违约披露的纪律约束。即使没有掠夺行为，银行之间也存在共享借款者记录的动力。因为银行共享借款者的违约信息，对借款者而言，会产生一种纪律约束：违约行为变成了较差的信号，其他银行在对其放贷时会考虑到信用风险溢价，执行更高的利率，甚至拒绝贷款。为了避免这种惩罚，借款者将会更加努力偿还贷款，从而降低信贷市场的违约率和利率，增加信贷市场的贷款金额。这一机制提高了借款者的还款激励，减少了道德风险和商业银行的损失，是银行共享借款者的动力之一。

4. 避免过度借贷。借款者一般会同时向好几个放贷机构申请信贷，并且经常能从多个放贷机构获得贷款。Ongena and Smith（1998）的研究显示，在大部分国家，尤其是对大国来说，多银行借贷关系是很常见的。在某些国家，可同时借贷的银行数量相对较小，例如，英国、挪威、瑞典，平均数量少于 3 家；爱尔兰、匈牙利、波兰、荷兰、瑞士和芬兰，平均数量为 3 到 4 家。但其他国家可同时借贷的银行数量非常大，例如意大利、法国、西班牙、葡萄牙和比利时等，有 10 家以上，我国也是如此。

从借款者的角度来看，保持多银行借贷关系有如下优势：（1）不同的贷款机构之间相互竞争，有助于减少借贷成本；（2）每个贷款机构只需承担较低的信用风险，因此在利息收取上他们会要求较低的风险溢价补偿；（3）从多家贷款机构贷款，能够使借款者避免任何一家贷款机构突然收回贷款或减少信用贷款最高限额的风险，从而免于流动性冲击的风险。

如果每个潜在的贷款机构不能确切知晓借款者从其他贷款机构已经或者能够获得的信贷额的信息，多银行贷款关系的成本会逐渐加大。站在单个贷款机构的角度看，一个借款者的风险大小，依赖于该借款者的债权到期时它对该借款者的负债总额。如果贷款机构不知此信息，借款者就有动机过度借贷。例如，考虑一个借款者从两家银行借款的情形，两家银行都没有告诉对方借款者从自家借出的贷款数额，假设借款者的违约概率是其负债总额的增函数，当该借款者向两家银行中的一家申请贷款时，每多借一美元就会减少对另一家银行本金和利息偿付的概率，而另一家银行却不能修改借贷合同条约来对该借款者的这种行为做出反应。因此，借款者要对总负债支付的期望利息负担是总负债的减函数，他就有动机过度借贷。

考虑到这种道德风险，贷款机构在发放贷款时会实行信贷配给，而且（或者）要求支付更高的利率，甚至拒绝所有的信贷申请，除非借款者有担保或条约限制负债总额。如果贷款机构达成一致协议，同意相互披露对每个借款者贷款额度和信贷最高限额，这种道德风险就可以避免。这表明，当贷款机构共享贷款余额信息时，将会增加放款额度，并且可能会改善提供给借款者的利率条款。

（二）征信的功能

1. 维护市场关系的基本准则。随着市场经济的不断发展和信用制度的逐步完善，市场交易方式逐步发生变化，先后经历了三个阶段：实物交易阶段、货币交易阶段和信用交易阶段。交易方式的演变，提高了交易效率，降低了交易成本。现代经济中，信用交易之所以优于货币交易，货币交易又优于实物交易，就是因为交易成本的逐渐降低。

由此看来，信用交易是市场经济高度发达和完善的表现。目前，西方国家交易方式90%都是采用信用交易。然而，如果进行信用交易时一方不守信用，交换关系和市场秩序就会遭到破坏，不仅信用交易无法进行，实物交易与货币交易也会受到影响，经济活动就难以健康发展。

2. 促进资金再分配，提高资金使用效率。信用是促进资金再分配的最灵活的方式。借助于信用可以把闲置的资金和社会分散的货币集中起来转化为借贷资本，在市场规律的作用下使资金得到充分利用。

在信用活动中，价值规律的作用能得到充分发挥，那些具有发展和增长潜力的产业往往容易获得信用的支持。同时，通过竞争机制，信用还会使资金从利润率较低的部门向利润率较高的部门转移，在促使各部门实现利润平均化的过程中，也提高了整个国民经济的资金效率。

3. 节约流通费用。利用各种信用形式能节约大量的流通费用，增加生产资金投入。这是因为：第一，利用信用工具代替现金，节省了与现金流通有关的费用；第二，在发达的信用制度下，资金集中于银行和其他金融机构，可以减少整个社会的现金保管、现金出纳以及簿记登录等流通费用；第三，信用能加速商品价值的实现，有助于减少商品储存和保管费用的支出。

此外，各种债权债务关系利用非现金结算方式来处理，不仅节约了流通费用，还可以缩短流通时间，增加资金在生产领域发挥作用的时间，有利于扩大生产和增加利润。

4. 有利于资本集中。信用是资本集中的有力杠杆。借助于信用，可以不断扩大资本积聚的规模。信用可使零星资本合并为一个规模庞大的资本，也可以使个别资本通过合并其他资本来增加资本规模。现代兼并收购活动很多都是利用信用方式来进行并完成资本集中的。资本集中与积聚有利于大工业的发展和生产社会化程度的提高，推动经济增长。

5. 调节经济结构。信用调节经济的功能主要表现为国家利用货币和信用制度来制定各项金融政策和金融法规，利用各种信用杠杆来改变信用的规模及其运行趋势。金融机构通过各种金融业务，有效地集中和输出货币资金，形成了一个良性循环、不断增加的过程，能够为社会生产力的发展提供巨大的推动力。

国家借助信用的调节功能既能抑制通货膨胀，也能防止经济衰退和通货紧缩，刺激有效需求，促进资本市场平稳发展。国家利用信用杠杆还能引导资金的流向，通过资金流向的变化来实现经济结构的调整，使国民经济结构更合理，经济发展更具持续性。

三、征信的起源与发展

（一）征信的起源

征信活动是伴随着信用交易的产生和发展而逐步发展起来的。信用交易是以偿还为条件的价值运动的特殊形式，主要指货币借贷和商品赊销，也就是银行信用和商业信用。现代经济的本质就是信用经济，是商品经济发展到一定时期的产物。但当商品经济高度发达，信用交易日益广泛的时候，信息就成为了制约信用交易的主要瓶颈，特别是当信用交易扩展到全省、全国乃至全球的时候，进一步熟悉交易对手的资信就成为了一种现实的需求，于是征信活动也就应运而生了。由此可见，征信是随着商品经济的产生而产生，发展而发展，壮大而壮大的，同时征信的发展，也在不断地促进信用经济的快速发展。

现代意义的征信起源于西方国家，至今最少也有300年的历史。美国的征信业起源可以追溯到南北战争。由于战争，美国的南北双方处于混乱之中，从而使南北双方棉花贸易欺诈行为非常盛行，于是出现了专门调查南北方棉花商人信用背景的征信机构，这些机构应该是美国最早的征信机构。蚕丝商人 Lewis Tappan 于1841年7月在纽约建立的第一家商业公司 The Mercantile Agency，公司成立的目的就是减少信息的不对称，促进交易顺利进行。1849年，John M. Bradstreet 在辛辛那提注册了信用报告管理公司，随后该公司经过多年的积累逐步发展成为企业信用领域中规模最大、历史最悠久、最具影响力的征信机构——邓白氏集团（Dun &Bradstreet Corporation）。

（二）国外征信业的发展史

1. 英国：企业征信起源于欧美国家，1830年，英国的第一家征信机构在伦敦成立，提供的征信服务就是企业类征信服务。18世纪初，英国一些银行开始允许为特定客户办理小额透支业务，为了更好地鉴别有良好信用的客户，这些银行建立了内部客户档案，在银行有良好信用记录的客户很容易获得小额透支服务，这可以称之为最早的个人征信。

2. 美国：1841年7月，世界上第一家信用评估机构由 Lewis Tappan 在美国纽约成立，主要从事企业信用评估。当时，有一名蚕丝商人在纽约成立了一家商业公司，其目的是向贸易双方提供对方的背景和信用信息服务，以减少贸易交易中的不信任和欺诈行为，减少贸易摩擦，促进贸易的顺利进行。此后，在南北战争时期的棉花贸易中，出现了一些专门调查南北方棉花贸易商人信用背景的机构。这些机构都可以称之为现代征信机构的雏形，同时也是最早的企业征信雏形。

目前，美国征信业主要分为三类：一是在商业市场上进行企业征信活动的机构，如全世界最大的企业征信机构——邓白氏集团。邓白氏集团由 John M. Bradstreet 于 1849 年在辛辛那提注册成立，随后，该公司通过多年的经营积累，逐步发展成为全球企业征信领域中规模最大、历史最悠久且最具影响力的领先企业。二是对个人进行信用评估的机构，在美国叫信用局。主要有三家：环联、艾奎法克斯、益百利（美洲）公司。三是信用评级机构。如标准普尔公司、穆迪投资者服务公司。

3. 日本：1892 年，日本第一家企业征信公司即商业兴信所成立，实行会员制管理。

1944 年，日本银行以自己为主体，联合有关银行成立了日本信用调查公司，以协助银行开展征信业务。

特别是日本帝国数据银行，目前拥有员工 3 000 多人，在国内设有 80 多个分支机构，在美国和韩国设有分公司，拥有近 200 万家企业资料。平时除提供一次性的信用调查业务外，还提供追踪调查服务；每月出版刊物报道企业动向，每季出版刊物报道业界动向，每年汇总出版企业年鉴；作为信用调查的延伸，提供市场营销咨询；配合新型的电子商务提供网上认证服务等。

4. 荷兰：1888 年，格瑞顿公司成立，它是欧洲最著名的一家征信公司，目前有能力提供世界上 130 多个国家和地区的企业征信报告。公司总部设在荷兰，主要分公司设在美国、英国和比利时。

（三）中国征信业的发展史

19 世纪民国初期，北洋政府财政部颁布的《银行公会章程》中规定，银行公会应开办征信机构，为各银行提供信用咨询服务。

20 世纪 30 年代，浙江实业银行的章乃器、中国银行的张禹九和祝仰辰、上海商业储蓄银行的资耀华、新华银行的孙瑞英、浙江兴业银行的方寿培等一批对开展征信业务富有经验的人经过几度磋商，策划了一个团体，即中国兴信社。

中国兴信社刚开始只是一个学术团体，其宗旨是：（1）研究信用调查的方法；（2）促进信用调查技术的发展；（3）交换信用调查的资料。为了顺利完成第三个目标，中国兴信社创办了一个专职征信机构，即中国征信所。

中国征信所标志着中国征信业的开端。在中国征信所计划书中写道：“中国征信专负调剂工商金融之使命，籍对于报告市场消息，促进工商信用，略有贡献。”由此可见，中国征信所就是通过采集、整理和分析自然人、法人和其他组织的信用资料，并以此为基础对外提供信用信息咨询、调查和信用评估等服务，帮助客户判断和控制信用风险、进行信用管理活动。

当时中国征信所的主要业务是报告市场消息。受会员或外界委托，调查工厂、商店、个人、家庭财产信用状况，在最短时间内将调查结果报告给委托者。调查结果分为两大类：一是关于被调查对象的一些原始信息；二是对被调查对象的评价。

中国征信所当时的征信业务有以下几个特点：一是受委托之后才做；二是收集信息以上门访谈为主；三是信息的整理、加工和提供方式主要是手工；四是对调查人信用状况的判断基本上是定性的。

（四）当代中国征信业的发展现状

20 世纪 80 年代，随着市场经济的发展，我国陆续涌现出一批或具有政府背景，或纯粹民营性质的征信机构。

1. 企业征信业的发展现状。为适应企业债券的发行和管理，1988 年，中国人民银行批准成立了第一家信用评级公司——上海远东资信评估有限公司。

1993 年，专门从事企业征信的新华信国际信息咨询有限公司开始正式对外提供服务。此后，一批专业信用调查中介机构相继出现。

1996 年，中国人民银行在全国推行企业贷款证制度。

1997 年，上海开展企业信贷资信评级。

2003 年，国务院批准中国人民银行设立征信管理局。上海、北京、广东等地率先启动区域社会征信业发展试点，一批地方性征信机构设立并得到迅速发展，部分信用评级机构开始开拓银行间债券市场信用评级等新的信用服务领域，国际知名信用评级机构先后进入中国市场。

2005 年，银行信贷登记咨询系统升级为全国集中统一的企业信用信息基础数据库。

2013 年，国务院《征信业管理条例》正式颁布实施，填补了我国征信史上的法律空白。

2014 年，国务院《征信业管理条例》授权中国人民银行开始对企业征信机构发放牌照，企业征信机构实行备案制。截至 2016 年 10 月，全国共发放企业征信备案牌照 135 张。

这些机构的建立，填补了中国信用交易制度的空白，开辟出一个崭新的现代征信服务产业。

2. 个人征信业的发展现状。在我国，个人征信相比企业征信起步的时间较晚，前后相差十几年，所以征信市场公司强弱的格局也不一样。

我国的个人征信体系建设，最早是从 1999 年 7 月中国人民银行批准上海资信有限公司试点开始的。

2004 年，中国人民银行开始组织商业银行建设全国统一的个人征信系统，并于同年 12 月中旬在全国 7 个城市的 15 家全国性商业银行和 8 家城市商业银行联网试运行。于 2005 年 8 月底完成与全国所有商业银行和部分有条件的农村信用社联网运行，经过一年的试运行，于 2006 年 1 月正式运行。央行征信系统填补了我国个人征信行业的空白，至今依然是中国最具权威的个人征信系统。

2015 年 1 月，央行印发了《关于做好个人征信业务准备工作的通知》，要求芝麻信用管理有限公司、腾讯征信有限公司等 8 家机构做好个人征信业务的准备工作，这标志着中国个人征信业向市场化、商业化发展迈出了坚实的第一步。我国个人征信机构实行审核制。

我国的征信行业起步较晚，经过 30 年的发展，形成了以中国人民银行征信中心为主导，民营征信机构为补充的混合经营格局。目前，中国人民银行已经建立起覆盖全国的公共征信网络，民营征信机构业务逐步向市场化迈进，整个征信行业进入快速发展期。

第二节　征信的特征与原则

一、征信的特征

（一）独立性

征信机构是第三方中介机构，其主要业务是采集、整理、分析自然人和法人及其他组织的信用信息资料，并以此为基础提供咨询、调查和信用评估等服务。而采集、整理、分析自然人和法人及其他组织的信用信息必须保证征信机构独立性的地位，才能确保其产品的公平、公开与公正。征信机构的独立性，还体现在保持原始数据的独立性上，即征信系统存储的关于各个信息主体的原始数据，都是数据报送机构报送到系统的，征信机构无权对之修改，即便信用报告被确认为有错误，也只能按流程由报送机构自己或由其授权，才能更正原始数据的错误。

（二）信息性

信用信息是指能够在一定程度上反映信息主体信用状况的信息。其中，最主要的是与信用交易相关的信息，如贷款、还款信息及合同履约信息等；还有表达信息主体身份的基础信息，如名称、身份证件及其代码、地址、年龄、性别等。世界上规模大的征信机构所建立的征信系统都会采集三类信息：身份识别信息、信贷交易信息和非银行信用信息。作为信用报告主体的信贷交易信息和非银行信用信息主要都是与信用交易相关的信息。其他非银行信息，如法院判决信息、欠税信息、行政处罚信息等，只要是有助于反映信息主体信用状况的，并且是法律不禁止的，也都是可以采集的。

（三）归属性

信息账户是征信活动的核心和基础。通俗地说，就是一个企业或个人的信用信息档案，即把一个信息主体在各行各业同其他市场主体的信用交易活动中产生的信用记录，都整合到一个账户之下。在我国，最早的企业信用信息档案可追溯到 20 世纪 90 年代，是由人民银行深圳特区分行推出的纸质贷款证。人民银行在推广深圳贷款证制度并借鉴国外经验的基础上，建立起的全国集中统一的企业和个人征信系统，就是为有信贷交易活动的企业、其他组织和个人建立的信息账户数据库。在信息账户中，信息是需要不断更新的，这是征信系统价值的核心。建立个人或企业的信息账户，是征信的重要特征，有了这个特征，再加上信息性特征，就可以把征信与其他的信息服务区分开来。

（四）微观性

征信具有微观性，在征信活动的两端都表现得很清楚。从数据采集环节看，征信就是尽可能全面地把信息主体在各行业授信服务、消费和投资活动中留下的信用记录，形成微观经济活动主体——企业和个人的信用报告；从信息使用环节看，通过接受征信服务，商业银行有效地加强了对信贷业务、信用卡和授信客户的信用风险管理。所以，无论从企业征信还是个人征信的角度来看，征信服务都主要是一种微观的信息中介服务，而不是宏观的信息服务活动。当然，征信也可以在微观账户数据基础上进行汇总统计和分析，为宏观经济金融分析服务，但这是征信服务的附加产品或增值服务。征信服务应与行政部门的统计服务职能区分开来，不应发生冲突。

（五）分享性

这种信息分享机制，只是一定范围内的共享，并不能等同于信息无限制地向社会公众公开披露。这就是说，征信产品的使用，即便在授信机构之间，也是有限制地使用，通常是依法依规使用。这是由信用信息的性质决定的，因为它是商务信息，是反映信息主体信用状况的敏感信息。虽然人们对不同敏感程度的信息应该在什么范围内分享会有不同的认识，但不能由此把范围较大的分享理解为信息公开。尤其是在目前征信系统建设的初期，因缺少相关法律法规的指引，人们对信息分享的范围和参与分享的主体种类存在不一致认识，所以需要采取谨慎的态度，更好地把好信息使用关。另外，信息的敏感程度不一样，分享的范围也不一样。更好的、更精细的分享机制，应该是分层共享，即向征信系统报送什么数据，方能分享什么信息。

（六）约束性

征信行业是依赖于法律法规，并受社会文化环境影响较大的新兴行业。征信数据的采集，需要法律的支持，才能更好地进行；征信产品可以在什么范围使用，同样需要法律明确界定，才会避免争论。如何在促进征信体系发展与保护信息主体权益之间取得适当平衡，是征信立法需要解决的主要问题。目前，我国征信业务还处于发展的初级阶段，有关法规还较少，只有中国人民银行2005年8月发布的《个人信用信息基础数据库管理暂行办法》（中国人民银行令〔2005〕第3号）。因文化环境、道德理念等的不同，征信活动的法规在不同类型国家呈现出很大的差异性。如美国，有隐私法和公平信用报告法；英国只有数据保护法；澳大利亚有数据保护法和征信机构行为守则；印度和俄罗斯等新兴市场经济国家也有专门的规范征信机构的法规。

二、征信的原则

征信的原则是征信业在长期发展过程中逐渐形成的科学的指导原则，是征信活动顺利开展的根本。通常，我们将其归纳为真实性原则、全面性原则、及时性原则、独立性原则、稳健性原则和隐私保护原则。

（一）真实性原则

真实性原则，是指在征信过程中，征信机构应采取适当的方法核实原始资料的真实性，以保证所采集的信用信息是真实的。这是征信工作最重要的条件。只有信息准确无误，才能正确反映被征信人的信用状况，保证对被征信人的公平。真实性原则有效地反映了征信活动的科学性。征信机构应基于第三方立场提供被征信人的历史信用记录，对信用报告的内容不妄下结论，在信用报告中要摒弃含有虚伪偏袒的成分，保持客观中立的立场。基于此原则，征信机构应给予被征信人一定的知情权和申诉权，以便能够及时纠正错误的信用信息，确保信用信息的准确性。

（二）全面性原则

全面性原则，又称完整性原则，是指征信工作要做到资料全面、内容明晰。被征信人，不论企业或个人，均处在一个开放性的经济环境中。人格、财务、资产、生产、管理、行销、人事和经济环境等要素虽然性质互异，但都具有密切的关联，直接或间接地在不同程度上影响着被征信人的信用水平。不过，征信机构往往搜集客户历史信用记录等负债信息，通过其在履约中的历史表现，判断该信息主体的信用状况。历史信用记录既包括正面信息，也包括负面信息。正面信息指客户正常的基础信息，贷款、赊销、支付等信用信息；负面信息指客户欠款、破产、诉讼等信息。负面信息可以帮助授信人快速甄别客户信用状况，正面信息能够全面反映客户的信用状况。

（三）及时性原则

及时性原则，是指征信机构在采集信息时要尽量实现实时跟踪，能够使用被征信人最新的信用记录，反映其最新的信用状况，避免因不能及时掌握被征信人的信用变动而为授信机构带来损失。信息及时性关系到征信机构的生命力。从征信机构发展历史看，许多征信机构由于不能及时更新信息，授信机构难以据此及时判断被征信人的信用风险，从而导致最终难以经营下去。目前，我国许多征信机构也因此处于经营困境。

（四）独立性原则

独立性原则，是指征信人员在工作过程中要保持独立性，不能受征信对象及其他外来因素的影响，要根据基础数据和基础资料独立做出评判，运用自己的知识和经验客观、公正、公平地实施征信。

（五）稳健性原则

稳健性原则，是指在征信和对征信结果的分析过程中，下结论要谨慎，特别是在定性指标打分时，要谨慎给分。在分析时，对影响企业经营的潜在风险要准确指出，对企业某些指标的极端情况要做深入分析。

（六）隐私和商业秘密保护原则

对被征信人隐私或商业秘密进行保护是征信机构最基本的职业道德，也是征信立法的主要内容之一。征信机构应建立严格的业务规章和内控制度，谨慎处理信用信息，保障被征信人的信用信息安全。在征信过程中，征信机构应明确征信信息和个人隐私与企业商业秘密之间的界限。只有严格遵守隐私和商业秘密保护原则，才能保证征信活动的顺利开展。

三、征信的行为规范

（一）信息提供的许可规范

从我国法律对信息提供的许可规范来看，主要是对政府有关部门履职信息公开的原则性规范。《政府信息公开条例》明确了对政府信息提供许可的一般性规定，成为政府有关部门进行信息提供的基本依据。《政府信息公开条例》还将教育、供水、供电、供气、供热、环保、医疗卫生、计划生育、公共交通等公共企事业单位纳入了调整范围。《中华人民共和国物权法》和《中华人民共和国担保法》中明确了动产和不动产抵质押登记信息的公开；《税收征收管理法》中明确了税务机关欠税信息的公开；《中华人民共和国民事诉讼法》和《中华人民共和国破产法》中明确了法院部分诉讼判决信息的公开；《中华人民共和国产品质量法》明确了产品质量状况信息的公开；《个人信用信息基础数据库管理暂行办法》对商业银行提供信息的许可做出了明确规定。

（二）信息提供的内容规范

在我国法律中，一方面明确信息提供内容的规范较少。如《政府信息公开条例》规定了行政机关主动公开的政府信息，同时准许公民、法人或者其他组织根据自身生产、生活、科研等特殊需要，向政府部门申请获取相关政府信息；《破产法》规定了人民法院对裁定受理破产申请进行公告的内容。另一方面对信息提供内容予以禁止的规范较多。《政府信息公开条例》规定，行政机关公开的政府信息不得危及国家安全、公共安全、经济安全和社会稳定；不得公开涉及国家秘密、商业秘密、个人隐私的政府信息，但经权利人同意或行政机关认为不公开可能对公共利益造成重大影响的，可以予以公开。

为处理好公开与保密的关系，《政府信息公开条例》还规定行政机关在公开政府信息前，应当依照保守国家秘密法及其他法律、法规、规定进行审查；《居民身份证法》规定公安机关对因制作、发放、查验、扣押居民身份证而知悉的公民的个人信息，应当予以保密；《保守国家秘密法》规定一切国家机关、武装力量、政党、社会团体、企事业单位和公民都有保守国家秘密的义务；《统计法》规定属于国家秘密的统计资料必须保密，属于私人、家庭的单项调查资料，非经本人同意，不得泄露。

（三）信息提供的时间规范

《政府信息公开条例》规定，属于主动公开范围的政府信息，应当自该政府信息形成或者变更之日起20个工作日内予以公开。行政机关收到政府信息公开申请，能够当场答复的，应当当场予以答复；不能当场答复的，应当自收到申请之日起15个工作日内予以答复；如需延长答复期限的，应当经政府信息公开工作机构负责人同意，并告知申请人，延长答复的期限最长不得超过15个工作日。

（四）信息提供的准确性规范

《政府信息公开条例》规定，行政机关应当及时、准确地公开政府信息，发现虚假或者不完整信息的，应当在其职责范围内发布准确的政府信息予以澄清。同时，应当与其他行政机关进行沟通、确认，保证发布的政府信息准确一致。《产品质量法》规定产品质量检验机构、认证机构不得伪造检验结果或者出具虚假证明；《物权法》规定因登记错误，给他人造成损害的，登记机构应当承担赔偿责任，并可向提供虚假材料的登记人追偿。

（五）信息提供的范围规范

目前，在国内仅人民银行对金融机构信息提供范围作出了规范。《个人信用信息基础数据库管理暂行办法》规定，商业银行不得向未经信贷征信主管部门批准建立或变相建立的个人信用数据库提供个人信用信息。

（六）信息提供的异议规范

《物权法》规定，权利人、利害关系人认为不动产登记簿记载的事项错误的，可以申请更正登记，权利人书面同意更正或者有证据证明登记确有错误的，登记机构应当予以更正；权利人不同意更正的，利害关系人可以申请异议登记。《个人信用信息基础数据库管理暂行办法》规定商业银行应当在接到异议信息核查通知的10个工作日内作出书面答复，并对确实有误的信息进行更正。

四、征信的基本流程

征信活动可以分为两类：一类是征信机构主动去调查被征信人的信用状况；另一类是依靠授信机构或其他机构批量报送被征信人的信用状况。两者最大的区别在于前者往往是一种个体活动，通过接受客户的委托，亲自到一线去收集调查客户的信用状况；后者往往是商业银行等授信机构组织起来，将信息定期报给征信机构，从而建立信息共享机制。两者还有一个区别是前者评价的范围更广，把被征信人的资质情况、诚信度考察、资产状况等都包括在内；而后者由于是批量采集信息，因此，在灵活性和主观性上不如前者，但规律性和客观性则强于前者。两类方式在征信的基本流程上是相同的。例如，前一类流程要制订计划，决定采集哪些信息；而后一类流程也同样如此，由征信机构事先确定好需要采集的信息后，与信息拥有方协商，与之达成协议或其他形式的约定，定期向征信机构批量报送数据。因此，在讨论流程时，可以将两者合并在一起。

（一）制订数据采集计划

能够反映被征信人信用状况的信息范围广泛。为提高效率、节省成本，征信机构应事先制订数据采集计划，做到有的放矢。这是征信基本流程中一个重要的环节，一份好的计划能够有效减轻后面环节的工作负担。一般来说，数据采集计划包括以下内容：

1. 采集数据项。客户使用征信产品的目的不尽相同。有的希望了解被征信人短期的信用状况，有的则是作为中长期商业决策的参考。客户的不同需求决定了数据采集重点的迥异。征信机构要本着重点突出、不重不漏的原则，从客户的实际需求出发，进而确定所需采集数据的种类。例如，A银行决定是否对B企业发放一笔短期贷款时，应重点关注该企业的历史信贷记录、资金周转情况，需采集的数据项为企业基本概况、历史信贷记录、财务状况等。

2. 采集方式。确定科学合理的采集方式是采集计划的另一主要内容。不论主动调查，还是授信机构或其他机构批量报送数据，征信机构都应制定最经济便捷的采集方式，做好时间、空间等各项准备工作。对于批量报送数据的方式，由于所提供的数据项种类多、信息量大，征信机构应事先制定一个规范的数据报送格式，让授信机构或其他机构按照格式报送数据。

3. 其他事项。在实际征信过程中，如果存在各种特殊情况或发生突发状况，征信机构应在数据采集计划中加以说明，以便顺利开展下面的工作。

（二）采集数据

数据采集计划完成后，征信机构应依照计划开展数据采集工作。数据一般来源于已公开信息、征信机构内部存档资料、授信机构等专业机构提供的信息、被征信人主动提供的信息、征信机构正面或侧面了解到的信息。出于采集数据真实性和全面性的考虑，征信机构可通过多种途径采集信息。但要注意，这并不意味着数据越多越好，征信机构要兼顾数据的可用性和规模，在适度的范围内采集合适的数据。

（三）数据分析

征信机构收集到的原始数据，只有经过一系列的科学分析之后，才能成为具有参考价值的征信数据。

1. 数据查证。数据查证是保证征信产品真实性的关键步骤。（1）查证数据的真实性。对于存疑的数据，征信机构可以通过比较不同采集渠道的数据，来确认正确的数据。当数据来源唯一时，可通过二次调查或实地调查，进一步确定数据的真实性。（2）查证数据来源的可信度。某些被征信人为达到不正当目的，可能向征信机构提供虚假的信息。如果发现这种情况，征信机构除及时修改数据外，还应记录该被征信人的“不诚信行为”，作为以后业务的参考依据。（3）查证缺失的数据。如果发现采集信息不完整，征信机构可以依据其他信息进行合理推断，从而将缺失部分补充完整。比如，利用某企业连续几年的财务报表推算出某几个数据缺失项。（4）被征信人自查，即异议处理程序。当被征信人发现自己的信用信息有误时，可向征信机构提出申请，修正错误的信息或添加异议声明。特别是批量报送数据时，征信机构无法对数据进行一一查证，一般常用异议处理方式。

2. 信用评分。信用评分是个人征信活动中最核心的数据分析手段。它运用先进的数据挖掘技术和统计分析方法，通过对个人的基本概况、信用历史记录、行为记录、交易记录等大量数据进行系统的分析，挖掘数据中蕴含的行为模式和信用特征，捕捉历史信息和未来信息表现之间的关系，以信用评分的形式对个人未来的某种信用表现做出综合评估。信用评分模型有各种类型，能够预测未来不同的信用表现。常见的有信用局风险评分、信用局破产评分、征信局收益评分、申请风险评分、交易欺诈评分、申请欺诈评分等。

3. 其他数据分析方法。在对征信数据进行分析时，还有许多其他的方法，主要是借助统计分析方法对征信数据进行全方位分析，并将分析获得的综合信息用于不同的目的。如市场营销、决策支持、宏观分析、行业分析等领域。使用的统计方法主要有关联分析、分类分析、预测分析、时间序列分析、神经网络分析等。

（四）形成信用报告

征信机构完成数据采集后，根据收集到的数据和分析结果，加以综合整理，最终形成信用报告。信用报告是征信机构前期工作的智慧结晶，体现了征信机构的业务水平，同时也是客户了解被征信人信用状况、制定商业决策的重要参考。因此，征信机构在生成信用报告时，务必要贯彻客观性、全面性、隐私和商业秘密保护的科学原则。

所谓客观性，指的是信用报告的内容完全是真实客观的，没有掺杂征信机构的任何主观判断。基于全面性原则，征信报告应充分披露任何能够体现被征信人信用状况的信息，但这并不等于长篇大论，一份高质量的信用报告应当言简意赅、重点突出，使客户能够一目了然。征信机构在撰写信用报告过程中，一定要严格遵守隐私和商业秘密保护原则，避免因泄露相关信息致使客户和被征信人权益受到损害。信用报告是征信机构最基本的终端产品。随着征信技术的不断发展，征信机构在信用报告的基础上衍生出越来越多的征信增值产品，如信用评分等。不论形式如何变化，这些基本原则是始终不变的。征信的具体流程如图 1－1 所示。

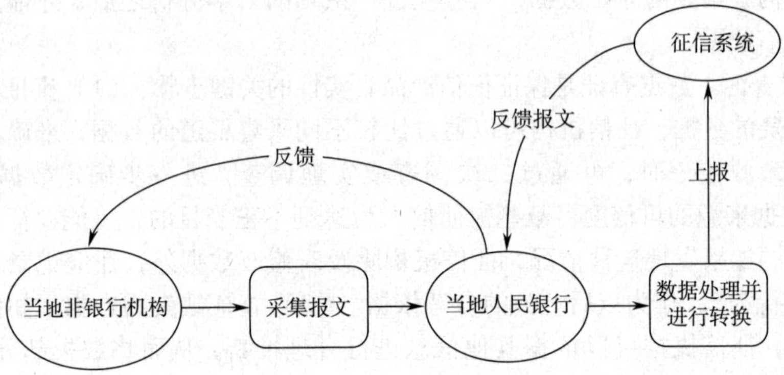

图 1－1　征信的具体流程

第三节　征信产品与服务

一、征信产品与服务的基础

征信产品与服务的最根本基础是征信数据。征信数据又称信用信息，是指调查数据及其经过分类、整理之后的信用信息，是制作征信产品的原材料。

1. 征信数据的分类。

（1）征信数据从来源方式上看，主要包括原始调查数据和经过加工处理的数据。征信数据既可以通过直接调查获得，也可以向数据供应商采购，还可以通过与相关数据交换取得。原始征信数据不能直接应用于征信产品的生产，必须经过加工处理才能使用。（2）征信数据从来源主体看，分企业征信数据和个人征信数据。企业征信数据用于生产各类企业资信调查报告，包括制作行业调查报告和国家风险调查报告等；个人征信数据用于生产各类消费者信用调查报告。（3）征信数据从记录方式看，分量化数据和非量化数据。量化数据可以直接用来进行定量分析；非量化数据是对一些事实的记录，用语言形式进行描述，许多非量化数据通过技术处理是可以被量化的。

2. 征信数据的来源。

征信机构从信用信息产生的源头采集信息。具体来说，征信信息主要来自以下机构。（1）提供贷款的机构。主要是商业银行、农村信用社、小额贷款公司等专业化的提供贷款的机构。这类机构提供的信息主要是个人的信贷信息，如借款金额、还款情况、担保情况以及使用信用卡的情况等。（2）提供先消费后付款服务的机构。主要是电信企业，水、电、燃气公司等公共事业单位。上述单位提供个人缴纳电话费、水费、电费、燃气费等信息；此外，上述机构还提供个人的地址、联系方式等基本信息，而这些信息是由个人在办理业务时提供给这些机构的。（3）法院、政府部门。民事经济案件责任一方的信息主要来自做出判决的法院；个人欠税信息来自相关的税务部门。

3. 征信数据的功能和作用。

征信数据在社会信用体系建设中有着重要的作用，主要体现在记忆、揭示和预警等三大基本功能的发挥上。（1）记忆功能是对企业和个人的信用记录的存储，而信用记录以各类征信数据为载体；（2）揭示功能是在法律允许的范围内，对企业和个人的信用信息的披露，是在对部分经过筛选和处理的征信数据的传播中体现的；（3）预警功能是根据对征信数据的分析和研究，对具有特定行为特征的企业和个人的信用风险进行评估，并且对可能发生的风险提出预警。

以征信数据为基础，通过数据库技术和信用分析系统，可以得出各种信用报告，从而为信用需求者制订规划、甄别风险提供参考。同时，定期发布不守信用的黑名单和介绍诚信企业，向社会公众公布有关信息，可以起到监督和约束不良商业行为、鼓励诚实守信的作用。所以，征信数据是社会信用体系运行的基础环节，对于社会信用体系功能的实现十分重要。

二、征信产品与服务的概念和种类

（一）征信产品的概念

征信产品是征信机构对所征集的个人和企业的信用信息进行加工所形成的产品，例如个人或者企业的信用报告、企业评级等。

（二）征信产品与服务的分类

征信产品可以分为基础产品和增值产品。基础产品是信用报告；增值产品是基于信用报告的信息，经过加工，或进行纵向、横向等各种分析而生产的产品。增值产品经历了一系列的加工过程，包含了大量的智力资本在其中，如个人信用评分、企业信用评级等。常见的征信产品与服务的分类如下：

1. 按业务模式分类。可以分为企业征信服务和个人征信服务。（1）企业征信服务是指征信机构作为提供信用信息服务的企业，按一定规则合法采集企业信用信息，加工整理形成企业的信用报告等征信产品，有偿提供给经济活动中的贷款方、赊销方、招标方、出租方、保险方等有合法需求的信息使用者，为其了解交易对方的信用状况提供便利；（2）个人征信服务是指依法设立的个人信用征信机构对个人信用信息进行采集和加工，并根据用户要求提供个人信用信息查询和评估服务的活动。

2. 按服务对象分类。可以分为信贷征信服务、商业征信服务和雇佣征信服务。（1）信贷征信服务的对象是金融机构，主要为信贷决策以及贷后监测等环节服务；

(2) 商业征信服务的对象是企业，主要为企业间的信用销售（赊销）服务；(3) 雇佣征信服务的对象主要是企业，为雇主的特殊需求提供资信调查、信息服务以及决策等。

3. 按委托方式分类。可以分为主动征信服务和被动征信服务。(1) 主动征信是征信机构在征信对象没有委托的情况下开展的资信调查等服务。一般而言，主动征信的信息大部分都是公开信息。(2) 被动征信的情况则恰好相反，是在受到委托以后，按照要求开展的征信服务。被动征信在委托方的配合下，征信信息的质量一般比较高。

4. 按征信范围分类。可以分为区域征信服务、国内征信服务和跨国征信服务。(1) 区域征信服务一般针对于某一个特定的区域开展的征信服务，征信的规模不大，适用于征信业刚起步的国家。一般来讲，当一个国家的征信体系逐步发达的时候，征信业大都会走向兼并或者专业细分，区域的征信也将随之消亡。(2) 国内征信是目前世界上很多国家普遍采用的形式，是在一个国家内开展的征信服务。(3) 跨国征信则是征信机构的服务不再局限于本国，而是把征信的市场拓展到国外。目前跨国征信迅速崛起，一方面是西方征信发达国家的知名征信机构拓展市场的需求，另一方面也是当前经济全球化的需求，对于跨国征信业务的需求越来越广泛。

5. 按征信形式分类。可以分为同业征信服务和联合征信服务。(1) 同业征信也称行业征信、会员制征信，是国际上三个具有代表性的征信服务模式之一，是指征信机构在一个独立或封闭的系统内进行征信和提供征信服务的工作方式。在同业征信下，征信机构的信息来源和信息使用者来自于同行业的企业。比如，日本的全国消费信贷征信联合会 JICC、中国的小额信贷行业信用信息共享服务平台 MSP 就是典型的以会员制为基础的同业征信模式。(2) 联合征信就是征信机构根据协议把分散在商业银行、政府机关和社会有关方面的信用信息汇集起来进行加工处理形成企业或个人信用数据库。

三、征信机构的产品与服务

（一）国外征信机构的征信产品与服务

美国征信行业的发展已有 100 多年的历史，目前已形成以益百利（Experian）、艾可飞（Equifax）和环联（Transunion）三大信用局为核心的个人信用体系和以邓白氏为核心的企业征信体系。

1. 益百利（Experian）的产品开发。益百利在美国和英国都是最大的个人信息产品供应商，在全球 30 多个国家雇佣员工 12 500 余人，拥有 3 亿自然人客户和 3 000 万家企业客户，仅信用报告一项服务年产值就超过 20 亿美元。目前，益百利已形成包括信用信息、信用解决方案、营销信息、营销方案、消费者与商家数据信息、直接与消费者的互动服务六大板块的产品体系，通过会员制形式向具有一定规模和声望的客户提供征信服务，服务范围涵盖金融服务业、电信业、医疗业、保险业、零售业、汽车业、制造业、休闲产业、公用事业、房地产业和政府部门。

2. 艾可飞（Equifax）的产品开发。总部设在亚特兰大的艾可飞公司始建于 1899 年，其总员工数超过 14 000 人。艾可飞公司的资料数据库庞大，拥有超过 1.9 亿美国人和1 500万加拿大人的消费者个人资料档案，其客户群总数超过10万个企业，年产值在15亿美元以上。它的产品和服务基于包含消费者和各种商务信息的数据库，这些信息来自各类信贷、财政、公共记录、人口和市场营销资料。该公司的产品和服务包括提供消费者和企业的信用信息、信息数据库管理、市场营销信息、决策和分析工具以及身份验证服务，能够帮助企业快速成长和提高运营质量，为公司在信贷方面的决策行为提供服务，避免和消除欺诈，降低投资组合风险和辅助企业建立良好客户关系，并制定市场营销策略。它也方便消费者利用因特网和各种硬拷贝格式销售的组合产品来管理金融事务。此外，该公司还提供了雇员和收入的核查以及人力资源业务流程外包服务。

3. 环联（Trans Union）的产品开发。环联公司为顾客提供的产品包括四个方面：（1）信息服务。包括营销服务、欺诈和身份管理、风险管理、追账管理。服务市场包括汽车、账款追收、通信、金融服务、保健、保险、零售等。（2）房地产服务。包括客户获取、住所信息、洪灾区域鉴定、抵押物评估、财产及房屋所有权等。（3）全球服务。主要包括发展征信基础设施的咨询服务、技术专利使用权、国际账款追收、资产登记、直销、分析技术等。（4）消费者服务。包括高级信用监测和身份盗用保护产品、为金融机构服务的在线及离线信用管理解决方案、营销分析和响应管理等。

4. 邓白氏（Dun&Bradstreet Corporation）的产品开发。美国邓白氏公司是世界著名的商业信息服务机构，拥有覆盖美洲、欧洲和亚洲的130多家子公司和关联公司，运行并管理着全球最大的综合数据库（数据库覆盖全球8 300万家企业），为客户提供市场领先的商业信息服务。通过不断的产品开发，邓白氏为满足全球用户的需求而提供的征信产品主要有：（1）帮助客户降低信用风险，增加现金流，同时提升利润实现能力的风险管理方案；（2）帮助使用者寻找优质客户、促进业务增长的销售与市场拓展方案；（3）使得商务专家能够更好地对公司、执行机构和各行业进行研究，便捷地定位潜在客户的电子商务方案；（4）可以掌控来自顾客供应商的现有收入，帮助使用者抵御严重的财务、操作和监管风险的供应管理方案。此外，邓白氏还有针对中小企业的信用产品和服务，如信用报告，企业信用档案的建设、维护、更新、升级、管理，新客户拓展和债务催收等产品。

（二）发达国家征信产品开发经验

1. 拥有强大的数据库。世界著名的商业信息服务机构邓白氏公司在全球设立了37个数据库基地，有3 000多名员工专门从事数据的加工。数据库基地是企业高度机密的场所和核心部门，美国的大型信用服务公司都拥有自己强大的商业数据库，能提供几种到十几种评级或调查咨询报告。比如，益百利在全球采集了约6亿辆交通工具的历史信息、3 000万张保单信息、1.1亿个家庭（2.15亿个消费者）的分类购买习惯和消费者营销信息等。

2. 培育成熟的征信市场需求。美国拥有非常发达的消费者信用体系，并形成了建立在此基础之上的庞大的信用交易规模。市场对征信产品持续不断的巨大需求成为支撑征信机构生产、加工和销售征信产品的原动力。比如，穆迪公司已经对全球110个国家、1 200家银行、5 000多家大企业进行了评级。企业对征信产品的需求更是旺盛，由邓白氏公司提供征信产品的企业已高达6 500万户。消费者的信用报告是需求量最大的征信产品，环联公司每年大约推销出40多亿份信用报告。

3. 征信产品开发的深度和广度不断增加。征信机构的服务对象不再局限于传统的银行业，其业务已经扩展到保险公司、金融租赁公司、信用卡公司等相关企业和个人。例如，在意大利的征信机构CRIF公司提供的产品和服务中，既有面向银行等信贷机构的授信管理和客户拓展业务，也有面向保险公司的客户营销、资产评估和抵押评估服务，还有直接面向消费者的信用报告查询、信用资质跟踪、警示和反欺诈等服务。同时，征信机构不断挖掘数据库内涵，使得征信产品不仅包括粗加工的信用信息，也包括从信用信息中提炼出来的众多商业信息和方案服务。例如，益百利的业务不仅包括基于数据信息的传统服务，而且也提供基于对强大数据库资源分析基础上的信用风险解决方案、营销方案和消费者消费方案等服务。

4. 征信产品开发的手段趋于丰富。征信产品的服务方式由在线信用报告查询，逐步扩展到利用互联网、电子邮件、网络通信技术等方式，通过在线、离线、外包等手段广泛提供征信产品。在美国，商业银行不仅使用征信局提供的信用报告，而且更多地使用特征变量（Attribute）、信用评分等产品的离线批量服务以及触发器（Trigger）、警示（Alert）、营销等实时征信增值产品。

（三）国内征信机构的征信产品与服务

1. 我国征信市场的现状。目前，我国已有的征信产品和服务与市场潜在需求之间存在巨大的缺口，征信产品开发和服务的创新迫在眉睫。国内的征信服务主要在基础征信领域，以提供信用报告服务或者以此为基础的信用评分等业务为主。随着我国经济社会的不断发展，多元化的征信格局正在逐步建立，征信产品日益丰富。国内征信服务的产品已经涵盖了企业征信报告、个人信用报告、信用调查报告、债券主体评级报告、债券债项评级报告、借款企业评级报告、担保机构评级报告、小额贷款公司评级报告和持续跟踪评级报告等；征信产品的服务范围也涵盖了信贷市场、债券市场、个人消费信用市场、商业信用市场以及政府管理领域。征信的主体包括了个人、企业、银行、非银行金融机构、专业服务机构和政府部门等市场主体。

2. 积极发展我国征信市场。当前，我国的征信市场处于起步阶段，需要政府主管部门积极培育和引导征信服务需求，开展融资性担保机构的信用评级，把评级的结果纳入对其的综合评价中；积极研究商业承兑汇票的信用评级，拓宽评级报告的适用范围；加大政府使用的力度，在招投标、政府采购、资质认定等领域使用信用报告；另外还要积极拓展征信服务在企业信用管理、商账追收等领域的应用。

四、征信机构

（一）征信机构的定义

征信机构是指依法设立的、独立于信用交易双方的第三方机构，专门从事收集、整理、加工和分析企业和个人信用信息资料工作，出具信用报告，提供多样化征信服务，帮助客户判断和控制信用风险等。征信机构是征信市场的支柱，在现代市场经济条件下扮演着至关重要的角色，是信息不对称情况下扩大市场交易规模的必要前提。没有征信机构承担的社会功能，社会信用很难充分发挥作用。

国务院于2013年颁布的《征信业管理条例》指出，征信机构是经征信监督管理部门批准，专门从事征信业务活动的企业法人单位。美国的《公平信用报告法》定义的个人征信机构是消费者信用调查和报告机构，是采集和传播消费者的信用价值、信用状况、特征、名誉等信用信息的专业机构。

因此，狭义而论，只有提供信用信息服务的专业机构才是征信机构。但广义上看，判别一个机构是否为征信机构，主要看其业务是否对企业信用管理提供防范、控制和转移信用风险的技术支持。换言之，某一机构的产品和服务能否被用做企业信用管理的工具，是界定征信机构的基本标准。

（二）征信机构的分类

1. 按业务模式分类，可以分为企业征信机构和个人征信机构。（1）企业征信机构（Commercial Credit Reporting Company）提供关于企业的信息。（这些企业包含个人独资企业、合伙企业和公司制企业），并通过公共渠道、直接调查、供货商和贸易债权人提供的付款历史来获取信息。企业征信机构所覆盖的企业在规模和经营收入上都小于信用评级机构所覆盖的企业，其采集的信息一般用于信用风险评估或信用评分，或是用于贸易信用展期等其他用途。（2）个人征信机构（Credit Bureau）通常是私营的，是按照现代企业制度建立、完全市场化运作的征信机构。主要为商业银行、保险公司、贸易和邮购公司等信息使用者提供服务。美国是典型的私营征信机构模式，商业化征信机构拥有全面的信用信息系统。

在有些国家，这两种业务类型由一个机构完成；有的国家既有单独从事个人征信业务的机构，也有从事个人征信和企业征信两种业务类型的机构，这些国家一般不加以限制，由征信机构根据自己的实际情况自主决定。

2. 按照服务对象分类，可以分为信贷征信机构、商业征信机构和雇佣征信机构。（1）信贷征信机构是指受授信单位的委托，利用自身信息优势和第三方机构的特性，为授信单位开展授信决策、风险预警等相关服务。（2）商业征信机构服务对象主要是企业，为其赊销决策提供依据。（3）雇佣征信机构的服务对象是雇主，为雇主的实际需求提供个性化的征信服务。

3. 按照服务范围分类，可以分为区域征信机构、全国征信机构和跨国征信机构。（1）区域征信一般规模较小，只在某一特定区域内提供征信服务。这种模式一般在征信业刚起步的国家存在较多，征信业发展到一定阶段后，大都走向兼并或专业细分，真正意义上的区域征信随之逐步消失。（2）国内征信是目前世界范围内最多的机构形式之一，尤其是近年来开设征信机构的国家普遍采取这种形式。（3）跨国征信机构是指征信业务已经不再局限于一个国家，而是国际间的业务。

第四节 征信体系

一、征信体系的含义

征信体系指由与征信活动有关的法律规章、组织机构、市场管理、文化建设、宣传教育等共同构成的一个体系。征信体系的主要功能是为信贷市场服务，但同时具有较强的外延性，也服务于商品交易市场和劳动力市场。

社会信用体系是市场经济发展的必然产物。经过上百年市场经济的发展，发达国家形成了相对完善的社会信用体系，但是，由于各国经济、文化、历史不同，不同国家形成了不同的社会信用体系模式。从国际发达国家的经验看，征信体系模式主要有市场主导、政府主导和会员制三种模式。美国、加拿大、英国和北欧国家采用市场主导型模式，政府主导型模式的代表是法国、德国、比利时、意大利等几个欧洲国家，日本则采用会员制模式。

二、征信体系的主要内容

从当前各国的理论构架和实践体系来看，征信体系主要包括了征信法律法规、征信机构、征信行业标准、征信行业监管、征信市场与培育和征信教育与研究六个方面。如图1－2所示。

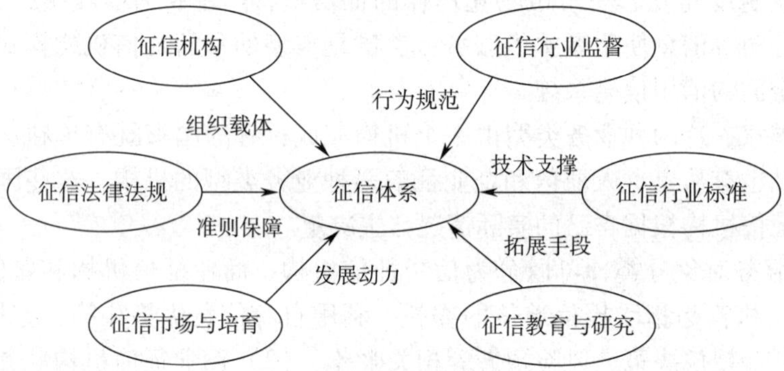

图1－2 征信体系构成

（一）征信法律法规

征信法律是指直接或间接与征信行为和征信机构有关的法律法规，一般由一组法律法规组成。从各国经验看，完整的征信法规体系一般包括两部分：一部分是关于征信业管理的法规。其调整对象是征信机构和全社会的征信活动；主要目的是依法规范征信机构运行及其管理，促进征信业健康发展，维护国家经济信息安全和社会稳定。另一部分是关于政务、企业信息披露及个人隐私保护的法规。其调整对象是政府部门、企业和个人；主要目的是提高信息透明度、实现信息共享，保护企业的商业秘密和个人隐私不受侵害。在征信发达国家，征信的法律法规体系一般由十几部甚至几十部法律法规组成。

（二）征信机构

征信机构指依法设立的专门从事征信业务即信用信息服务的机构。它可以是一个独立的法人，也可以是某独立法人的专业部门。包括信用信息登记机构（有公共和私营，私营信用信息登记公司在国际上也被称为征信局）、信用调查公司、信用评分公司、信用评级公司。征信机构是征信市场的组织载体，也是市场的参与主体。征信机构是一个国家征信体系的重要组成部分，也是衡量一个国家征信水平的重要标志之一。

（三）征信行业标准化

征信体系的建设是一个庞大的系统工程，涉及金融、公安、法院、税务、环保、工商等多个部门。为了保证征信体系建设顺畅，尽快建立征信行业的标准化就显得意义重大。征信体系的标准化，就是要建立全国征信行业标准体系，为各征信系统建设与对接提供支持与服务；建立征信的标准化，也是为实现各个征信系统的互联互通、信息共享奠定基础。

中国人民银行作为征信行业的监管部门，于2005年底启动了征信标准化工作，迄今共发布了7项标准。分别是：

1.《征信数据元 数据元设计与管理》。该标准规定了征信数据元的基本概念和结构、征信数据元的表示规范以及设计规则和方法等，并给出了征信数据元的动态维护管理机制；适用于与征信业务有关的机构进行数据元设计与管理，并为建立征信数据元的注册与维护管理机制提供指导。

2.《征信数据元 个人征信数据元》。该标准规定了与个人征信业务有关的机构使用的数据元；适用于从事个人征信业务的机构与相关机构间的个人征信信息交换与共享。

3.《征信数据元 信用评级数据元》。该标准规定了与信用评级有关的数据元；适用于对信用评级机构及金融机构内部评估系统的评级结果进行质量评价，以及相关机构间的信用评级信息交换与共享。

4.《征信数据交换格式 信用评级违约率数据采集格式》。该标准规定了信用评级违约率数据采集业务中对数据的要求、数据采集对象和来源、数据采集指标体系、数据采集报文的结构以及数据采集流程和方式；适用于从事信用评级违约率数据采集业务的机构与相关数据报送机构间的信用评级违约率数据的交换与共享。

5.《信贷市场和银行间债券市场信用评级规范 信用评级主体规范》。该标准规定了在信贷市场和银行间债券市场从事信用评级的机构进入和退出该市场的程序、从事信用评级业务的基本原则及要求；适用于信贷市场和银行间债券市场中从事信用评级业务的主体。

6.《信贷市场和银行间债券市场信用评级规范 信用评级业务规范》。该标准规定了信用评级业务中信用评级程序、信用等级符号及含义、信用评级报告内容等；适用于信用评级机构进行信用评级时的业务操作。

7.《信贷市场和银行间债券市场信用评级规范 信用评级业务管理规范》。该标准规定了开展信用评级业务准则、信用评级的跟踪与检验、信用评级业务的质量检查和信用评级业务数据的管理与统计等内容；适用于信用评级市场信用评级业务的管理和控制。

（四）征信行业监督

征信行业涉及众多企业与个人的信用信息，责任巨大；征信行业是一个新兴行业，需要规范。因而有必要设立专门的部门监督与规范征信业的发展。

《征信业管理条例》明确指出，中国人民银行及其派出机构是征信业监督管理部门，依法履行对征信业和金融信用信息基础数据库运行机构的监督管理职责：一是制定征信业管理的规章制度；二是管理征信机构市场的准入与退出，审批从事个人征信业务的机构，接受从事企业征信业务的征信机构的备案，定期向社会公告征信机构名单；三是对征信业务活动进行常规管理；四是对征信机构、金融信用信息基础数据库运行机构以及向金融信用信息基础数据库报送或者查询信息的机构遵守《征信业管理条例》及有关规章制度的情况进行检查，对违法行为进行处罚；五是处理信息主体提出的投诉。

（五）征信市场

征信市场是生产与交换征信产品和服务的各种关系的综合，是征信机构提供征信服务的目标市场，主要由市场范畴、征信服务、征信对象和信息源单位组成。一个积极的、有效的征信市场，是构建征信体系的关键，需要政府政策的支持、民众信用意识的提升以及宣传广度与深度的拓展。征信产业链模式如图 1－3 所示。

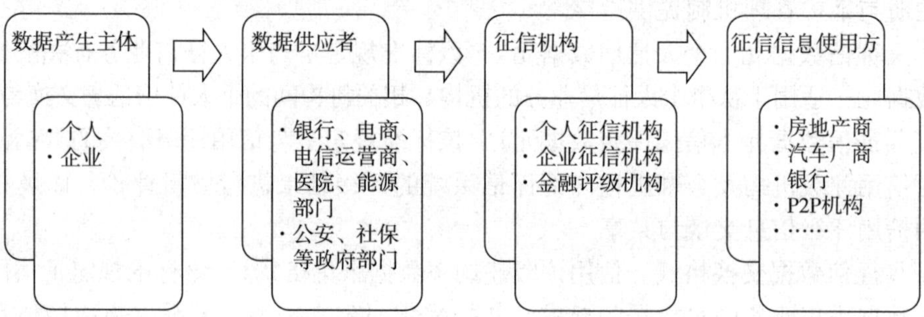

数据来源：广发证券发展研究中心。

图 1－3　征信产业链模式图

（六）征信教育与研究

根据联合国相关组织的测算，我国在 2006 年就已经步入了信用经济的时代。但我国的征信行业目前仍处于起步阶段，需要大量的征信人才去发展征信市场和支撑征信理论的研究。这也就需要我国的高校要建立完善的征信教育体系。

三、征信体系的模式

（一）美国模式：市场主导型

美国的征信业始于 1841 年，第一家征信所是由纽约纺织品批发商 Lewis Tappan 建立的。从简单征信服务到比较完善的现代信用体系的建立，美国经历了160多年的时间。“美国模式”是典型的市场主导型，征信业以商业性征信公司为主体，由民间资本投资建立和经营。它们是独立于政府和金融机构之外的第三方征信机构，按照市场经济的法则和运作机制，以营利为目的，向社会提供有偿的商业征信服务。

美国的征信服务机构都是独立于政府之外的民营征信机构（或称私人信用调查机构），是按照现代企业制度方式建立，并依据市场化原则运作的征信服务主体。

美国的征信服务机构具有一些很明显的特征。在机构组成上，主要由私人和法人投资组成。它们的信息来源广泛，除来自银行和相关的金融机构外，还来自信贷协会和其他各类协会、财务公司或租赁公司、信用卡发行公司和商业零售机构等。信息内容也较为全面，不仅征集负面信用信息，也征集正面信息。此外，这些机构面向全社会提供信用信息服务。

提到征信，就必然会涉及法律。美国对征信的立法因20世纪70年代征信业的快速发展所导致的系列问题而开始，走的是一条在发展中规范的立法道路。现在，美国不仅具备了较为完善的信用法律体系和政府监管体系，而且与市场经济的发展相辅相成，形成了独立、客观、公正的法律环境。政府基本上处于社会信用体系之外，主要负责立法、司法和执法，为征信业建立起一种协调的市场环境和市场秩序；同时，其本身也成为商业性征信公司的评级对象，这样就保证了征信公司能确保其独立性、中立性和公正性。

（二）欧洲模式：政府主导型

欧洲征信业的发展主要采用政府主导型模式，又称公共模式或中央信贷登记模式。这种模式是以中央银行建立的“中央信贷登记系统”为主体，兼具私营征信机构的社会信用体系。其征信系统由两部分组成：一部分是由各国中央银行管理，主要采集一定金额以上的银行信贷信息，目的是为中央银行监管和商业银行开展信贷业务服务；另一部分由市场化的征信机构组成，一般从事个人征信业务。

欧洲对于征信的立法最初是源于对数据、个人隐私的保护，因此与美国相比，欧洲具有较严格的个人数据保护法律。1995年10月，欧洲议会通过了欧盟《个人数据保护纲领》，这是欧盟第一个涉及个人征信的公共法律，该部法律的立法宗旨和基本原则是在保护人权和开放数据之间取得平衡。欧盟于1997年12月公布了第二个《数据保护指南》，根据欧洲议会通过的法律，欧盟各国对本国的信用管理法律体制进行完善。

欧洲的政府主导型征信模式与美国的市场化征信模式的差别体现在三个方面：（1）信用信息服务机构是被作为中央银行的一个部门建立，而不是由私人部门发起设立；（2）银行需要依法向信用信息局提供相关信用信息；（3）中央银行承担主要的监管职能。

（三）日本模式：会员制征信

日本的征信体系明显区别于美国和西欧国家，采用的是会员制征信模式，这主要是由于日本的行业协会在日本经济中具有较大的影响力。这种模式由行业协会为主建立信用信息中心，为协会会员提供个人和企业的信用信息互换平台，通过内部信用信息共享机制实现征集和使用信用信息的目的。在会员制模式下，会员向协会信用信息中心义务提供由会员自身掌握的个人或者企业的信用信息，同时，协会信用信息中心也仅限于向协会会员提供信用信息查询服务。这种协会信用信息中心不以营利为目的，只收取成本费用。

目前，日本的信用信息机构大体上可划分为银行体系、消费信贷体系和销售信用体系三类，分别对应银行业协会、信贷业协会和信用产业协会。这些协会的会员包括银行、信用卡公司、保证公司、其他金融机构、商业公司以及零售店等。三大行业协会的信用信息服务基本能够满足会员对个人信用信息征集考查的需求。例如，日本银行协会建立了全国银行个人信息中心，信息中心的信息来源于会员银行，会员银行在与个人签订消费贷款的合同时，均要求个人义务提供真实的个人信用信息，这些个人信息中心负责对消费者个人或企业进行征信。同时，日本征信业还存在一些商业性的征信公司，如“帝国数据银行”，它拥有亚洲最大的企业资信数据库，拥有4 000户上市公司和230万户非上市企业资料。

日本的消费者信用信息并不完全公开，只在协会成员之间交换使用。对此，以前并没有明确的法律规定，但在银行授信前，会要求借款人签订关于允许将其个人信息披露给其他银行的合同。另外，日本行业协会的内部规定在信用管理活动中也发挥着非常重要的作用。

【延伸阅读】

一、中国征信将形成三大体系

“未来征信将渗透到生活的每个领域，行业发展还不够成熟，希望监管立法可以快一点。”互联网金融快速发展，对征信业务特别是个人征信有极大的业务需求。据第三方机构统计，2015年中国个人征信市场交易额达到1 636亿元，还有非常大的提升空间。此外，中国个人征信服务起步比较晚，与发达国家相比有较大差距。中国和美国人均信用交易额的上升空间，美国是中国的4.5~5.5倍。目前中国数据征集和应用场景比较少、基础数据比较散等因素，阻碍了行业的发展。所以整个征信行业必须要建立数据标准化和开放化的政策体系。

中国人民大学财政金融学院教授、信用管理研究中心主任吴晶妹认为，从现在开始至少到2020年之前，中国征信市场的格局将形成三大体系：第一个大体系是金融征信。现在已经建立了金融征信的核心，将来还会形成一个大的征信圈。另外商业征信和行政管理征信将成为另外两大重要体系。行政管理征信，指在未来的中国征信市场，政府各种部委和机构，包括工商、税务、海关等，从职能出发，在监管过程中建立起的数据体系。

“没有分享就没有真正的征信，只能说是孤岛化的信用数据。”中国小额信贷联盟秘书长白澄宇提到，特别是那些没有被正规金融机构服务的市场，即低收入市场，金融征信就更加薄弱。建议监管部门尽快把民间金融机构列入监管范围，征信机构也要想办法从民间金融机构采集数据。

二、国内征信行业的现状及前景

据前瞻产业研究院《2016—2021 年中国征信行业市场前瞻与投资战略规划分析报告》[①] 显示，中国征信体系建设从信贷征信起步，目前已形成以人民银行金融信用信息基础数据库为主导、市场化征信机构为辅的多元化格局。2014 年 6 月，人民银行向包括北京和上海在内的总计 26 家第三方企业征信机构颁发了企业征信牌照。目前，市场化征信机构主要有电商企业、P2P 平台和专业征信机构三类。

1. 征信资源整合难度大。一是征信数据收集困难。目前，我国信用信息主要分布在工商、税务、海关、公安、司法、财政、审计、证券监管、质检、环保等政府部门和银行等机构，这些数据一般不对外公布，企业与个人信用信息基本上处于封闭状态，许多部门掌握的信息没有替代来源。二是征信数据相互独立。电商企业、P2P 平台和专业征信机构之间相互割裂，未能实现资源共享，极大地阻碍了征信资源的整合。如阿里巴巴信用数据库只记录会员商户的信息，缺乏线下网点对信息主体进行信用调查和相关金融服务的信息，仅依靠交易产生的信息，难以全面衡量信息主体的信用状况、准确判断信息主体的信用能力。三是各征信机构整合征信资源的意愿不强。电商企业、P2P 平台都不愿把其掌握的客户资料泄露给竞争对手，征信对象也不愿其信用信息被用于其他商业目的。

2. 行业技术标准缺失。一是缺乏统一的信息采集标准和执业规范。二是缺乏统一的信用评价制度。各行业、各机构的信用评价办法自成体系，核心指标和指标权重不同，导致评估结果大相径庭、可比性不强。三是缺乏统一的信用评价结果的表达标准。这使得信用信息产品的通用性较差，与具有市场公信力和影响力的第三方征信机构存在较大差距。

3. 商业模式尚不清晰。中国的征信环境发展尚不健全，很少有企业单纯依靠个人征信业务实现盈利。征信行业本身就是一个投入大、见效慢、数据收集流程长的产业，其商业性发展的道路漫长，需要较长的建设和完善周期。美国著名的消费者个人征信机构“环联”（Trans Union）亏损了近 10 年才开始盈利；在国内，上海资信有限公司自 1999 年成立以来长期处于亏损状态。因此，在推进征信业市场化的过程中必须高度重视征信机构盈利模式的设计。

4. 新型网络信贷机构与央行征信系统信息交互存在技术困难。目前，P2P 网贷行业准入门槛低，网贷机构技术实力差异较大，行业尚处动荡期，标准业务模式还未形成，平台倒闭、卷款跑路的现象时有发生，新型网络信贷机构自身信用风险管理能力和信息安全管理水平还需进一步提高，其合规报数能力和数据安全相关制度难以达到央行征信系统的要求。

三、互联网金融与征信体系

信贷市场上最大的问题是信息不对称，互联网的发展有助于解决这个难题。随着

① http://bg.qianzhan.com/report/detail/7a7daca4d6f84c1d.html.

互联网技术的突飞猛进，个人消费活动、兴趣爱好甚至企业生产经营等都被有效地记录下来。通过对这些数据的积累和分析，研究个体在互联网上的行为，从而帮助我们更加客观地认识经济规律、了解自然世界和人类社会。如今，小到企业微观决策，大到国家宏观政策，都离不开互联网的支持。

互联网金融是“互联网”与“金融”的有机结合，重点在于后者。金融的本质是资金融通和借贷交易，核心是信用风险管理。尽管对于金融专业的人来讲是老调常谈，但是对于互联网出身、新进入互联网金融领域的人来说，可能需要对此多一些重视。互联网金融一样离不开风险识别、判断、评估和管理。

1. 互联网以三种形式服务金融。当今，互联网金融的形式有众筹、人人贷（Peer - to - Peer Lending，P2P）、余额宝等。抛开这些形式，从本质上来讲，互联网仍旧是一个工具，金融才是核心内容。互联网作为一种工具，有三种形式服务于金融：（1）渠道功能。比如说商业银行网银，从商业银行的角度上来讲，可以说它是一种渠道，也可以说它是一种服务方式。以前需要个人到柜台去办理业务，现在把商业银行的网点搬到互联网上，互联网成为消费者接触银行服务的一个渠道。例如，工商银行的业务70% ~80%都是通过互联网来完成的。（2）信息来源。互联网对人们生产、生活造成重要影响，是因为它记录了不易被记录的信息，互联网成为信贷交易或金融交易中重要的信息来源。最典型的例子就是阿里金融，阿里很容易、很方便地掌握商户或消费者的一部分交易数据，根据这些信息并结合其他手段，就可以比较方便地对贷款人进行风险评估。如果对这些小微企业，用传统的贷前调查方式逐一去调查，成本就太高了。（3）中介功能。互联网在整个互联网金融当中，起着中介的作用，就是把有钱的人和需要钱的人匹配在一起。

2. 个人隐私须立法保护

互联网金融发展日新月异，记录了很多以前不可能被记录的信息，它几乎使得每一个人都成为“透明人”。在这个过程当中，个人隐私保护是一个非常关键的问题。在互联网上留下来的信息，哪些信息是可以用的，需要怎么来用；哪些不可以用于商业目的。这一系列问题都是需要回答，需要有规则的。

个人数据必须得到保护，是国际上普遍接受并认可的原则。在数据保护方面，欧洲国家曾经有过惨痛的教训，所以目前欧洲人普遍具有较好的个人隐私保护意识，欧洲各国的个人数据保护工作也走在世界前列。如果确实需要使用个人信息和数据，需要有一定的原则。首先，要有目的性。比如，建立征信系统的目的，就是为了帮助放贷机构来评估借款人的风险。其次，采集数据还要有适当性原则。适当性原则就是说为了达到这个目的，这些信息确确实实是必要的。此外，个人放弃隐私总要得到一些回报。拿征信系统来说，放弃隐私换回的是和金融机构发生信贷交易关系的可能性、便捷性，换回来的是更多的融资机会和较低的融资成本。

从这个意义上讲，要尽快出台个人数据保护法，唤醒社会公众的数据保护意识。只有消费者个人有了数据和隐私保护的意识，并在社会上达成共识后，才能推动其成为一个法律。

3. 互联网金融与征信体系互为补充

首先澄清一个概念，什么是“征信”？征信并非银行或金融机构所做的资信调查，征信的本质是放贷机构之间的信息共享。那么，共享是什么？假如有一样东西，本质上一致的东西，你也有，我也有，但是每个人所拥有的都不全面，当把所有信息凑起来的时候，才是一个比较全面的信息，这个过程或行为称为“共享”。

举一个信贷信息共享的例子。比如说，一个人在工商银行有贷款，招商银行也有贷款，工商银行与招商银行是竞争关系，那么，永远不要期望他们之间能够对话，或者去点对点互通信息。工商银行只了解他的部分负债，招商银行也只了解他的部分负债，两家银行能对他的负债状况进行评估的信息都不全面，从而很难判断授信风险系数和额度。如果两家银行能够共享信息，就能够更加全面地了解客户的情况。在这样一个共享的过程中，要求信息具有同质性。

我国的个人征信工作从1999年开始试点，2004年开始建立全国集中统一的个人征信系统，2006年1月企业征信系统和个人征信系统升级为全国统一的系统，2013年3月15日正式实施的《征信业管理条例》将征信系统明确定位为国家建立的金融信用信息基础数据库。目前，该征信系统已经为1 800万户企业建立了信用档案，为8.3亿人建立了“经济身份证”。自2006年以来，企业征信系统累计查询3.4亿次，2013年日均查询约30万次；个人征信系统累计查询13.7亿次，2013年日均查询近100万次。

人人贷金融、小额贷款公司或其他小型金融机构，就是要去做那些根须，去做深扎于土壤之内的“毛细血管”。中国有近14亿人，征信系统里有近8亿人，其中真正有记录的、有过交易的，对金融系统来说是“熟人”的，被金融机构扫描过的只有3亿多人。人人贷的机会在哪里？人人贷的机会就在另外5亿人，这5亿人有创业的需求、有求学发展的需求、有融资的需求，但是没有人为他们服务。所以，现在很多人讲，我国人人贷行业发展受到我国征信体系不发达的制约，这句话显然有失偏颇。

此外，随着互联网金融的发展，越来越多的“陌生人”会变成整个金融体系里的“熟人”，征信数据库里面覆盖人的范围也会随之逐渐扩大，互联网金融的发展会促进征信系统的不断完善。

【思考练习】

一、填空题

1. 征信的含义，按照信用管理工作的内容不同，有__________和__________之分。

2. 所谓狭义的征信，就是指对__________的信息进行采集、核实、整理、保存、加工等对外服务的活动，包括__________和__________等业务活动。

3. 征信的主要作用有__________、__________、__________和__________四个方面。

4. 征信的独立性是指采集、整理、分析自然人和法人及其他组织的信用信息必须保证____________独立性的地位，才能确保其产品的公平、公开与公正。

5. 从当前各国的理论构架和实践体系来看，征信体系主要包括____________、____________、____________、____________、____________和____________六个方面。

6. 按业务模式分类，征信产品与服务可以分为____________和____________。

二、判断题

1. 商账追收、信用担保、信用保险和保理、深度信用管理咨询以及信用衍生产品的开发与应用活动都是广义征信的范畴。（　）

2. 逆向选择是信贷交易在信息不对称情况下发生的问题，不良贷款风险往往来自那些积极寻找贷款的人。（　）

3. 征信活动是伴随着商品交易的产生和发展而逐步发展起来的。（　）

4. 全世界最大的企业征信机构是艾可飞公司。（　）

5. 信用信息的归属性就是一个企业或个人的信用信息档案，即把一个信息主体在各行各业同其他市场主体的信用交易活动中产生的信用记录都整合到一个账户之下。（　）

6. 信用信息分享机制就是无条件地将信息共享。（　）

7. 征信产品与服务的最根本的基础是技术力量。（　）

8.《征信业管理条例》是2003年由国务院颁布的。（　）

9. 征信体系的主要功能是为信贷市场服务。（　）

10. 美国征信体系的模式是政府主导型。（　）

三、单项选择题

1. 世界第一家征信公司是在（　）建立起来的。

A. 英国　B. 美国　C. 日本　D. 加拿大

2. 商业征信服务的对象是（　）。

A. 个人　B. 政府　C. 企业　D. 社会组织

3. 主动征信是（　）在征信对象没有委托的情况下开展的资信调查等服务。

A. 企业　B. 征信机构　C. 委托对象　D. 政府

4. 日本的全国消费信贷征信联合会JICC属于（　）。

A. 企业征信　B. 同业征信　C. 跨国征信　D. 联合征信

5.《征信业管理条例》是在（　）年由国务院颁布的。

A. 2013　B. 2014　C. 2003　D. 2010

6.《征信业管理条例》确定（　）是我国征信业的监督管理部门。

A. 金融机构　B. 中国人民银行　C. 国家发改委　D. 财政部

7. 日本征信体系的模式是（　）。

A. 政府主导型　B. 市场主导型　C. 会员制型　D. 自我发展型

8. 已在我国设立分支机构的征信公司是（　）。

A. 艾可飞公司　B. 环联公司　C. 益百利公司　D. 邓白氏

9. 信用报告是企业征信产品体系中的（　　）。
A. 基础产品　B. 增值产品　C. 附加产品　D. 赠送产品
10. 下列哪一项个人信息不得采集（　　）。
A. 电话费　B. 家族遗传病史　C. 收入　D. 信用卡还款信息

四、多项选择题

1. 征信的作用主要有（　　）。
A. 减轻逆向选择　B. 减轻对申请借款者的掠夺
C. 产生违约披露的纪律约束　D. 避免过度借贷
2. 征信可以节省流通费用是因为（　　）。
A. 信用工具节省现金流通　B. 加速商品的流转
C. 增加企业的成本　D. 增加了社会的风险
3. 按委托方式分类，征信产品与服务可以分为（　　）。
A. 主动征信服务　B. 企业征信　C. 被动征信服务　D. 个人征信
4. 以下哪些是发达国家征信产品的开发经验（　　）。
A. 拥有强大的数据库
B. 培育成熟的征信市场需求
C. 征信产品开发的深度和广度不断增加
D. 征信产品开发的手段趋于丰富
5. 征信体系的框架主要有（　　）。
A. 征信法律法规　B. 征信行业标准　C. 征信教育研究　D. 被征信企业
6. 目前，我国征信信息主要来自以下机构（　　）。
A. 提供贷款的机构　B. 企业
C. 个人　D. 提供先消费后付款服务的机构

五、简答题

1. 什么是征信？
2. 征信有什么特性？
3. 征信对整个社会的意义是什么？
4. 什么是征信产品？举两个例子说明。
5. 请分析中国征信行业的发展概况。
6. 征信的原则是什么？
7. 简述征信的基本流程。
8. 简述征信体系的主要内容。

六、思考题

1. 谈谈对未来的征信市场的看法。
2. 与世界上征信发达的国家相比，当前我国征信业发展的关键在哪里？

第二章

征信数据库

【学习目标】

- 理解征信数据库的概念与功能
- 熟悉征信数据库的类型
- 熟悉金融信用信息基础数据库的概念及功能
- 了解金融信用信息基础数据库的意义和发展历程
- 了解我国政府部门信用信息数据库的概况
- 掌握第三方平台征信数据库的概念和模式

第一节　征信数据库概述

一、征信数据库的概述

数据库是按照数据结构来组织、存储和管理数据的，是建立在计算机存储设备上的仓库。简单来说，数据库是本身可视为电子化的文件柜——存储电子文件的处所，用户可以对文件中的数据进行新增、截取、更新、删除等操作。在经济管理的日常工作中，常常需要把某些相关的数据放进这样的“仓库”，并根据管理的需要对其进行相应的处理。它存储的是企业和事业部门、团体和个人的有关数据的集合。数据库中的数据是从全局观点出发建立的，并按一定的数据模型进行组织、描述和存储。其结构基于数据间的自然联系，可提供一切必要的存取路径，且数据不再针对某一应用，而是面向全组织，具有整体的结构化特征。从发展的历史看，数据库是数据管理的高级阶段，它是由文件管理系统发展起来的。

所谓征信数据库，就是针对社会各类信用主体的调查数据及其经过分类、整理之后的信用信息所建立的资源库，是信用信息搜集和信用记录的一种重要形式。征信数据库通常是由专业化的、独立的第三方机构为社会各类经济主体建立的信用档案和基础数据库。征信机构等通过依法征集、整合、使用、管理和报告不同社会经济主体的信用信息，建立可实时更新的、动态调整的信用档案，依法对外提供各类信用主体的信用报告。

二、征信数据库的分类

征信数据库是信用信息管理系统的重要组成部分，征信机构为社会各类信用主体建立信用档案和基础数据库等资源，依法对资源进行征集、整合、使用和管理，并对外提供相关信用报告及相应的延伸服务。

（一）企业征信数据库和个人征信数据库

按照信用主体的不同，征信数据库可分为企业征信数据库和个人征信数据库。（1）企业征信数据库是针对企业相关信息建立起来的资源库，包括基本信息数据库、企业信用（付款）记录数据库、坏账数据库（黑名单）、往来票据拒付数据库等。最具代表性的企业征信数据库是美国邓白氏公司，其全球商业数据库覆盖了超过1亿条企业信息，并通过邓白氏特有的DUNSRight流程，对每天收集的原始数据进行编辑及核实以保证其质量。邓白氏及全球领先的商业信息提供商组成了一个强大的联盟：邓白氏全球网络，客户可以通过这个网络进入全世界最大、最优质的商业信息数据库。（2）个人征信数据库，也称消费者征信数据库，是针对个人信用信息所建立起来的资源库。例如美国的艾可飞公司（Equifax）、环联公司（TransUnion）、益百利公司（Experian）。它们通过合法地收集消费者的个人信息，逐步形成了庞大的征信数据库。

（二）政府部门或行业建设的征信数据库、地方政府建立的征信数据库和第三方平台建立的征信数据库

按照征信数据库建设主体的不同，征信数据库可分为政府部门或行业建设的征信数据库、地方政府建立的征信数据库和第三方平台建立的征信数据库三类：（1）政府部门或行业建设的征信数据库是由政府各部门或行业在行政过程中建立的征信系统，如司法、质检、药监、环保、税务等。我国最突出的是2006年3月中国人民银行设立的中国人民银行征信中心，作为央行直属事业单位，其专门负责企业和个人征信系统（即金融信用信息基础数据库，又称企业和个人信用信息基础数据库）的建设、运行和维护。（2）地方政府建立的征信数据库是指由各个地方政府针对本地区的信用主体建立的征信数据库。如江苏省、广东省、上海市、深圳市等已陆续建立了地方性的征信数据库。（3）第三方平台建立的征信数据库是由专业的、独立的第三方机构针对社会各信用主体建立的征信数据库。如我国的大公国际资信评估有限公司、上海新世纪资信评估投资服务有限公司等建立的信用数据库。

三、征信数据库的功能

全面、准确的信用数据是建设社会信用体系的基本要素。一国经济的突飞猛进和互联网的发展催生了海量的信用数据，要形成更加客观的信用评价体系、建设完善的社会信用体系，征信数据库的有效建立与适时完善是十分必要且重要的。

（一）依法提供征信服务

征信机构通过依法对征信数据进行收集、整理和加工，形成各信用主体的信用报告、信用评分等资源，从而为各类授信主体提供征信服务，便于各类业务的顺利展开。

（二）建立失信惩戒机制

失信惩戒机制是信用市场各授信主体共同参与，以征信数据库为依据，通过信用记录和信用信息的公开，来降低市场交易中信息不对称程度，约束社会各经济主体信用行为的社会机制，是信用管理体系中的重要组成部分。通过失信惩戒机制，以经济手段和道德谴责手段，可惩罚市场经济活动中的失信者，将有严重经济失信行为的企业和个人从市场的主流中剔除。

（三）形成守信激励

征信数据库可以反映企业和个人的信用状况。守信用的企事业单位和个人在数据库中将保持良好的信用记录，从而帮助其树立良好的社会形象，增大其市场交易中的无形资产，并由此使其得到更多的商业机会。

第二节 金融信用信息基础数据库

一、金融信用信息基础数据库的概述

金融信用信息基础数据库，是中国重要的金融基础设施，是国家为了防控金融风险，提高信贷市场效率，保障金融业稳定发展的信息服务平台。为了更好地促进金融信用信息基础数据库用户管理，2014 年 12 月 2 日，中国人民银行发布了《金融信用信息基础数据库用户管理规范》。该规范指出，由中国人民银行征信中心建设、运行和维护征信系统。中国人民银行征信中心是中国人民银行下属法人事业单位，是不以营利为目的的征信机构。根据《征信业管理条例》的规定，金融信用信息基础数据库接收从事信贷业务的机构按照规定提供的信息，并为信用主体和取得信息主体本人书面同意的信息使用者提供查询服务。

金融信用信息基础数据库的主要使用者是各类金融机构。金融信用信息基础数据库通过专线与商业银行等金融机构总部的数据库相连接，并通过商业银行等金融机构内部的联网系统将终端延伸至商业银行等金融机构的分支机构信贷人员的业务柜台，从而实现企业和个人信用信息定期由各金融机构流入金融信用信息基础数据库，通过进一步汇总后实时流向金融机构的功能。其中，前者表现为金融机构向金融信用信息基础数据库报送数据，后者表现为金融机构根据有关规定向金融信用信息基础数据库实时查询企业和个人信用报告。

金融信用信息基础数据库的前身是由中国人民银行组织各类商业银行建立的全国统一的个人信用信息基础数据库和企业信用信息基础数据库。当前，金融信用信息基础数据库仍沿用该系统架构，分别设置了个人信用信息基础数据库和企业信用信息基础数据库两个部分。

个人信用信息基础数据库主要采集和保存个人在商业银行的贷款、信用卡、担保、社保、公积金等信用信息，以及个人身份识别信息，并向商业银行提供个人信用信息联网查询服务，满足商业银行防范和管理信用风险的需求，同时服务于货币政策和金融监管的需要。伴随着我国信用体系建设的不断深入和社会信用意识的提高，个人信用信息基础数据库收录信息主体数量稳步提升。截至 2016 年年底，个人信用信息基础数据库为 8.7 亿自然人建立了信用档案，其中 3.21 亿人有信贷记录。如图 2－1 所示。

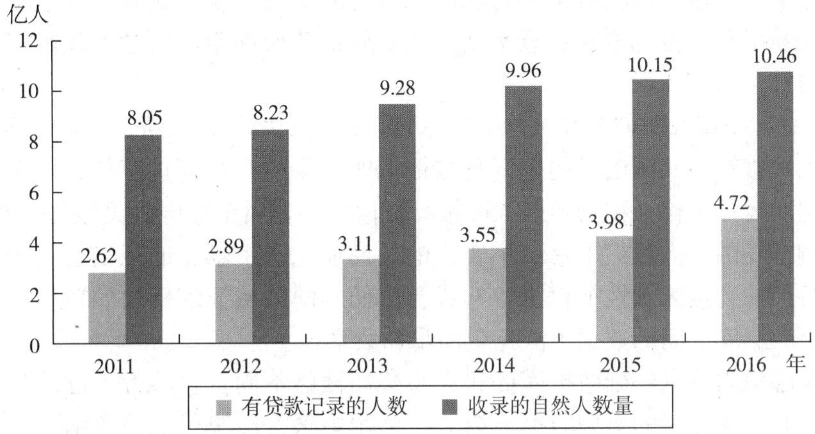

图 2－1　个人信用信息基础数据库收录的自然人数量

企业信用信息基础数据库的前身是始建于 1997 年的“银行信贷登记咨询系统”。该数据库主要从商业银行等金融机构采集企业的基本信息、在金融机构的借款、担保等信贷信息，以及企业主要的财务指标、环保、欠缴税款、民事裁决与执行等信息，全国各商业银行可与其联网查询。截至 2016 年年底，企业信用信息基础数据库收录了企业及其他组织共 2 768 万户，其中 1 210.7 万户有信贷记录如图 2－2 所示。

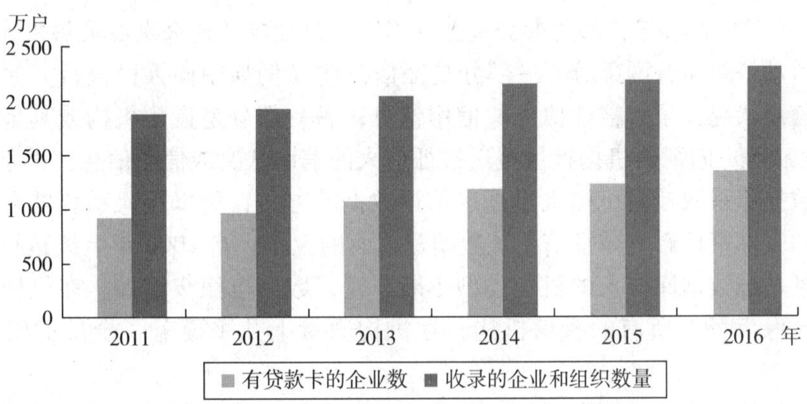

图 2－2　企业信用信息基础数据库收录的企业及组织数量

二、金融信用信息基础数据库的功能

我国征信机构按所有权归属不同可分为公共征信机构、混合型征信机构和私营征信机构三大类。根据相关条例规定，金融信用信息基础数据库运行机构在我国属于公共征信机构，是以国家为主导的征信信息服务机构。从我国现阶段国情来看，金融信用信息基础数据库运行机构的绩效良好，且中国征信市场规模刚刚起步，公民及企业对信用信息还未足够重视，致使民营征信机构的发展仍然处在初级阶段。故我国征信体系发展所采取的是金融信用信息基础数据库运行机构为主、民营征信机构为辅的模式。不同种类的征信机构具有不同的职能，将它们混为一谈不仅难以促进征信业的健康发展，还易引起不良竞争和恶意垄断。只有厘清政府和市场的楚河汉界，才能建立我国健全的社会信用体系。

（一）建立全国统一的数据集中管理系统，促进金融机构提高信用风险水平

中国人民银行及其派出机构负责我国征信业市场的监督管理工作，而金融信用信息基础数据库运行机构又称为中国人民银行征信中心，属于中国人民银行的直属机构。以美国为例，美国个人征信平台最早实行的是商业化和市场化的征信运行模式，主要由分散于各地的大量区域性征信机构构成，然而不同区域征信机构的数据库之间相互独立，各个数据库之间的数据不能完全同步和共享。

我国金融信用信息基础数据库的建设与美国截然不同。它参考了国际最佳征信模式，建立了政府主导型的集中数据库模式；利用中国人民银行征信数据库专线与商业银行等金融机构的信贷营业网点相连接，建立了覆盖全国的信用信息采集和服务网络；全面采集企业和个人信贷信息，按照统一系统、统一管理、统一标准的原则，实现了企业和个人信用信息在全国各商业银行等金融机构的交换和全国共享。该系统运行效率高，能够实现征信报告查询“秒级”响应。金融信用信息基础数据库促进金融机构实现了信贷决策从简单的定性分析向定量分析转化，有效提高了风险管理能力。金融信用信息基础数据库在提高授信申请审批效率、推动解决小微企业融资难问题方面成效显著。

（二）丰富征信数据，拓宽数据覆盖范围，为信贷市场健康发展提供保障

征信活动一般包含两部分：一部分是征信机构（例如中国人民银行）主动调查被征信人的信用状况，了解被征信人的信用信息；另一部分是授信机构或其他金融机构（例如商业银行）向征信机构批量报送被征信人的信用状况或信用信息。由于金融信用信息基础数据库采取授信机构批量报送信用数据的方式，所以接入系统的金融机构数量和类型的多寡直接影响该征信系统数据覆盖面的大小。自 2006 年上线运行以来，金融信用信息基础数据库接入的机构类型不断丰富，数量也稳步增加。在机构类型上几乎涵盖了金融市场上所有的授信机构，在机构数量上几乎覆盖了全部的银行业金融机构。

从接入征信系统的机构类型看，金融信用信息基础数据库接入机构的用户类型除传统的全国性股份制银行、城市股份制商业银行和外资银行外，还包括各类信托公司、保险公司、财务公司、合作金融机构等非银行类金融机构，以及小额贷款公司、融资性担保公司、村镇银行、贷款公司、消费金融公司等小型金融机构。从接入征信系统的机构数量看，截至 2016 年年底，企业和个人信用信息基础数据库累计接入机构数分别为 754 家和 776 家。其中，接入系统的小型机构数量增长较快，已分别达到 238 家和 188 家。

金融信用信息基础数据库的使用和运行既能丰富征信数据库的类型，使更多的机构参与到征信数据库中来，又能扩宽征信数据，使借款主体不断增加，不良贷款率逐年下降，金融体系稳定运行。

（三）信贷信息为主，非银行信息为辅，支持社会信用体系建设

征信机构一般会根据机构自身的定位、经营方向和市场需求的差异，有选择地收集相应的信用信息。例如，美国的征信机构一般是以营利为目的，根据市场的需求有针对性地收集个人和企业的信贷交易记录，如信用卡额度、贷款余额、还款状况等。欧洲的征信机构主要以政府为主导，更多搜集个人和企业的不良信用信息，特别是法国的公共征信系统主要以收集个人的负面信贷信息为主。为全面反映企业和个人信用状况，帮助更多的企业和个人与商业银行等金融机构建立信贷关系，征信机构需广泛整合企业和个人身份信息、非金融领域负债及遵纪守法等方面的信息。如企业和个人的社保信息、住房公积金信息、税收缴纳信息、法院判决和强制执行信息，以及行政许可和处罚信息等非银行信息。除此之外，政府部门可以利用数据库在财政贴息项目审查、小微企业扶持计划资质认定、企业信用分类管理、集中采购、项目招投标、招商引资、公务员录用等活动中将企业和个人信用状况作为评价之一，从而有效地促进了失信联防惩戒机制作用的发挥。

（四）利用强制性手段采集信息，有效保障信用数据质量

公共征信机构通常可以利用行政手段强制要求所监管的金融机构上报个人和企业的信用信息，或利用法律强制要求信息提供者提供准确的信用信息。然而，私人征信机构只能在双方自愿的基础上，以合同或协议的方式采集信用数据，搜集信用信息，信息质量方面只能依靠信息提供者的自觉性来保证信息的准确性。

而金融信用信息基础数据库属于公共征信系统，其信息数据采集的主要特点就是具有强制性。《征信业管理条例》第二十九条明确规定："从事信贷业务的机构应当按照规定向金融信用信息基础数据库提供信贷信息。"该条规定与金融信用信息基础数据库主要采用被动接受信贷信息的采集方式相适应，从而有效地保障了金融信用信息基础数据库的信息来源、信息的持续更新以及信息的质量。

三、金融信用信息基础数据库的意义

（一）提高金融机构控制风险能力，进一步满足中小企业融资需要

随着金融信用信息基础数据库的广泛运用，商业银行等金融机构可以利用数据库查询借款人的历史贷款记录，通过对借款人信贷违约风险进行评估，并借助该系统的失信行为处罚制度进一步约束贷款人的还款行为，从而达到缓解金融机构信贷业务中面临信息不对称和缺乏约束机制的问题，有效提高商业银行等金融机构防范信贷业务风险的能力。当前，几乎所有的商业银行都把查询金融信用信息基础数据库作为审查贷款的必经环节。截至 2016 年底，全国商业银行利用该数据库拒绝授信 1 518 万笔，对高风险客户进行风险预警，所涉金额 6 768 亿元，识别二套及以上住房贷款申请 56 万笔。

商业银行在不了解某企业或个人信用状况的情况下，为了防范风险、减少损失，一般会采取相对紧缩或保守的信贷政策。金融信用信息基础数据库减少了企业、个人和金融机构之间的信息不对称。当企业和个人向金融机构申请贷款的时候，金融机构可以通过查阅借款人的历史贷款记录或以前的信用记录来了解企业和个人的信用状况，并针对不同信用状况的客户采取相对灵活的信贷政策，从而进一步扩大信贷范围。特别是针对缺乏抵押品或担保的中小企业、中低收入者等边缘性借款人，避免了因金融机构采取“一竿子”信贷政策而减少金融机构的信贷规模。

（二）服务政府部门，提升执法效率

根据国际征信机构发展经验，各类征信机构在信息采集过程中除了采集商业银行信贷信息以外，一般还依据各国政府的政府信息公开法规采集大量的非银行信息，通常用于帮助授信机构防范风险，降低损失。在这种背景下，当各国政府部门在执法过程中需要征信机构提供数据或信息帮助时，可以依法查询征信机构的数据库或要求征信机构提供相应数据。

金融信用信息基础数据库现已依法为部分政府部门、法院、公安、检察等系统的业务和案件办理提供了相关信息查询服务。近年来，中国人民银行相继与国家环保总局、国家质检总局、最高人民法院等部门合作，将环保、产品质量、商业经营等方面的违规信息、行政处罚信息以及欠缴农民工工资等不良信息纳入金融信用信息基础数据库。对于环保违规或拖欠农民工工资的企业，商业银行通过查询系统一旦发现，将针对这些企业禁止提供贷款。这有利于政府部门执法力度的加强和相关企业及个人诚信意识的提高。

（三）增强大众信用意识，维护社会稳定

在现代化市场经济活动中，培养企业和个人良好的社会信用意识，有利于提升我国宏观经济运行效率。然而，良好的社会信用意识并不是仅仅依靠教育和道德的约束就能够建立的，必须在制度建设上具有完备的约束机制，将德治与法制相结合，充分利用法制的强制约束力。金融信用信息基础数据库恰恰缓解了我国社会信用约束不足的问题，发挥了“守信激励，失信惩戒”的作用，并逐渐增强了企业和个人的诚信意识。例如，一些拖欠贷款的企业和个人为了避免出现不良记录，防止金融机构停止给予他们贷款，主动偿还了拖欠的贷款，按时履行偿还等合同义务的意识稳步提高。

金融信用信息基础数据库在维护社会稳定方面也发挥着不可忽视的作用。实践经验表明，不少企业和个人具有过度负债的冲动，如果不加约束，可能会造成企业和个人债务负担过重，影响企业和个人的正常经营和活动，甚至引发社会问题。然而，金融信用信息基础数据库有助于金融机构全面了解企业和个人的整体负债情况，从制度上防止企业和个人过度负债。这有助于政府部门及时了解社会的信用变动状况，防范突发事件对国家造成重大影响，维护社会稳定。

四、金融信用信息基础数据库的建设历程

（一）个人信用信息基础数据库发展历程

我国个人信用信息基础数据库是我国社会信用体系的重要基础设施，是在国务院

领导下，由中国人民银行组织各商业银行建立的个人信用信息共享平台。该数据库组建于 1999 年 7 月，由中国人民银行批准，上海资信有限公司试点组建。该数据库主要用于采集、整理、保存个人信用信息，为金融机构提供个人信用状况查询服务，为货币政策和金融监管提供有关信息服务。随着时代的不断发展，其他各地也相继开始尝试运行个人信用征信系统。2006 年 1 月，由中国人民银行组织各个金融机构建设的全国个人信用数据库，实行了全国联网，逐步实现了个人在信贷交易、担保、信用卡等金融活动中信息记录的共享。为了更好、更全面地反映个人信用状况，征信内容也正朝着非银行领域不断发展与扩大。

由于国内刺激消费、拉动内需等宏观政策的出台及商业银行职能的转变与发展，个人信用平台随之建立。20 世纪 80 年代后期，我国个人消费信用需求开始萌芽，个人征信行业随之逐步发展。当时，扩大内需成为党中央确定的必须长期坚持的战略方针。各级商业银行为了贯彻这一方针，相继推出了住房、汽车、教育、旅游等消费信用贷款，有效地刺激了国内消费，扩大了内需。然而，由于当时我国的个人征信机制还相对滞后。为了降低信用风险，银行不得不以烦琐的手续、严格的条件来抬高消费信贷门槛，因而限制了消费信贷的发展，并在一定程度上抵消了通过开展消费信贷来启动内需的效果。为了解决这一矛盾，1999 年 3 月，中国人民银行颁布了《关于开展个人消费信贷的指导意见》，其中明确提出了“逐步建立个人消费贷款信用中介机构”、“信用制度是个人消费信贷业务发展的重要条件”等建议。中国人民银行开始试点建立个人信用信息基础数据库。1999 年 7 月，经中国人民银行批准，上海地区 15 家商业银行共同携手，在上海市信息办和中国人民银行上海分行的主持参与下，由上海信息投资股份有限公司、上海市信息中心、上海中汇金融外汇咨询有限公司、上海隶平实业有限公司等联合投资组建的上海资信有限公司成立。该公司成为自新中国成立以来首家开展个人信用联合征信的专业资信机构，承担上海市个人信用档案信息数据中心的建设和管理，开展个人信用信息咨询、资质认证和风险评估业务。2000 年 7 月，上海资信有限公司个人信用联合征信服务系统数据采集及信用报告查询系统正式启动，并出具了新中国第一份个人信用报告。

与上海一并入选为个人征信试点城市的深圳，也在个人信用体系建设方面做了许多创新性的工作。2001 年 12 月，《深圳市个人信用征信及信用评级管理办法》在深圳市政府常务会议上获得通过，并于 2001 年 1 月 1 日正式实施。该办法是我国第一部个人信用立法，对我国社会信用体系的建设有着深远的意义。2002 年 8 月 9 日，受深圳市政府委托的鹏元资信评估有限公司独立承建、自主开发的深圳市个人信用征信及评级系统投入试运行，开始向各商业银行提供个人信用报告查询服务。这是我国继上海之后第二个开通的比较完善的地方个人征信系统。除了上海和深圳以外，海南、广州、大连等地也相继获准建立个人信用制度。这标志着我国个人征信制度建设由试点逐步进入推广阶段。

2004 年，中国人民银行在总结试点经验的基础上，不断加快个人信用信息基础数据库的建设。于 2004 年 12 月中旬实现了 15 家全国性商业银行和 8 家城市商业银行在北京、重庆、深圳、西安、南宁、绵阳、湖州7个城市的联网试运行；于2005年8月底完成与全国所有商业银行和部分有条件的农村信用社的联网运行，经过一年的试运行，于2006年1月正式运行。目前，任何自然人在国内任何地方的任何一家商业银行留下的借款和还款记录、申请信用卡或开立结算账户时填报的基本信息，商业银行的基层信贷人员均可经当事人书面授权后对其进行查询。商业银行已经将查询个人信用信息作为贷前审查的固定程序。截至2016年底，芝麻信用、腾讯征信、深圳前海征信中心、鹏元征信、中诚信征信、中智诚征信、拉卡拉信用管理、北京华道征信等公司将业务主线开始转向个人征信服务领域，进一步促进了个人征信的发展。

（二）企业信用信息基础数据库发展历程

企业信用信息基础数据库的建设最早源于贷款证制度。贷款证制度实际上是贷款登记和信息咨询系统，为金融机构审查贷款服务，为中央银行宏观金融决策服务，是金融体制改革进一步深化的需要。1990年，深圳商业银行首先向中国人民银行深圳分行提出要求使用贷款证，以适应国有专业银行向商业银行转轨过程中的金融业务交叉和竞争，提高贷款透明度，防止企业过度负债。在这一背景下，中国人民银行深圳分行于1991年4月1日率先建立和实施贷款证制度。自深圳特区实施贷款证制度以来，其辖区金融机构和企业普遍反映较好。该制度有效地防止了企业多头套取贷款，减少了商业银行信贷资产风险。在总结部分地区实施贷款证制度经验的基础上，中国人民银行决定自1996年4月1日起在全国大中城市实行贷款证制度，并逐步向全国范围推广。

随着科技的进步和金融业务的丰富，贷款证业务开始暴露出一些弊端，影响了贷款证实效的发挥。具体表现为以下三方面：（1）贷款证登录的信息有限，作用比较单一，不能覆盖金融机构审核贷款所需的信息范围；（2）贷款证涵盖面窄，少数贷款对象和贷款种类没有纳入其中，贷款证对贷款总量的反映不够；（3）贷款证的文本性、分散性使其不能信息共享，极大地制约了贷款证作用的发挥。因此，1997年7月，中国人民银行统计司完成了《关于贷款证制度工作发展的总体思路报告》。该报告提出贷款证制度管理要向电子化管理方向发展，以克服文本式贷款证的不足；要充分发挥贷款证制度在防范信贷风险方面的预警监测作用。中国人民银行在考察了国外中央银行信贷登记系统建设情况的基础上，借鉴国外的先进经验，提出了建立我国银行信贷登记咨询系统的设想。

银行信贷登记咨询系统是在原贷款证制度的基础上，结合当时金融电子化发展的趋势和金融工作的要求而建立的一套信息系统。它克服了贷款证的诸多弊端，增加了新的功能，目的是加强金融监管，维护金融秩序，制定货币政策，密切银企关系等。1998年，中国人民银行启动了银行信贷登记咨询系统工程。1999年年底，银行信贷登记咨询系统上线运行。2002年，银行信贷登记咨询系统建成地、省、总行三级数据库，实现了以地（市）级数据库为基础的省内数据共享。2005年，在该系统运行多年的基础上，中国人民银行启动了银行信贷登记咨询系统的升级工作，将原有的三级分布式数据库升级为全国集中统一的企业信用信息基础数据库，使其信息系统采集范围不断扩大，服务功能大大提高。2006年6月，企业信用信息基础数据库实现了全国联网查询。

中国人民银行大力推进企业和个人征信体系建设，以2006年全国集中统一的企业和个人信用信息基础数据库基本建成为标志，我国商业银行等存款类金融机构已全面实现对所有企业和个人信贷信息的共享。2013年，又陆续出台《征信业管理条例》《电话用户真实身份信息登记规定》《关于公布失信被执行人名单信息的若干规定》《征信机构管理办法》等文件。《征信业管理条例》的正式实施，明确将企业和个人信用信息基础数据库统称为国家金融信用信息基础数据库。同年10月末，9省市可通过互联网查询个人信用报告。同年11月初，最高人民法院通报全国法院第一批失信被执行人名单信息有关情况，征信体系建设已取得了质的飞跃。截至2013年11月底，约有83 000万人、2 000万家企业被纳入我国央行征信系统征信范围，并且各大金融企业的信用数据持续接入该征信系统。2014年，央行将证券交易、保险、外汇、税法等违法违规的信息纳入征信评估范围。截至2015年4月底，约有86 000万人、2 068万家企业被纳入我国央行征信系统征信范围，并包括约802万家信贷机构。截至2015年底，全国共有17个省（市）的78家征信机构企业在人民银行分支行完成备案。

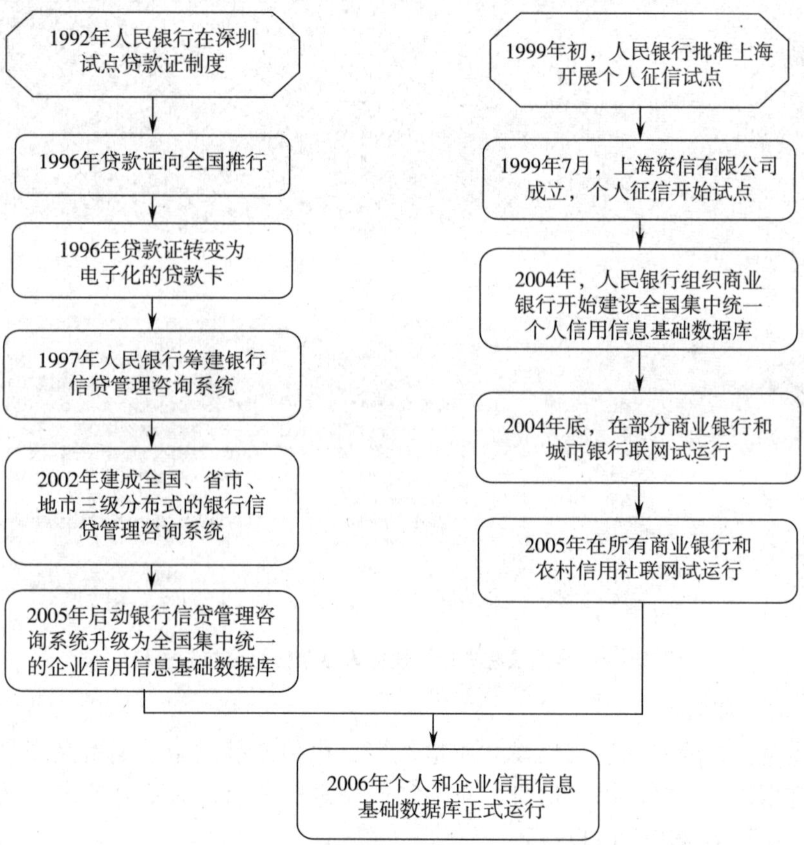

图2-3 金融信用信息基础数据库的建设历程

第三节　政府部门信用信息数据库

一、政府部门信用信息数据库概述

政府部门的信用信息数据库是由政府各部门或行业在行政过程中建立的征信系统，如司法、质检、药监、环保、税务等。以下以我国为例进行说明。

（一）司法部门

为推进社会信用体系建设，对失信被执行人进行信用惩戒，促使其自动履行生效法律文书确定的义务，根据《中华人民共和国民事诉讼法》相关规定，最高人民法院制定了《关于公布失信被执行人名单信息的若干规定》，自 2003 年 10 月 24 日起向社会开通“全国法院失信被执行人名单信息公布与查询”平台，社会各界可通过该平台查询全国法院（不包括军事法院）失信被执行人信息。

图 2－4　全国法院失信被执行人名单信息公布与查询

（二）质检部门

国家质量监督检验检疫总局设立质检数聚，包括产品质量、消费品产品质量、商品包装、进出口不合格产品等信息，对缺陷产品进行警示，对不合格产品及企业进行定期曝光，维护消费者合法权益。

（三）药监部门

国家食品药品监督管理总局设立信息中心数据处，对食品、药品、医疗器械数据

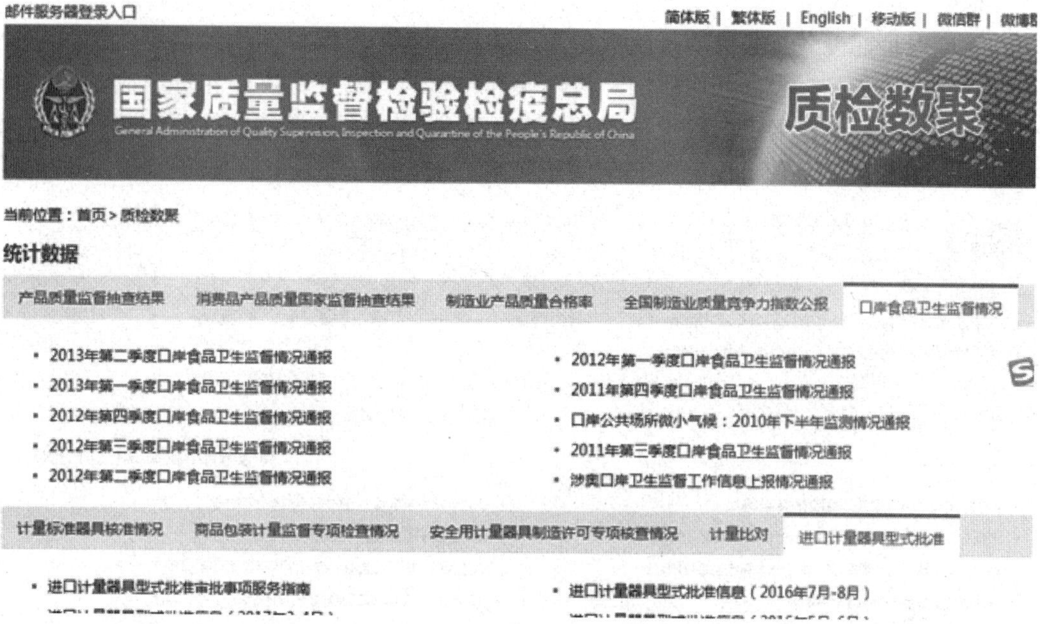

图 2-5　国家质量监督检验检疫总局质检数聚

库进行管理和维护。通过该数据库，可对在药监局登记的、合法的食品、保健食品、药品、医疗器械、化妆品、相关广告等进行查询。

图 2-6　国家食品药品监督管理总局信息数据库

（四）环保部门

环境保护部设立企业信用信息数据库，积极推动环境保护领域的信用建设，建立企业环保守信激励、失信惩戒机制。将环保部作出的行政处罚决定和责令改正违法行为决定，在专栏予以展示，以引导全社会共同关心、支持环保领域的信用建设，共同营造“守信光荣、失信可耻”的环保诚信氛围。

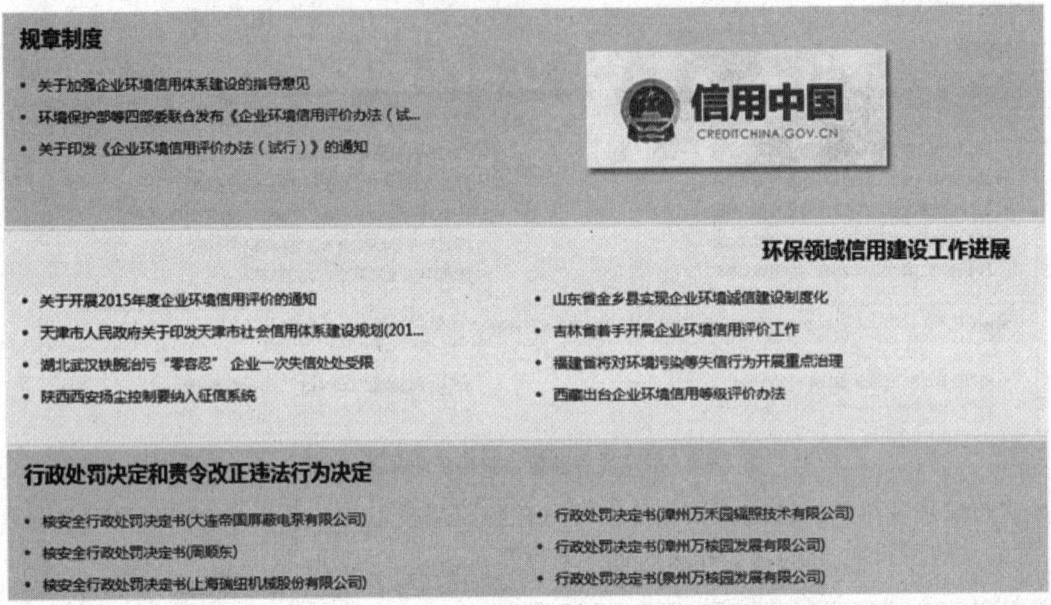

图 2－7　环境保护部企业信用信息数据库

（五）税务部门

国家税务总局设立纳税信用数据库，包括纳税信用 A 级纳税人和重大税收违法案件数据库。旨在提高纳税人依法纳税意识，惩戒严重税收违法行为，规范税务机关执法行为，推进社会信用体系建设。

（六）信息中心

在国家发展改革委、人民银行指导下，国家信息中心主办了“信用中国”。这是政府褒扬诚信、惩戒失信的窗口，主要承担信用宣传、信息发布等工作，使用社会信用体系建设部际联席会议成员单位提供的对社会公开的信用信息。

二、国家企业信用信息公示系统

国家企业信用信息公示系统，又称全国企业信用信息公示系统，于 2014 年 2 月上线运行，是由中华人民共和国国家工商行政管理总局依据《中华人民共和国政府信息公开条例》《企业信息公示暂行条例》等法律法规、规章的有关规定进行的信息公示。公示的主要内容包括：市场主体的注册登记、许可审批、年度报告、行政处罚、抽查结果、经营异常状态等信息。系统公示的信息来自工商行政管理部门、其他政府部门

图 2－8　纳税信用 A 级纳税人数据库

图 2－9　重大税收违法案件数据库

及市场主体，政府部门和市场主体分别对其公示信息的真实性负责。通过建立各级工商机关登记在册的所有商事主体的信用信息数据库，对其登记信息、备案信息、行政处罚信息进行公示。

图 2－10　信用中国网站

三、地方政府的征信数据库

地方政府建立的征信数据库是指由各个地方政府针对本地区的信用主体建立的征信数据库。自我国社会信用体系建设以来，除了政府部门建立的征信数据库之外，各地方政府也开始陆续颁布地方信用法规，设立地方信用监管部门，建立地方征信数据库。

（一）上海市征信数据库

上海市于 2017 年率先出台全国首部地方综合性信用法规《上海市社会信用条例》，市信息中心与市社会信用体系建设办公室合办上海诚信网，建立包括上海市各

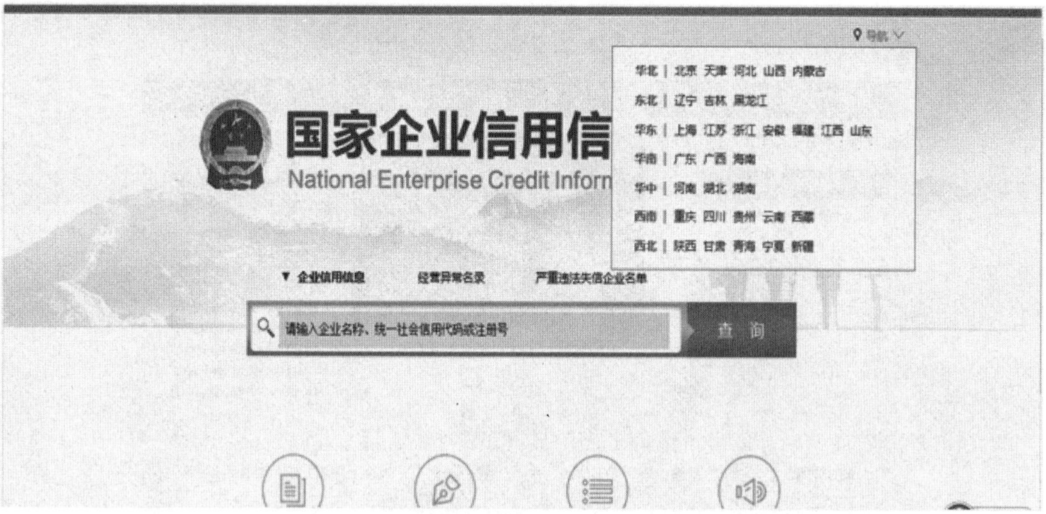

图 2－11　国家企业信用信息公示系统

信用主体资质、行为、应用（日常监管、行政审批、行政处罚、政府采购、招标投标、表彰评优、资金支持、录用晋升）在内的征信数据库，并依法向社会提供征信服务。

截至 2017 年 6 月，上海市已有 99 家单位确认向市信用平台提供 4.6 万余项信息事项，可供查询信用数据 3.15 亿条。政府应用方面，在专项资金申请、行政审批、事中事后监管、公务员、律师等职业人员管理、道路交通治理、社区治理和新能源汽车补贴及牌照申请等场景中，信用应用事项超过 700 余项；市场应用方面，聚焦金融服务、互联网分享经济、供应链服务、生活消费、中小企业服务等场景创新应用信用产品和服务。市信用平台的“枢纽、窗口、载体”等功能不断巩固优化，上海市已建 22 个子平台和 15 个服务窗口，平台累计提供查询 2 347 万次。信用行业服务能力不断增强，市信用服务行业协会已有会员单位 102 家。社会各方信用应用意识提升，全市“重点领域联合、重点区域联动”的应用工作格局已经形成。

（二）江苏省征信数据库

江苏省经济和信息化委员会联合江苏省公共信用信息中心共同建立信用江苏网站，建立社会法人、自然人信用数据库，向社会提供信用咨询服务，并通过守信案例、失信案例公示，来达到守信激励、失信惩戒的目的。

（三）深圳市征信数据库

深圳市建立深圳信用网，在企业信用方面负责“依照规定归集、整合企业信用信息”。建立全国首个地方商事主体信用监管公式平台，实现填报、查询、异常名录等互动功能，日查询量 66 万人次，建成“一网、一微、一端”公共信用平台，征集 330 万商事主体的 6.3 亿条信息，成为华南地区最大的企业信用数据库。

（四）广东省征信数据库

信用广东网网站是广东省人民政府主办的广东省公共信用信息统一对外发布、接

图 2－12　上海诚信网

受外部查询和异议受理等的平台。网站按照统一的标准规范，全面整合广东省有关行业和部门记录的社会成员信用信息，建立企业、个人、事业单位和社会组织信用信息公共数据库；围绕信用公开、信用查询和信用建设三大功能定位，建设覆盖全省的公共联合征信系统。该系统实现了行业和部门间信用信息的互通共享，依法有序地向社会公众和信用服务机构公开信用信息；实现了省级行业、部门之间信用信息的互通共享，并向各地级以上市的公共信用信息管理系统开放。

图 2－13　信用江苏

图 2－14　深圳信用网

信用广东网
www.gdcredit.gov.cn
站内搜索：
搜索
首页
信用公开
服务大厅
信闻动态
四大领域诚信建设
政策法规
信用学堂
共建单位
信用信息查询
企业
事业单位
社会组织
重点人群
查询
高级查询
信息公示
行政许可信息
行政处罚信息
社会信用代码
经营兽用生物制品的兽药经营许可【四会市伟旺兽药有限公司】 2017-07-04
经营兽用生物制品的兽药经营许可【四会市大沙镇安记兽药店】 2017-07-04
经营兽用生物制品的兽药经营许可【四会市永胜动物保健品有限公司】 2017-07-04
经营兽用生物制品的兽药经营许可【四会市美林动物保健有限公司】 2017-07-04
经营兽用生物制品的兽药经营许可【四会市雷诺动物保健有限公司】 2017-07-04
更多>>
红榜
警示榜
黑榜
A级信用纳税人名单信息 182760条
海关高级认证企业名单 6886条
广东省名牌产品（工业类）信息 1762条
机构荣誉信息 891条
环保信用等级评价信息-绿牌 840条
更多>>
联合奖惩在行动
信用广东周
信用建设看广东
市长谈信用
政务诚信建设
商务诚信建设
社会诚信建设
司法公信建设
联合奖惩专题
打造智信禅城 推动一门式向“零距离”服务发展
来源：南方日报 发布时间：2017-07-03
守信激励
失信惩戒
——联合奖惩专题
地市要闻
广东在全国首开先河，探索实行预算联网监督 政...
来源：南方日报 发布时间：2017-07-03
守信承诺
我要参加守信承诺活动>>
查看更多>>
东莞市嘉宏集团有限公司
香江集团有限公司
广东省丝绸进出口集团企业物业发展有...
广东森岛集团有限公司
深圳市亮格能源投资控股有限公司
广东三友集团有限公司
河源市华达集团有限公司
宜华企业（集团）有限公司
数据采集统计
省直
地市
部门名称 条数 更新日期
省公安厅 270 06-21
省民政厅 3210363 06-14
省司法厅 87896 06-02
省财政厅 63594 09-02
省人力资源社... 11 08-17
省国土资源厅 3580 12-30
省环境保护厅 2042 12-12

图2－15　信用广东网

第四节　第三方平台的征信数据库

一、第三方平台征信数据库概述

（一）第三方平台征信数据库的概念

第三方平台征信数据库是指专门的或独立的第三方机构针对社会信用主体（个人或企业）建立的旨在集中社会信用主体各类信用信息的征信数据库。

（二）第三方平台征信数据库的发展现状

当前正迅速崛起的互联网金融是互联网技术和思维对传统金融的一场深刻变革，其释放了大众长期被压抑的金融需求。在互联网金融高速发展的今天，第三方平台征信愈益成为制约互联网金融发展的瓶颈，它大大增加了互联网金融相关环节落地的难度。所幸大数据、云计算等新技术的应用，为征信业提供了全新的技术支撑，进而提升了征信市场活力和总体水平。中国征信业的立体式发展，将使个人及中小企业特别是小微企业逐步获得更为完整的“信用身份证”，有效降低融资成本、助力普惠金融发展。2015 年 1 月，中国人民银行印发《关于做好个人征信业务准备工作的通知》，要求蚂蚁金服旗下的芝麻信用、腾讯旗下的腾讯征信等 8 家机构做好开展个人征信业务的准备工作，这标志着我国个人征信行业将步入高速发展时期。“互联网 + ”与征信业的结合能有效激活我国征信体系建设新动力，增加失信的社会成本，提高守信的信用资本。但“互联网 + 征信”模式在我国仍属于新生事物，无论监管机构还是征信企业均面临着较大的风险隐患，亟须探寻防控和化解风险之策。

就征信行业的市场环境而言，政府主导型的征信机构占据绝对优势，第三方征信机构发展受到的限制较大。随着移动互联网的大发展以及支付结算系统间相互依赖的不断加深，第三方征信机构对于信用体系的介入将愈加深化，成为不可忽视的力量。该类机构若能在《征信业管理条例》和《征信机构管理办法》相关规定的框架下，利用互联网支付服务中自然形成的数据优势，专门针对中小微企业、个人、涉农及流动人口等建立信息档案、形成信用报告，做到既深入挖掘新兴业务的发展潜力，又同银行业金融机构实现信息的互联互通，及时填补人民银行现有信用信息基础数据库的缺失和空白，必将在信息服务中形成新的竞争力，从而加速自身发展的转型升级。

（三）第三方平台征信数据库与央行征信数据库的不同

1. 数据来源不同。央行征信数据库的数据主要来源于信贷信息，而第三方平台征信数据库的数据除了来源于信贷机构外，还包括人们的日常生活、政府部门以及互联网企业，弥补了央行征信数据来源单一的不足。

2. 覆盖对象不同。央行征信数据库记录覆盖的群体很狭窄，许多个体工商户、自由职业者、学生等均不能得到信用评估，而第三方平台征信数据库服务的用户十分广泛，通过各类互联网平台，可以填补央行这方面的空白。

3. 应用的场景不同。央行征信数据库的应用场景大都是金融企业，当人们去商业银行贷款时，征信评估结果可以告诉商业银行是否给他贷款，从而使商业银行的贷款风险降到最低。第三方平台征信数据库的应用场景则非常广泛，并且已经接入民间信贷机构。以芝麻信用为例，芝麻信用和许多商家已经洽谈成功，其应用场景体现在衣食住行的各个方面。芝麻信用分大于600分，可在招联“好期贷”申请最高20万元的现金，日利息率低至0.03%；携程旅游可先游后付，全场免息。芝麻信用分大于650分，可在神州租车免押金等。

随着第三方平台征信机构逐渐占领征信市场，越来越多的人能够持有一份独立的征信评估报告。诸如芝麻信用、腾讯征信这样的第三方平台征信机构将成为征信体系的未来之星。《征信行业深度报告》的数据显示，2016年我国第三方平台征信的实际市场规模为179亿元，增长率为16.3%；潜在市场规模为1 776.7亿元，增长率为9.3%。2020年之后的征信市场规模预计为900亿~1 000亿元。

二、第三方平台征信数据库的模式

随着经济的发展、互联网支付方式的普及、征信技术的不断提高，第三方平台征信数据库模式不断转变，但第三方平台征信数据库模式的不同主要源于征信信息内容的转变、征信数据的丰富化等方面。

（一）第三方平台征信信息的构成

第三方平台在交易中产生的信息按照类型主要分为三个部分，分别是交易信息、账户信息和信用评价信息。其中，第三方平台信用评价信息又可以分为个人和企业信用评价信息。如图2-16所示。

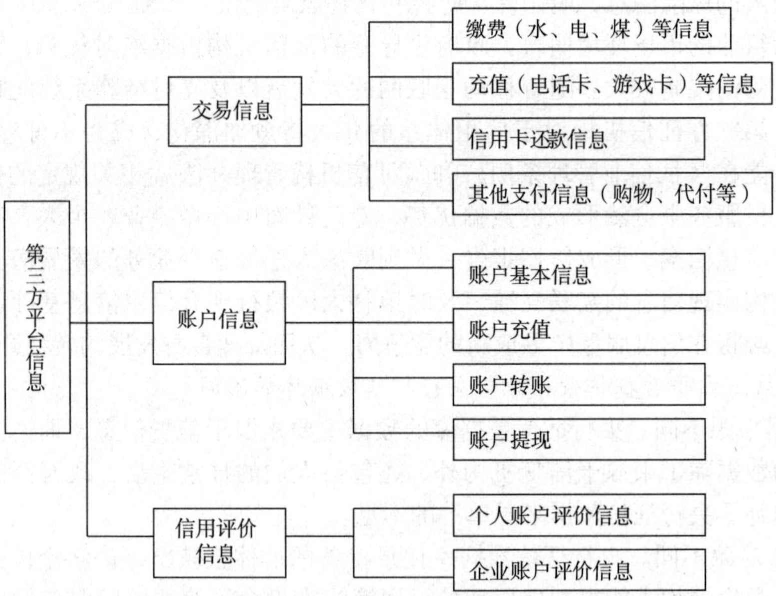

图2-16 第三方平台信息分析表

1. 第三方平台交易信息。这部分信息包括用户缴费（水、电、煤等）、充值（电话卡、游戏卡等）、信用卡还款信息和其他支付信息（购物、代付等）。其中，水、电、煤的缴费信息和信用卡还款信息属于以偿还为条件的经济活动行为，能够反映客户的信用状况。2006 年，中国人民银行开展非银行信息采集，水、电、煤的缴费信息已经基本实现了纳入中国人民银行征信系统，并取得了良好的效果。信用卡还款信息一直就被纳入中国人民银行个人征信系统，是个人信用报告重要的组成部分。充值及其他支付信息等反映了用户的资金流向和支付情况，有利于增进交易方对用户资金实力和消费能力等情况的了解。

2. 第三方平台账户信息。这部分信息包括账户基本信息及账户的转账、提现等信息。同时，第三方账户信息还记录了用户的资金结算、资金往来等状况，提供了客户的资金周转、资金使用等信息。

3. 第三方平台信用评价信息。这部分信息主要是具有担保功能的第三方支付公司与电子商务网站合作，建立信用评价体系，用户完成网上交易后对交易情况进行评价。这些信用评价信息有助于交易双方了解交易对象的信用状况，从而进一步降低了交易风险。

4. 其他信息。主要包括客户恶意欺诈信息、投诉信息、诉讼纠纷信息等。反映客户失信、欺诈的负面信用信息，有助于其他用户了解客户的失信行为，达到“失信惩戒”的目的。

（二）第三方平台征信数据库的模式

第三方机构拥有大量的支付信息、现金流信息、信用评价信息，这些信息是客户交易情况及网络诚信的重要体现。将这些信息纳入中国人民银行征信系统，是贯彻落实党的十七届六中全会精神、大力推动商务诚信建设的重要途径之一，有助于实现第三方平台信息在行业内、地区内的互联互通，也有利于加大对失信行为的惩戒力度，在全社会形成“守信光荣、失信可耻”的良好氛围。

1. 传统的第三方征信数据库模式——社会征信模式。传统的第三方平台征信也叫社会征信，该类征信数据库是指专业的、独立的第三方机构针对社会信用主体建立的征信数据库。如中诚信、大公国际、新华信、鹏元资信等建立的自己的征信数据库。这些征信机构通过多年的发展，利用多种手段收集数据，其征信数据库也得到了进一步完善。

2. 以互联网为中介的第三方平台征信数据库模式。第三方平台在解决中小企业特有的商业信用信息共享难、财务信息不透明、财务制度执行不严、信用意识不强等因素引发的融资难问题方面大有可为。第三方平台通过自有渠道及系统优势可获取以 POS 机和网络支付接口付款为主要收款方式的中小企业的经营状况，依靠大数据和云计算等新技术建立中小企业分级信用评级指标体系和各类数据库，做到既重视企业成长，又突出现金流量分析和履约情况评价，着重做好中小企业和个人金融信息的补白工作。此外，第三方平台还以此为基础，向产业链中的各相关机构有偿提供以下产品和服务。

（1）商业数据库服务。第三方平台可通过跟踪中小企业的日常交易流水，结合公司商业信息、企业主或管理层的财务状况和历史支付记录，运用其自身开发的搜索和匹配系统及应用软件，向金融机构提供各种形式的信用报告，使金融机构放贷时做到信息对称。

（2）信用风险解决方案类服务。信用信息是第三方平台从事信用业务的基础，提供信用风险解决方案则是该类机构通过咨询研究分析、开发软件和建立系统等手段挖掘数据资源，将原始数据转变为商业情报信息，为金融机构在信贷风险、反欺诈和账户管理方面制订参考方案的关键业务。

（3）营销信息服务。营销成功的关键在于深刻了解潜在客户、客户需求、客户生活习惯和行为方式，以及所有影响客户对于营销活动反映的因素。该类数据库可包括营销数据库、车辆数据库以及保险数据库等。第三方平台掌握了海量B端和C端资源，以及基于客户交易行为形成的大数据，所以能够测算客户交易行为特征并匹配交易双方的需求，最终形成相关金融信息数据库。

（4）为金融机构提供外包业务。第三方平台可承继传统收单业务优势，通过为金融机构提供支付管理、账户与文件处理、电子交易等外包业务来扩充信用数据库，并为其提供风险防控服务。

【延伸阅读2－1】

全球数据服务专家——邓白氏公司

在信息爆炸的今天，如果想要更加准确高效地利用数据信息，并期望从中发掘商机或防范风险陷阱，那么寻求专业收集和处理大数据企业的帮助就势在必行。

邓白氏集团凭借他们几十年的数据分析经验、完整的数据处理流程和被广泛认可的邓氏编码，在这个“大数据”时代吸引来众多目光。2014年，邓白氏被CIO Review杂志评为“全美前100名最具潜力的大数据企业”。这对邓白氏在大数据商业应用领域的竞争实力和领导地位，是一个强有力的证明。探究邓白氏获此殊荣的成功关键，首先要提及的，就是邓白氏所拥有的庞大的商业数据帝国——其所覆盖的企业及组织机构数量在2012年就已经突破2亿家，遍及全球200多个国家和地区，其对数据的更新维护频率更是高达每日150万次，堪称全球最大最全面的商业信息数据库。全球数据管理专家的两大法宝：DUNSRight与邓氏编码（DUNs Number）。

运营维护如此庞大的全球数据库，还要最大程度地确保信息的真实性、准确性、及时性，这项工作并非易事。然而邓白氏拥有卓越的数据库基础架构，以及独有的DUNSRight信息质量管理流程，这保证了各类数据在经过专业的筛选和处理后，成为拥有商业分析价值的信息，并被用以在全球数据库中建立企业档案。

DUNSRight信息质量管理流程从五个维度全面管理信息质量，而注册邓氏编码正是其中不可或缺的核心环节。邓氏编码不仅是串联邓白氏数据库中所有企业档案的关键要素，对于全球许多企业、机构甚至国家政府而言，邓氏编码也广受认可和欢迎。

那么，邓氏编码究竟是什么呢?

邓氏编码——全球通用的“企业身份证”。邓氏编码是由邓白氏集团在1963年创立的九位数字全球编码系统，被视作当今社会国际通用的“企业身份证”，被广泛应用于企业识别、商业信息的组织及整理。那么，为何诸多企业青睐并申请邓氏编码?

首先，邓氏编码已是国际认可的“企业身份证”。一旦注册邓氏编码，就等于拥有了全球“企业身份证”。很多国际组织和企业，比如国际标准组织（ISO)、美国联邦政府、欧盟、美国食品药品监督管理局（FDA)、美国海关都承认、推荐或是要求合作方注册邓氏编码系统。可以说，申请邓氏编码等于申请全球通用的“企业身份证”。

其次，一些财富500强企业也都通过各种方式将邓氏编码嵌入其内部运作系统和流程，并可以通过邓氏编码，直接从邓白氏获取其业务伙伴的最新风险信息，从而了解其业务伙伴的最新动态，并对其风险水平进行评估管理。因此，如果供应商或经销商想要成为这些企业的合作伙伴，申请邓氏编码是必然的。

再次，邓氏编码与企业的商业信息紧密关联。邓白氏公司在企业申请邓氏编码的同时，还会为注册邓氏编码的企业在邓白氏全球数据系统中建立基础的企业档案。申请邓氏编码就好比申报身份证，除了编号的生成，还有其相关信息记录在案。国际上许多企业在有意向与新的合作伙伴开展业务时，为避免欺诈风险，往往会在合作前借助邓白氏确认潜在合作伙伴的真实性，这时，注册邓氏编码的企业的档案信息就会派上用场。所以，企业申请邓氏编码，就是在邓白氏数据库中“挂名上册”，为企业的业务发展尤其是全球贸易带来便利。不过，通过邓氏编码建立的企业档案所含信息量并不大，如果有合作伙伴希望了解企业的详细信息，往往会委托邓白氏对企业做更深入的信息审核和风险评估，而邓白氏也会将获得的信息补充在数据库中的企业档案里并进行维护，从而为企业建立更丰富、更全面的档案信息。

也正因为邓白氏集团在全球数据服务领域的地位，让它所创立的邓氏编码被众多企业追捧，使之逐渐演变为商业贸易中不可缺少的必备工具。

资料来源：第一金融网 http：//www. afinance. cn/new/smzx/201409/762104. html。

【延伸阅读2－2】

河南身份证将可查个人信用信息 守信者办事一路绿灯

2017年7月3日，河南省政府出台《关于加强个人诚信体系建设的实施意见》(以下简称《意见》)。根据《意见》，河南省将以公民身份号码制度为基础，实现公民统一社会信用代码全覆盖。对具有优良信用记录的个人，将在教育、就业、创业、文化、社会保障等领域给予优先支持或重点支持。在办理行政许可过程中，对具有优良信用记录的个人和连续三年以上无不良信用记录的行政相对人，采取“绿色”通道和“容缺受理”等便利服务措施。

1. 实现公民统一社会信用代码全覆盖。《意见》提到，要推动完善个人实名登记制度。制定出台河南省公民统一社会信用代码制度建设实施方案，细化任务分工，明确时间节点，以公民身份号码制度为基础，推动居民身份证登记指纹信息工作，实现公民统一社会信用代码全覆盖。运用信息化技术手段，全面开展个人身份信息查核工作，确保个人身份识别信息的唯一性。以互联网、邮寄递送、电信、金融账户等领域为重点，推进建立实名登记制度，为准确采集个人诚信记录奠定基础。

同时，建立重点领域个人诚信记录。以食品药品、安全生产、消防安全、交通安全、环境保护、生物安全、产品质量、税款缴纳、医疗卫生、劳动保障、工程建设、金融服务、知识产权、司法诉讼、电子商务、志愿服务等领域为重点，以公务员、律师、教师、医师、执业药师、评估师、税务师、注册消防工程师、会计审计人员、房地产中介从业人员、认证人员、金融从业人员、导游等职业人群和企事业单位法定代表人及相关责任人为主要对象，加快建立完善个人信用记录形成机制，及时归集有关人员在相关活动中形成的诚信信息，确保信息真实准确，实现及时动态更新，推广使用职业信用报告。对企事业单位严重失信行为，在记入企事业单位信用记录的同时，记入其法定代表人、主要负责人和其他负有直接责任人员的个人信用记录。鼓励行业协会、商会等行业组织建立健全会员信用档案。

2. 推进个人诚信信息共享与保护。《意见》提到，要推动个人公共信用信息共享。加快省辖市、省直管县（市）公共信用信息平台和省直部门公共信用信息系统建设，依托各公共信用信息平台或系统，建立个人公共信用信息数据库。各级政府要保证信用信息平台依法依规向社会提供个人公共信用信息授权查询服务。郑州、南阳等地创建全国社会信用体系建设示范城市，要率先依据个人公共信用信息建立分类管理和诚信积分管理制度。尽快建立个人公共信用信息与金融信用信息基础数据库互补关系，并向个人征信机构提供服务。鼓励个人征信机构加强信用产品服务创新，有效满足社会对个人信用产品需求。

同时，要保护个人信息安全。各地、各有关部门要建立健全保障个人信息安全的规章制度，开展信用信息安全风险评估，实行信用信息安全等级保护，建立健全物理安全、网络安全、主机安全、应用安全、数据安全及备份恢复等标准体系。未经法律、法规授权不得采集个人公共信用信息。加大对泄露、篡改、毁损、出售或非法向他人提供个人信息等行为的查处力度。建立违法收集个人信息、泄露个人信息和错误记录信息在行政、民事、刑事等方面的责任追究机制。对金融机构、征信机构、互联网企业、大数据公司、移动应用程序开发企业实施重点监控，规范其个人信息采集、提供和使用行为。

3. 完善个人守信激励和失信惩戒机制。让守信者“一路绿灯”，失信者“寸步难行”。《意见》提到，各级政府要制定出台守信激励政策措施，对具有优良信用记录的个人，在教育、就业、创业、文化、社会保障等领域给予优先支持或重点支持，尽力提供便利服务。在办理行政许可过程中，对具有优良信用记录的个人和连续三年以上无不良信用记录的行政相对人，可根据实际情况依法采取“绿色”通道和“容缺受理”等便利服务措施。在实施财政性资金项目安排、招商引资配套政策和有关公共资源交易活动中，鼓励依法对具有优良信用记录的诚信市场主体优先予以支持或采取信用加分等措施。鼓励社会机构依法使用征信产品，对具有优良信用记录的个人给予优惠和便利，使守信者在市场中获得更多机会和收益。

同时，对重点领域失信个人实施惩戒。将恶意逃废债务、非法集资、电信诈骗、网络欺诈、交通违法、不依法诚信纳税等严重失信个人列为重点监管对象，依法依规采取行政性约束和惩戒措施。在对失信企事业单位进行联合惩戒的同时，依照法律、法规和政策规定对相关责任人员采取相应的联合惩戒措施，将联合惩戒措施落实到人。鼓励将金融信用信息基础数据库和个人征信机构采集的个人在市场经济活动中产生的严重失信记录，推送至河南省公共信用信息平台、全国信用信息共享平台，作为实施信用惩戒措施的参考。各地、各部门要建立健全个人严重失信行为披露、曝光与举报制度，通过当地政府或部门门户网站，依法向社会公开披露各地政府、部门掌握的个人严重失信信息，并同步推送至“信用河南”网站。鼓励市场主体对严重失信个人采取差别化服务，支持金融机构对严重失信主体提高贷款利率和财产保险费率，或限制向其提供贷款、保荐、承销、保险等服务。支持征信机构采集个人严重失信行为信息，纳入信用记录和信用报告。

资料来源：新浪网 http：//henan. sina. com. cn/news/z/2017 - 07 - 03/detail - ifyhrxsk1618174 - p2. shtml。

【延伸阅读 2 - 3】

芝麻信用是一家第三方征信评估和信用管理机构。它根据各渠道采集的信用数据，通过构建评分模型，客观地评价个人的芝麻信用分，最终使每位客户都能体验信用所带来的服务。芝麻信用本质上是一套整合了信贷机构、互联网交易信息、公用事业单位以及日常生活的信用数据的第三方征信系统。

芝麻信用采集的数据有以下四个来源：信贷机构、政府部门、电商和第三方支付等互联网平台以及日常生活。芝麻信用分的评分依据包括用户的人脉关系、信用历史、身份特质、履约能力和行为偏好五个维度，芝麻信用分就是通过对这五个维度采集的信用数据进行评估得出的结果。信用历史主要依据个人绑定信用卡、用户支付宝的还款履约情况，通过这些还款行为记录评估信用历史状况；行为偏好注重个人行为偏好的稳定性；履约能力通过记录用户是否及时履约来评估个人履约能力；身份特质主要是根据用户填写的信息，芝麻信用采集用户身份信息并给予赋分；人脉关系主要是通过支付宝相互加好友以及交流情况判定人脉关系。以上五个维度分别赋予不同权重，其中信用历史权重设计为35%，权重最大；其次为行为偏好、履约能力，分别为25%和20%；人脉关系权重最少，为5%。通过五个维度的数据采集，经评估模型测算，将会产生一个350 ~950 的信用分。分数越低，信用越差，违约风险也较大。如图 2 - 17 所示。

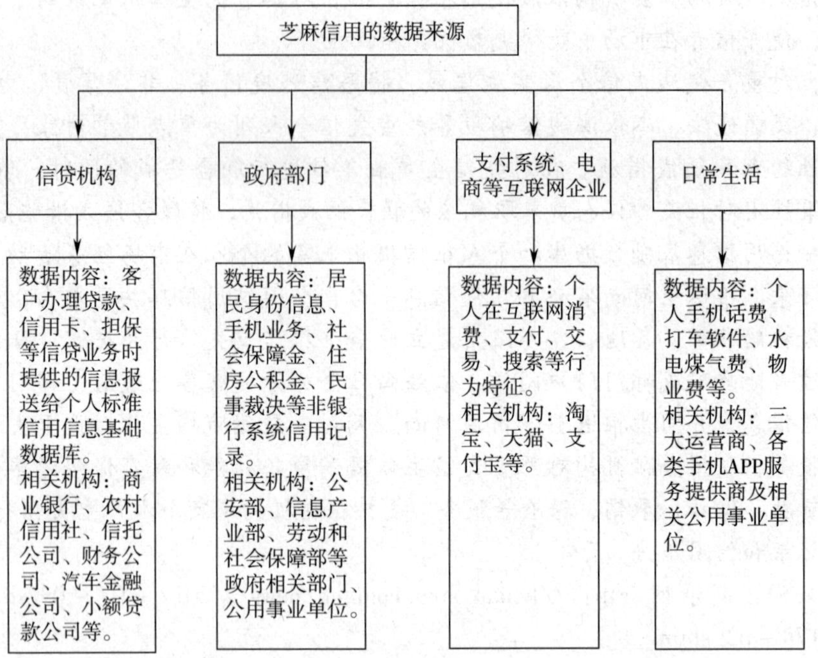

图 2－17　芝麻信用的数据来源

【思考练习】

一、填空题

1. 从发展的历史看，数据库是＿＿＿＿＿＿＿的高级阶段，它是由文件管理系统发展起来的。

2. 征信数据库是＿＿＿＿＿＿＿＿的重要组成部分，征信机构为社会各类信用主体建立信用档案和基础数据库等资源，依法对资源进行征集、整合、使用和管理，并对外提供相关信用报告及相应的延伸服务。

3. 我国最突出的政府部门建设的征信数据库是＿＿＿＿＿＿＿＿＿＿。

4. 第三方平台建立的征信数据库是由＿＿＿＿＿＿＿＿第三方机构针对社会各信用主体建立的征信数据库。

5. 我国司法部门建立的信用信息数据库是＿＿＿＿＿＿＿＿＿＿。

二、判断题

1. 征信数据库与信用信息管理系统是相同的。（　　）
2. 艾可飞公司的征信数据库主要是企业数据。（　　）
3. 征信数据库的功能之一在于惩戒失信。（　　）
4. 征信数据库即征信数据。（　　）
5. 个人征信数据库指的是针对个人信用信息所建立的数据库。（　　）

三、单项选择题

1. 最具代表性的企业征信数据库是由（　　）建立起来的。

A. 艾可飞公司　　B. 环联公司　　C. 益百利公司　　D. 邓白氏

2. 国家企业信用信息公示系统，又称全国企业信用信息公示系统，于（　　）上线运行，是由中华人民共和国国家工商行政管理总局依据《中华人民共和国政府信息公开条例》《企业信息公示暂行条例》等法律法规和规章的有关规定进行信息公示。

A. 2014 年 1 月　　B. 2004 年 2 月　　C. 2014 年 2 月　　D. 2004 年 1 月

3. 个人信用信息基础数据库于（　　）正式运行。

A. 2005 年 8 月　　B. 2006 年 1 月

C. 2004 年 12 月中旬　　D. 2001 年 1 月

4. 率先出台全国首部地方综合性信用法规的是（　　）。

A. 北京市　　B. 广东省　　C. 江苏省　　D. 上海市

5. 征信数据库是针对社会各类信用主体的调查数据及其经过分类、整理之后的（　　）所建立的资源库，是信用信息搜集和信用记录的一种重要形式。

A. 金融信息　　B. 数据　　C. 信用信息　　D. 资质信息

6. 金融信用信息基础数据库运行机构在我国属于（　　），是国家为主导的征信信息服务机构。

A. 金融机构　　B. 私营征信机构

C. 混合型征信机构　　D. 公共征信机构

7. 以下分类中，不属于信用数据库的是（　　）。

A. 企业信用数据库　　B. 个人信用数据库

C. 政府部门信用数据库　　D. 技术信用数据库

8.《规范》指出，金融信用信息基础数据库由（　　）建设、运行和维护。

A. 中国工商银行　B. 国家统计局　　C. 中国人民银行　D. 中国银行

9.（　　）的正式实施，明确将企业和个人信用信息基础数据库统称为国家金融信用信息基础数据库。

A.《征信机构管理办法》

B.《关于公布失信被执行人名单信息的若干规定》

C.《征信业管理条例》

D.《电话用户真实身份信息登记规定》

10. 下列哪一项属于第三方平台的账户信息（　　）。

A. 用户缴费　　B. 资金往来　　C. 充值　　D. 信用卡还款信息

四、多项选择题

1. 按照信用主体的不同，征信数据库可分为（　　）和（　　）。

A. 企业征信数据库　　B. 政府征信数据库

C. 第三方征信数据库　　D. 个人征信数据库

2. 金融信用信息基础数据库在其基础架构上，分别设置了（　　）。

A. 个人信用信息基础数据库　　B. 第三方信用信息基础数据库

C. 政府信用信息基础数据库　　D. 企业信用信息基础数据库

3. 征信数据库的功能包括（　　）。

A. 惩戒失信　　B. 弘扬守信

C. 完善社会信用体系　　D. 提供征信服务

4. 以下属于政府部门信用信息数据库的有（　　）。

A. 信用江苏　　B. 环境保护部企业信用信息数据库

C. 深圳信用网　　D. 信用中国

5. 我国征信机构按所有权归属不同可分为（　　）。

A. 公共征信机构　　B. 混合型征信机构

C. 私营征信机构　　D. 人行征信中心

6. 第三方平台征信数据库与央行征信数据库的不同表现在哪些方面？（　　）

A. 数据来源　　B. 数据可测性　　C. 覆盖对象　　D. 应用的场景

五、简答题

1. 简述征信数据库的功能。

2. 简述我国的政府部门信用信息数据库。

3. 简述金融信用信息基础数据库的功能。

4. 简述第三方平台数据库的模式。

5. 简述地方政府的征信数据库。

六、思考题

1. 在目前的经济环境下，你认为应该如何健全我国的征信数据库？

2. 我国的金融信用信息基础数据库与美国有什么区别？

第三章

企业征信业务

【学习目标】

- 掌握企业尽职调查、企业征信报告、商账管理以及数据增值服务的概念与主要内容
- 了解企业征信信息的内容、来源以及主要方式
- 理解企业信用评价体系
- 了解征信报告的构成
- 掌握征信报告各项内容的含义

第一节　企业征信产品

一、企业信用尽职调查

（一）企业信用尽职调查的概念

企业信用尽职调查又称谨慎性调查，是指投资人在与目标企业达成初步合作意向后，经协商一致，投资人对目标企业一切与本次投资有关的事项进行现场调查、资料分析的一系列活动。

（二）企业信用尽职调查的种类

尽职调查的种类包括四类：法律尽职调查、财务尽职调查、业务尽职调查、其他尽职调查。

（三）企业信用尽职调查的内容

1. 主体公司概况：项目公司（主体公司）的基本工商注册登记信息；项目公司（含合并范围）近两年一期经营业绩及主要财务指标（公司总资产、净资产、主营业务收入、毛利率、净利润、净利率）；公司或项目亮点及核心竞争力；未来 3 ~ 5 年业绩预计（销售收入、税后净利）。

2. 现有股权结构、公司股权及业务历史沿革。

3. 公司人力资源管理情况：公司管理组织架构；部门设置及人员配置；各部门职责权限；员工结构；用工制度等。

4. 公司高管情况：董事及高级管理人员、核心技术人员的简历及简介；高管薪酬及奖励情况。

5. 公司产品/服务与技术：产品/服务简介；与现有同类产品/服务相比较的主要优缺点；产品/服务的市场占有率、发展前景；技术研发情况；产品制造模式（自行加工或委托加工）或服务模式；制造产品的主要原材料及零配件；产品制造工艺流程或服务流程。

6. 行业及上下游情况：行业现状及发展前景；行业所处生命周期发展阶段；中国特殊的经营环境和经营风险分析；公司在该行业中的地位及影响（列出行业内已上市或未上市的优秀同类公司进行对比分析）；公司主要供货商及其变化情况、原材料供应行业的现状及发展前景；公司主要客户及其变化情况。

7. 市场营销情况：市场营销模式；市场营销策略；市场营销团队。

8. 公司财务情况：主体公司及纳入合并范围公司最近两年一期主要财务报表（资产负债表、利润表、现金流量表）；上述报表中各项目内容逐一核实；应收及预付账款、其他应收应付款、应付及预收账款、存货及固定资产、无形资产、长期投资、长短期借款、应付薪酬、应缴税费等的主要项目明细情况；损益类科目及其明细项目最近两年发生额变化情况；近两年产品/服务价格、原材料价格变化情况；变动成本与固定成本构成及其变化情况；或有资产、或有负债情况等。

9. 其他情况。例如，公司的不动产、重要动产及无形资产情况；资产抵押担保情况；公司涉诉事件、违规事件等。

二、企业征信报告与服务

（一）企业征信报告的概念

企业征信报告是由征信机构出具的全面记录企业各类经济活动，反映企业信用状况的文书；是根据合法方式采集的信用信息，经验证、整理、分析后形成的客观反映被征信企业信用状况的信息集合报告；是供使用人作为判断被征信企业信用状况的参考；是企业征信系统的基础产品。

企业征信报告涵盖的内容十分丰富，有企业股东情况、管理情况、经营情况、财务情况，也包括关联企业情况、上下游企业情况，还有行业情况、宏观经济情况、政府政策情况以及相关的具体数据、具体指标等。企业信用报告作为基本的企业征信产品，能够全面反映企业的信用状况，从而缓解信用交易中信息不对称的问题，扩展企业经济活动的地域空间。

（二）企业征信报告的种类

1. 企业征信报告按照内容的不同可划分为四类，分别是一般征信报告、基本征信报告、深度征信报告和信用追踪报告。

（1）一般信用报告主要包括信息主体最基本、最普遍的信息。对于信息主体是个人的情况，主要包括基本信息、信用记录、查询记录等信息；对于信息主体是企业的情况，主要包括企业的基本信息、品质、能力、资本、经营状况、担保品和财务信息等。

（2）基本信用报告则相对简单，主要提供信息主体的基本信息，如名称、住址、电话、邮编以及一些公开的负面记录等。

（3）深度信用报告又称个性化定制报告、特制报告，是征信机构接受客户委托，根据客户的需求，结合宏观经济形势、消费者行业发展趋势或企业所处行业发展趋势等，从多角度深入分析信息主体当前的信用状况，可以包含信用评分、信用风险指数及信用评级等在内，是最具综合、最富价值的征信产品。当然，这类报告的价格也非常高。

（4）信用追踪报告是于征信报告出具后，征信机构提供的征信后续追踪增值服务。如针对异常事项快速提供的企业信用异常通报。

2. 按照使用对象的不同，可以将信用报告分为商业银行版信用报告、普通企业版信用报告、政府版信用报告和监管版信用报告等。

上述分类是根据不同主体的实际需要，对信息主体的信息进行灵活地组合、加工和分析得出的。可以说，信用报告的分类还可以有很多种，如何分类取决于商业需要和公共服务需要。

（三）企业征信报告的用途

企业征信报告主要用途有以下多个方面：（1）调查借款、被赊销企业或商务合作方的信用状况，了解其偿债能力与偿债意愿，协助授信银行、赊销企业等主体规避信用风险；（2）增强信用信息的透明度，全面及时掌握客户、供应商、合作企业的风险状况；（3）为企业商务交易和信用管理决策提供信息和评估支持；（4）为金融机构等主体与企业间的合作提供资信信息支持；（5）降低商务和信贷交易成本；（6）促进企业信用记录、监督和约束机制的建立；等等。

三、商账管理

（一）概念

随着市场竞争日趋激烈，赊销（信用交易）已成为商业企业市场贸易的主要方式。但信用交易带来信用风险，商账管理作为企业信用风险管理主要是在信用政策允许的范围内做好赊销工作，规避由于使用赊销方式给企业带来的信用风险。

商账管理是指为了保证足额、及时收回应收账款，企业或个人在签约或交易之前通过调查、评估、咨询等手段，预测某一合约或交易所存在的各类风险，并通过各类预防措施来避免或者减少风险的做法和管理体制。

在国际市场竞争中，做好商账管理，及时收回贷款，避免出现不良资产，不仅可以减少损失，提高企业的效率，而且可以使企业免除后顾之忧，及时开拓新业务，在竞争中取得优势。

（二）工作内容

商账管理工作一般包含三个方面：一是商业对手的资信调查；二是商业决策的评估咨询；三是风险管理的机构设置。

四、数据增值服务

征信机构依据庞大的数据资源，可向客户提供信用监测、行业风险指数、行业研究等数据增值服务。

1. 信用监测是指对目标企业的重大新闻、诉讼记录、红黑榜、注册信息、股东信息、财务状况、商标专利等信息的动态监控服务。

2. 行业风险指数是指集合行业中大量企业的信用信息，经专业风险评价模型计算得出的结果，以反映行业风险状况与变化趋势。

3. 行业研究主要是根据客户需求，对某一行业或行业中主要公司进行的统计分析，一般涉及宏观经济环境、行业竞争环境、行业发展机会和风险等。此类报告可为投资项目的可行性分析、市场进入方案分析、新产品开发分析等提供重要参考。

第二节　企业征信信息

一、企业征信信息的主要内容

（一）企业征信信息的概念

企业征信信息是指反映企业的经济状况、履约能力、商业信誉等信用状况的信息以及用于判断企业守信意愿或能力的信息。企业征信机构有针对性地采集企业的信用信息，经过筛选、整理、分类、比较、修复、核实等多个处理程序，便可以将企业信用信息转化为企业征信数据，并输入到企业征信数据库中。信用信息在转化成征信数据之后，才能用于生产各类企业征信报告。

企业信用信息的采集或保存必须是合法的。一些在技术上有意义的信用信息，如果在采集、保存或应用等方面受到法律的限制，只能归于“非法信用信息”。事实上，由于收集信息是有成本的，因此，企业征信机构也不见得会广泛地采集所有能够采集到的企业信息。企业征信机构是否加工或保存一类征信数据，受到技术和成本两个条件的制约。征信数据必须在技术上能够对企业信用价值的评估作出贡献，并且在经济上是合算的。为控制成本，某些征信机构只会选择生产几种性价比高的报告，但是每家征信机构的主流产品都是普通版企业资信调查报告和企业基本信息报告。

对企业征信数据进行分类是一项重要的工作，它有助于提高企业征信机构采集信用信息作业的工作效率、降低信用信息的采集成本、开发和利用信用信息源。企业征信数据的分类直接对应着企业信用信息的分类，常见的信用信息分类包括：（1）根据不同的信用信息源分类。如企业内部信息和外部信息，官方信息（政府公务信息）和非官方信息（民间信息）。（2）根据性质分类。如事实记录和访谈记录，直接信息和间接信息，定性信息和定量信息。（3）根据采集成本分类。如收费信息和免费信息。（4）根据采集方式分类。如采购信息和交换信息。（5）根据完整性分类。如单项信息和成套信息。(6) 根据加工深度分类。如原始数据和成品数据，粗加工数据和深度加工数据。(7) 根据资信调查报告的模板分类。如公共记录和银行往来记录。(8) 根据法律限制程度分类。如公开信息和保密信息，合法信息和非法信息。(9) 根据信用信息反映的经济形势分类。如宏观信用信息、中观信用信息、微观信用信息。

对于企业征信机构来说，征信数据的质量至关重要。数据的质量会直接影响到征信报告产品的质量，也决定了数学模型预测的精度。此外，征信数据的质量还会直接影响到征信数据库的质量，决定征信数据的交换价值和征信数据库的资产评估值。对于企业征信数据质量的好坏进行衡量的主要指标包括：(1) 征信数据项的完整性。数据项完整，基本没有漏项，才可形成用于报告生产的成套数据。(2) 征信数据的时间完整性。(3) 征信数据的更新频率。更新频率指标非常重要，不仅体现出数据质量，还要求数据源供应的稳定性，这项指标直接影响到征信数据库的价值。一般来说，财务数据最好每三个月更新一次，而登记注册事项最好能够随时更新。(4) 征信数据的真实性。最主要的是数据来源的可靠性和征信机构自身处理数据的水平。包括核实数据程序的合理性和真实性。(5) 征信数据的精度。数据的精度主要影响数学模型预测的准确性。精度指标起码要达到国际或国内相关标准，在必要情况下，征信机构需要对数据精度提出更高要求。(6) 征信数据的合法性。征信数据库中不允许保存任何非法的征信数据，全部征信数据必须是合法的。(7) 符合国家或行业标准。国家、行业和国际标准要求的基本征信数据项、数据精度和数据结构是衡量征信数据质量的最低标准。征信机构要达到最严格的标准要求。

二、企业征信信息的来源

企业征信信息来源包括直接来源和间接来源。

1. 直接来源。企业信用信息直接来源是被征信企业。主要通过现场调查、电话调查等方式获得。

2. 间接来源。企业征信信息间接途径源自行政和司法部门、社团组织、媒体传播机构、与被征信企业存在业务关系的合作企业、金融机构、其他征信机构及被征信企业股东和附属机构等。(1) 行政和司法部门：工商、税务、质量检验检疫、统计、海关、卫生、环保、劳动保障、公安、法院、房管等机关及其他承担行政管理职能的组织机构。(2) 金融机构：央行、商业银行、证券公司、保险公司、信托投资公司、资产管理公司、金融租赁公司。(3) 社团组织、公用事业单位：行业协会、商会、贸促会等社团组织；水、电、煤气等公用事业单位。(4) 存在业务关系的合作企业：被征信企业的国内外客户、国内外供应商等企业组织。(5) 媒体传播机构：合法设立的媒体传播机构。(6) 其他征信机构：其他依法设立的征信机构。(7) 股东和附属机构：被征信企业的股东、被征信企业的子公司及参股公司。(8) 其他可依法获得的信息来源。如电子商务交易平台等。

表 3－1　　　　掌握企业信用信息项的政府部门

调查项目	信用信息来源
公司名称	工商局
法人代码	质监局
公司注册登记信息	工商局
公司性质	工商局、商务部（外经贸委）、国资委
公司注册地址	工商局
公司确切办公地址	邮电局、电信局、国资委
公司股东情况	工商局、商务部（外经贸委）、国资委
有无分公司、外地办事处	工商局、国资委
主要负责人	工商局、国资委、公安局
营业范围	工商局、统计局、国资委
企业发展史	工商局
员工数	劳动局、人才交流中心、工资户开户银行
税务登记	国家税务局、地方税务局、国资委
伪劣商品查处	质监局
产品生产许可证、条形码	质监局
进出口情况	海关
发展计划	发改委、财政局
经济纠纷	法院
财务报表	工商局、国家税务局、地方税务局、统计局、财政局、国资委、外经贸委等
贷款情况	中国人民银行、商业银行
基本户开户银行	中国人民银行、工商局
主要往来银行	中国人民银行、商业银行
办公用房和车辆	房屋管理局、公安局
董事个人资料	工商局、公安局
公司固定资产	房屋管理局、公安局车辆管理

资料来源：林钧跃：《征信技术基础》，77 页，北京，中国人民大学出版社，2007。

三、企业征信信息的采集方式

企业征信信息的采集通常包括现代征信方法和传统征信方法两种征信作业方

法。现代征信作业方法是指借助大型征信数据库建立起海量数据的联合征信平台，采取主动征信的操作方法，可为每个企业和个人建立信用档案。传统征信作业方法是指通过线下现场调查、观察或数据采购，取得被调查对象的全套信用信息，采取被动征信的操作方法，比较类似于经济侦探的作业方法。常见征信信息采集方法如下：

1. 电话调查。电话调查是指征信调查人员通过电话向被调查企业进行问询，以了解企业情况的一种调查方法。由于调查过程彼此不直接接触，而是借助于电话这一中介工具进行，因而是一种间接的调查方法。对于客户基本概况和一些可以公开的信息，电话调查是最便捷、成本最低的方法。通过直接给客户打电话，可以核实企业的注册信息、经营者信息、大致的销售和采购情况等信息。通过给企业的供应商打电话，可以核实客户对供应商的付款情况。

2. 现场调查。对于一些比较重要或难以通过二手资料了解的信息，需要采用实地调查的方法。书面资料的调查通常无法显现企业全部的运营状况，征信人员可以通过实地现场调查，一方面验证企业提供的书面资料是否正确，另一方面可掌握非书面资料所能显现的重要信用资讯。

3. 利用政府职能部门公开信息以及合作机构信息进行调查。有些政府部门会公开一些企业的信息，可充分利用这些免费的公务信息开放政策和渠道核实信用信息。一是利用政府管理部门及相关社会团体协会组织的网站（或其他方式）进行征信信息调查与核实；二是与相关服务机构合作进行信息收集与核实。

4. 委托第三方进行调查。征信机构出于人员、成本、时间等制约因素的考虑，也会采用委托第三方的方式来进行调查。如对于经营地在外地的企业，可以委托当地的专业征信机构、律师事务所对其进行调查。这种方法能在短期内完成企业调查，但费用支出较大。同时，调查人员的素质和能力对调查结果影响很大，所以，受委托的征信调查机构业务能力也是影响调查结果的因素之一。

第三节　企业信用评价体系

企业信用评价是指独立的、中立的专业机构，受评价对象的委托，按照“客观、公正、科学”的原则，以标准化的评价事项和内容为依据，用规范的程序和科学的方法，对受评对象履行相应经济承诺的行为、能力和可信任程度进行调查、审核和综合评价，并以直观的符号表示其评价结果的行为。

科学完善的信用评级指标可以保证信用评级工作的客观、公正、科学性和可靠性。信用评级指标的选择直接决定了信用评价的结果和效果。

一、企业信用评价体系建立的原则

1. 全面性原则。评级指标应该能够反映所有对企业信用等级产生影响的因素。它包括对历史信息的考核和对未来发展趋势的预测，同时还要考虑企业自身的情况和外部的环境及其影响。由于影响到企业信用评级的因素有很多，主要的、次要的、直接的、间接的等，我们不可能把所有的都包括进去。所以对于评级指标体系的选择非常重要，既要能够全面反应，又要对重点有所突出。

2. 科学性原则。信用评级是完整的系统，包括整体和分项目标。其中，整体目标是站在战略性的高度对整个评级工程进行指导和宏观调控，明确指出评级工作所要达到的目的；分项目标是对于整体目标的进一步具体化，明确各项具体要求，保证整体目标的实现。对于各个分项具体目标则要求必须有机结合成一个完整的体系，各目标之间不重复、不矛盾，这是保证信用评级体系的科学性的关键。同时，需要在整个信用评级执行的过程中对企业信用评级系统不断地进行完善。

3. 针对性原则。不同的评级对象，对其所应用和设计的指标体系也不同。所以，在对指标体系进行设计时，需要对评级对象有一定的了解。我们要深入了解和分析评级对象所处行业和经济区域的特点和运营规律，以便对评级对象所适用的政策、法律和风险监管等进行考虑。如零售业和服务业的经营特点不同，自然风险要点也不同，适用的指标体系也不一样。

4. 合法性原则。信用评级必须遵守国家有关政策、法律和法规。指标体系要以国家的宏观政策为导向，有些企业信用评级指标要符合国家规定的经济效益指标、风险监管指标和政府机关规定的标准。

5. 可操作性原则。评价指标为了便于评价实施，其既要与国际接轨又要符合我国的国情，有我国的特色，同时最重要的还是要有实用性。另外，指标还要具有可理解性，因为使用评级结果的大多是没有信用评级专业知识的人员，所以指标要使预期使用者容易理解。对于信用评级指标的选择，要注意选择那些易理解、易获取，并同时具有普遍性和实用性的数据和信息。否则，评价结果将会失去意义。

二、企业信用评级要素

国外传统的信用评估指标体系有“5C”指标体系、“5P”指标体系和 LAPP 指标体系。

1. “5C”指标体系。5C 指：（1）Character（品格），是指企业愿意履行付款义务的可能性。企业是否愿意尽最大努力来归还货款，直接决定着货款收回的速度和数量。企业主要管理者的道德因素是影响信用状况的最重要因素。（2）Capacity（能力），是指企业偿还货款的能力。这主要根据企业的经营规模和经营状况来判断。（3）Capital（资本），指企业的财务状况，通常依据企业的负债比率、流动比率、速动比率等指标来判断。（4）Collateral（抵押品），指企业能否为获取商业信用提供担保的资产。（5）Condition（经营条件与状况），指社会经济发展趋势或所在地区经济的某些特殊情况对企业偿债能力可能产生的影响。

2. “5P”指标体系。5P 指 Personal（个人因素）、Pupose（目的因素）、Payment（偿还因素）、Pro tection（保障因素）及 Perspective（前景因素）。

3. LAPP 指标体系。LAPP 指 Liquidity（流动性）、Activity（活动性）、Profitability

（盈利性）、Potentiality（潜力）。

三、信用评级指标的具体选取

信用评级指标是信用评级要素的具体化，而信用评级要素是信用评级指标的综合表现。信用评级人员执行信用评级业务，应当根据受评客体类型、资料收集情况等相关条件，主要考虑行业发展趋势、国家政治和监管环境、管理层基本素质、基本经营和竞争地位、财务状况、组织结构、特殊事件风险等，采用定量分析与定性分析相结合、静态分析与动态分析相结合的分析技术，对受评客体现金流充足性进行分析和预测。信用评级分析包括三部分：企业基础素质分析、外部环境支持分析、企业发展潜力分析。

（一）企业基础素质分析

主要考虑企业概况和企业综合评价。一般来说，在企业基础素质分析中主要考察六个方面：企业财务状况、制度建设、连续经营时间、管理效率、职工素质和资产质量。

1. 企业财务状况分析。主要考查企业的收入与利润、产品生产与销售情况、产品库存情况、成本与费用核算和资金使用情况。这可从以下四个方面遴选出代表性指标加以反映。

（1）资产管理能力的指标。包括主营业务利润率、总资产周转率、存货周转率、应收账款周转率。（2）反映盈利能力的指标。包括销售净利润率、总资产利润率、上市公司的每股收益以及每股经营现金流。（3）反映偿债能力的指标。包括资产负债率、流动比率、速动比率。（4）反映盈利成长性的指标。包括总资产增长率、净资产增长率、主营业务增长率、净利润增长率。

2. 制度建设。公司能够可持续发展的前提之一就是公司的制度是否完善。这里主要分析公司三会的（股东代表大会、董事会、监事会）议事制度、日常管理制度是否健全以及制度的执行情况。这里主要采取定性分析方法，定量给分。由于公司的制度由公司决策层共同制定，因而制度的执行状况暗示着公司是否按照计划在不断地实现既定目标。

3. 连续经营分析。通过对企业连续经营状况的分析，可以判断企业经营的稳定性，为预测企业未来经营状况提供稳定的平台。一个刚成立不久的公司存在着许多不稳定因素，因此，考察一个公司一定要看它的连续经营记录，以此来判断它是否能稳步前进。

4. 管理效率。公司的管理效率反映公司管理层驾驭公司和实现各个阶段性目标的能力。实现目标和计划目标的时间差别及合同履约率能很好地体现公司阶段性目标的实现情况。通过考察这样的指标才能了解企业的管理效率。

5. 职工素质。这方面主要考察企业管理层、技术人员和普通员工的素质。关于这部分的评定方法主要参考两个方面：接受教育的程度和工作经验。这两个方面能比较准确地刻画企业的职工素质。其次，还要关注研发人员比例及各个部门的人才结构。

6. 资产质量。分析企业资产质量大致可从两方面着手：一是分析硬件，主要考虑机械设备、基础设施的状况，可从设备先进性、设备成新度等角度考察；二是分析软件，包括技术工艺、工业产权和专利设备，可通过工艺的先进性和设备的新旧程度两个指标来反映。

（2）外部环境支持分析

可以从政府支持、产品知名度、行业状况和上下游厂商四方面考察。

1. 政府支持。主要考察公司项目是否列入国家或当地政府政策扶植范围，是否属于国家或当地政府资金补贴项目。就国家而言，支持项目范围包括通过国家高新技术企业认定的项目和国家重点技术改造项目，或由国家级企业技术中心、国家火炬计划、科学技术部及财政部的科技型中小企业技术创新基金资助的项目。公司经营项目是否列为上述项目和公司的研发中心是否为国家或省市所承认，都是企业获得政府支持的体现。

2. 产品知名度。产品知名度能深刻揭示产品在消费者中所处的地位，同时也表明了公司的市场前景，因而认真考察产品的知名度对刻画产品的销售前景、质量和应对市场波动的能力都具有重大意义。但如何确定产品的知名度却很困难，因为不可能对全部消费者群体进行调查，只能选择有代表性的消费者进行粗略估计。这方面可以做问卷调查，也可以委托咨询公司等媒介调查。

3. 行业状况。主要考察行业景气度、稳定性、国际竞争力、国家的产业政策。因为不同行业面临的风险不同，规避风险的难度也大相径庭。企业所处的行业优势是企业环境支持不可缺少的一部分。

4. 上下游厂商。分析企业的上下游厂商主要是考察企业的供应商和客户。供应商是否在行业中具有领先优势，直接关系着公司产品的原材料质量及公司的供货渠道是否稳健。企业的客户在行业中的地位如何，同样可以反映企业的回款保证及销售是否可以稳步增长。

（3）未来发展潜力分析

可以从盈利能力增长率、科研投入平均增长率、基础数据增长率、行业产值的平均增长率和 GDP 平均增长率五个指标来考察。

1. 盈利能力增长率。分析企业盈利能力增长率，主要分析新产品增长率、主营业务收入加权平均增长率、净利润加权平均增长率、净资产收益率加权平均增长率、总资产收益率加权平均增长率及总资产周转率加权平均增长率。

2. 科研投入平均增长率。企业的科研投入平均增长率能较好地衡量企业重视科研的程度，也能从侧面反映科技创新能力，折射出企业产品的市场竞争力。同时，企业的科研投入力度，也能反映出企业研发力量的大小。因此，全面分析企业的资信水平必须侧重分析企业的科研投入比例和自身的增长情况。

3. 基础素质增长率。这是分析企业后劲是否充足的必要因素。只有基础素质的增长明显提高，才能说明企业未来成长有支撑。这方面可主要研究科技创新加权平均增长率、企业高素质职工加权平均增长率、净资产加权平均增长率、总资产加权平均增长率、市场份额增长率等。

4. 行业产值的平均增长率。行业产值的平均增长率最能说明企业所在行业的景气度。这里还要深入分析行业产值占国内生产总值的比重。

5. GDp 平均增长率。GDP 平均增长率能够很好地反映最近整个国民经济的发展状况。只有整个国民经济蓬勃发展，才能确保该行业的顺利发展，才能为公司的发展提供契机。

第四节　企业征信报告的解读

一、报告用途

企业征信报告主要有两个方面的用途：

1. 供企业主动了解自己的征信记录。如查看征信报告中是否存在不良信贷信息、比较信用报告中的贷款余额与自身实际的借款账面余额是否相符等。

2. 企业查询后提供给交易对手、政府部门或其他机构使用，作为自身资质及信用状况的证明，以取得对方的信任。如将之提供给拟合作的投资伙伴；政府部门对企业进行各类招标时，要求企业提供自己的信用报告以了解企业有无不良记录。

二、信息展示说明

征信报告的结构主要分为八个部分：报告头、报告说明、基本信息、有直接关联关系的其他企业、信息概要、信贷记录明细、公共记录明细和声明信息明细。

（一）报告头

报告头为信用报告的起始部分，用于描述信用报告的生成时间、查询信息等基本要素。用户在线浏览时，报告头展示具体包括机构信用代码、贷款卡编码、报告日期等要素。打印和下载时，报告头以封面的形式呈现，封面展示的数据项包括报告编号、信息主体的名称、机构信用代码、贷款卡编码、报告日期等要素。

（二）报告说明

报告说明的内容主要是对信用报告中的数据源、部分专有名词，以及一些需要补充说明的重要事项进行说明。在线浏览时，不展示报告说明。打印和下载时，报告说明在封面的后一页展示。

（三）基本信息

基本信息展示信息主体的一些基本属性。内容包括身份信息、主要出资人信息、高管人员信息等。

1. 身份信息。身份信息主要包括信用主体的名称、注册地址、登记注册号、组织机构代码、登记注册日期、有效截止日期、国税登记号、地税登记号、贷款卡状态、最后一次年审日期等。

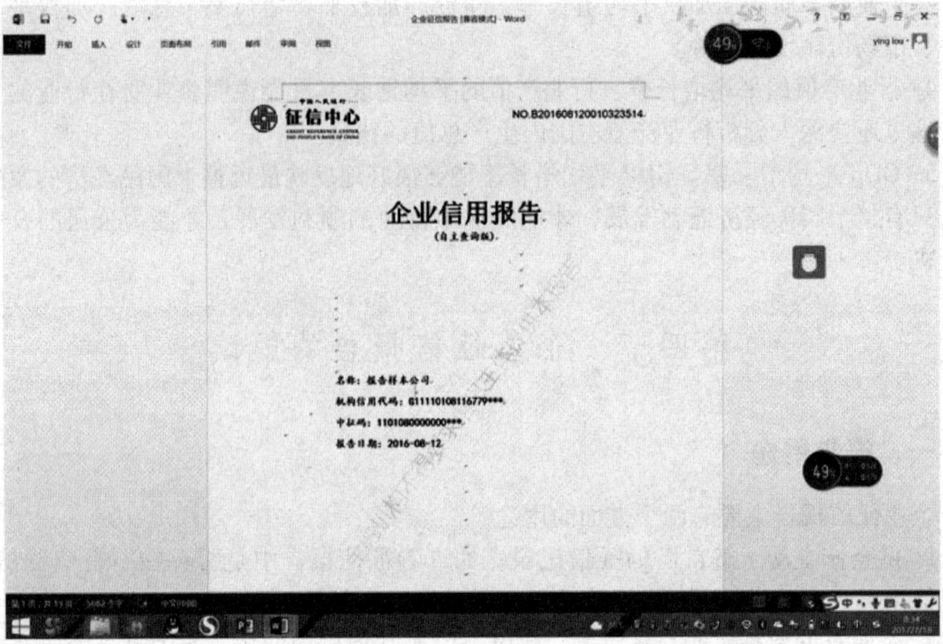

图3－1　企业信用报告报告头

2. 主要出资人信息。主要出资人信息包括注册资金、出资方名称、证件类型、证件号码、币种、出资金额、出资占比等。

3. 高管人员信息。高管人员信息包括职务、姓名、证件类型、证件号码、性别、出生年月等，按照高管人员类别依次展示法定代表人、总经理和财务负责人的信息。

（四）有直接关联关系的其他企业

展示与该企业存在一级关联关系的企业。关系类别只展示大类，依次为家族企业、母子公司、投资关联、担保关联、出资人关联、高管人员关联、担保人关联。对于同一个贷款卡编码，在“关系”中列出所有的关联关系类别，企业按照关系类别的多少进行排序。

（五）信息概要

概要信息主要是让企业能够迅速了解自己的信用报告主要包含哪些内容，总体的违约情况和负债情况，提高了阅读后面明细记录的针对性，提升了解读信用报告的效率。概要信息的具体内容是先展示一段描述性文字，再依次展示当前负债信息概要、已还清债务信息概要和对外担保信息概要。

1. 描述性文字。此部分根据描述信息主体的总体信用状况，具体包括三部分：（1）信贷信息总体描述。包括信息主体首次与金融机构发生信贷关系的年份，发生信贷关系的金融机构数量，以及目前仍存在信贷关系的金融机构数量。（2）公共信息总体描述。即对信息主体在遵纪守法方面的表现做提示性说明，主要展示信息主体的欠税记录、民事判决记录、强制执行记录、行政处罚记录各有几条。（3）声明信息总体描述。即对信用主体项下是否存在报数机构说明、征信中心标注和信息主体声明等信息进行提示。

2. 当前负债信息概要。此部分主要描述信息主体当前负债及或有负债的总体情况。包括未结清的由资产管理公司处置的债务、担保代偿、欠息和垫款汇总信息及七类未结清的信贷业务汇总信息。

3. 已还清债务信息概要。此部分主要展示该信息主体已还清债务的总体情况。具体包括已结清的由资产管理公司处置的债务、担保代偿、垫款汇总及七类信贷信息的汇总信息。

4. 对外担保信息概要。此部分展示信息主体名下当前有效的对外担保汇总信息。

（六）信贷记录明细

信贷记录明细通过逐笔详细描述信息主体的信贷业务信息，反映信用主体借钱和还钱的历史。首先展示当前负债，再展示已还清债务，最后展示对外担保。按照信息受金融机构关注程度由高到低，当前负债依次展示由资产管理公司处置的债务、担保代偿、欠息、垫款、不良和关注类业务、正常类业务；已结清债务依次展示由资产管理公司处置的负债、担保代偿、垫款、贷款、贸易融资、保理、票据贴现、银行承兑汇票、信用证、保函等；对外担保依次展示保证担保、抵押担保、质押担保。信贷业务按照先表内、后表外的顺序依次展示贷款、贸易融资、保理、票据贴现、银行承兑汇票、信用证、保函。

当某类信贷业务存在多笔时，同一顶级机构名下的业务放在一起展示；在当前负债中，不同顶级机构之间按照同一顶级机构项下的余额汇总值大小降序排列；在已结清债务中，不同顶级机构之间按照发生额汇总值大小降序排列；同一顶级机构名下的业务则按照“五级分类”严重程度由高到低（损失、可疑、次级、关注、正常）排列；“五级分类”相同的，当前负债按照到期日由近到远展示，已结清债务业务按照结清时间由近到远展示。

（七）公共记录明细

依次展示欠税记录、民事判决记录、强制执行记录、行政处罚记录、社会保险参保缴费记录、住房公积金缴费记录、获得许可记录、获得认证记录、获得资质记录、获得奖励记录、出入境检验检疫绿色通道信息、进出口商品免检信息、进出口免检分类监管信息、上市公司或有事项、拥有专利情况、公共事业缴费记录。调整展示顺序，是为了先展示信息主体不遵纪守法的信息，再展示一些正面公共信息，最后展示一些比较敏感的信息。

（八）声明信息明细

依次展示报数机构说明、征信中心标注、信息主体声明。报数机构说明通常为信息主体信用信息的一部分，所以优先展示；征信中心标注通常包括两方面信息，一是描述一些与信息主体有关的重要事项，二是对信用报告中所采集的信用信息进行异议标注，所以放在报数机构说明之后展示；信息主体声明主要是信息主体对异议处理情况进行的申述，所以将其放在最后展示。

【延伸阅读】

中国人民银行企业信用报告（自主查询版）样本节选

基本信息

☞ 身份信息

名称	报告样本公司		
注册地址	北京市××路188号		
登记注册类型	工商注册号	登记注册号	18379×××-×
登记注册日期	1998. 01. 01	有效截止日期	2018. 01. 01
组织机构代码	12345678-8	中征码	510802714××××××
国税登记号	G1000000000000×	地税登记号	55645555×××××××

☞ 主要出资人信息

注册资金折合人民币合计250 000万元

出资方名称	证件类型	证件号码	出资占比
报告样本上海公司	中征码	410309000×××××××	40%
陈光	身份证号码	110000×××××××××××××	60%

☞ 高管人员信息

职务	姓名	证件类型	证件号码
法定代表人	李伟	身份证	11000019450614002×
总经理	王伟	身份证	11000019460614002×
财务负责人	张伟	身份证	11000019470614002×

有直接关联关系的其他企业

名称	中征码	关系
报告样本北京公司1	410309000××××××	企业担保关联—被担保
报告样本北京公司2	410309000××××××	企业担保关联—相互担保
报告样本北京公司3	410309000××××××	集团企业关联—母子关系

信息概要

信息主体于2001年首次有信贷交易记录。于报告期内，共在8家机构办理过信贷业务。目前在6家机构的业务仍未结清，当前负债余额为458. 3万元，不良和违约负债余额为53. 2万元。共有1条欠税记录、1条强制执行记录。

目前，报告中共有4条报数机构说明、3条征信中心标注、2条信息主体声明。

☞ 当前负债信息概要

由资产管理公司处置的债务			欠息汇总	
笔数	余额（元）	最近一次处置完成日期	笔数	余额（元）
1	20 000	2011.01.23	1	1 000

垫款		担保及第三方代偿的债务		
笔数	余额（元）	笔数	余额（元）	最近一次还款日期
1	10	1	20 000	2011.01.23

	正常类汇总		关注类汇总		不良/违约类汇总		合计	
	笔数	余额（元）	笔数	余额（元）	笔数	余额（元）	笔数	余额（元）
贷款	2	1 456 908	1	2 300	1	23 030	4	1 482 238
类贷款	5	12 234 890	1	22 390	1	890 300	7	13 147 580
贸易融资	2	1 456 908	1	2 300	1	23 030	4	1 482 238
保理	3	234 450	1	4 300	2	45 050	6	283 800
票据贴现	3	34 780	1	5 800	2	3 000	6	43 580
银行承兑汇票	2	34 000	1	3 908	1	55 000	4	92 908
信用证	1	45 020	1	43 708	1	2 340	3	91 068
保函	1	42 900	1	3 908	1	78 290	3	125 098
合计	17	14 082 948	7	86 314	9	1 097 010	33	15 266 272

说明：正常类指债权银行内部五级分类为“正常”的债务。

关注类指债权银行内部五级分类为“关注”的债务。

不良类指债权银行内部五级分类为“次级”、“可疑”、“损失”的债务。下同。

☞ 已还清债务信息概要

由资产管理公司处置的债务			被剥离负债汇总			欠息汇总	
笔数	原始金额（元）	处置完成日期	笔数	金额（元）	最近一次被剥离日期	笔数	最近一次结清日期
1	20 000	2009.01.12	2	30 000	2010.05.01	3	2010.05.01

垫款汇总			担保及第三方代偿的债务		
笔数	金额（元）	结清日期	笔数	金额（元）	追偿完毕日期/代偿还清日期
1	20 000	2011.01.23	1	20 000	2011.01.23

	贷款	类贷款	贸易融资	保理	票据贴现	银行承兑汇票	信用证	保函
不良/违约类笔数	1	6	1	2	0	0	0	0
关注类笔数	1	6	1	2	0	0	0	0
正常类笔数	2	10	2	4	5	100	100	50

☞ 对外担保信息概要

	笔数	担保金额（元）	所担保主业务余额（元）			
			正常	关注	不良	合计
保证汇总	2	20 000	10 000	1 000	0	11 000
抵押汇总	3	200 000	22 000	0	1 000	
质押汇总	3	23 000	12 000	0	0	

注："所担保主业务余额"的"合计"是指信息主体提供担保对应主业务的当前余额合计。当一笔主业务存在多种担保方式时，主业务余额排重后加总计算。

【思考练习】

一、填空题

1. 企业信用报告作为基本的企业征信产品，能够__________反映企业的信用状况，从而缓解信用交易中信息不对称的问题，扩展企业经济活动的地域空间。

2. 企业信用信息的采集或保存必须是合法的，一些在技术上有意义的信用信息，如果在采集、保存或应用等方面受到法律的限制，只能归于"__________信用信息"。

3. 对于企业征信机构来说，征信数据的__________是至关重要的问题。

4. 现代征信作业方法是指借助大型__________建立起海量数据的联合征信平台，采取主动征信的方法操作，可为每个企业和个人建立信用档案。

5. 企业信用报告作为基本的企业征信产品，能够全面反映企业的信用状况，从而缓解信用交易中信息__________的问题，扩展企业经济活动的地域空间。

6. "5C"指标体系。5C 指 Character（品格）、Capacity（__________）、Capital（__________）、Collateral（抵押品）、Condition（经营条件与状况）。

7. 信用评级人员执行信用评级业务，采用定量分析与__________分析相结合、静态分析与__________分析相结合的分析技术，对受评客体现金流充足性进行分析和预测。

8. 分析企业的连续经营状况，可以判断企业经营的__________。

9. __________的内容主要是对信用报告中的数据源、部分专有名词，以及一些需要补充说明的重要事项进行说明。

10. 信贷记录明细通过逐笔详细描述信息主体的信贷业务信息，反映信用主体借钱和__________的历史。

二、判断题

1. 高级管理人员的薪酬与企业信用尽职调查无关。（　　）

2. 征信机构依据庞大的数据资源，可向客户提供信用监测、行业风险指数、行业研究等数据增值服务。（　　）

3. 政府部门提供的信息数据属于直接来源。（　　）

4. 金融机构是信用报告的使用者，无法提供客户的相关征信数据。（　　）

5. 在国际市场竞争中，做好商账管理，不仅可以减少损失，而且可以使企业免除后顾之忧，及时开拓新业务，在竞争中取得优势。（　　）

6. 职工素质可以从接受教育的程度和工作经验进行评价。（　　）

7. GDP 等指标属于企业基础素质分析。（　　）

8. 企业信用报告的目的仅仅是对企业进行信用调查。（　　）

9. 政府支持也是企业分析评价的标准之一。（　　）

10. 信用报告中，报告头为信用报告的起始部分。（　　）

三、单项选择题

1. 信用追踪报告是在征信报告出具后，征信机构提供的征信（　　）增值服务。

A. 前期调查　B. 中期反馈　C. 后续追踪　D. 额外

2. 商账管理主要在（　　）交易中用于管理风险。

A. 互联网　B. 国际贸易　C. 实体　D. 信用交易

3. 企业征信信息来源包括直接来源和（　　）。

A. 外部来源　B. 主要来源　C. 间接来源　D. 一般来源

4. 征信机构接受客户委托，根据客户的需求，结合宏观经济形势、消费者行业发展趋势或企业所处行业发展趋势等，从多角度深入分析信息主体当前的信用状况制作的信用报告属于（　　）。

A. 一般征信报告　B. 基本征信报告

C. 深度征信报告　D. 信用追踪报告

5. （　　）是最便捷、成本最低的方法。

A. 电话调查

B. 利用政府职能部门公开信息以及合作机构信息

C. 现场调查

D. 委托第三方进行调查

6. 以下不属于企业财务状况分析的是（　　）。

A. 盈利能力　B. 偿债能力　C. 管理效率　D. 资产管理能力

7. （　　）反映公司管理层驾驭公司实现各个阶段性目标的能力。

A. 企业财务状况　B. 制度建设　C. 连续经营时间　D. 管理效率

8. 评级指标应该能够反映所有对企业信用等级产生影响的因素，指的是评价的（　　）。

A. 全面性　B. 合法性　C. 针对性　D. 可操作性

9. 信用报告的基本信息包括身份信息、（　　）和高管信息。

A. 出资人信息　B. 负债情况　C. 信贷情况　D. 关联企业情况

10. 概要信息的具体内容是先展示一段描述性文字，再依次展示当前负债信息概要、已还清债务信息概要和（　　）信息概要。

A. 对内担保　B. 对外担保　C. 关联人担保　D. 子公司担保

四、多项选择题

1. 尽职调查的种类包括：(　　)。

A. 法律尽职调查　B. 财务尽职调查　C. 业务尽职调查　D. 其他尽职调查

2. 企业征信机构是否加工或保存一类征信数据，受到（　　）条件的制约。

A. 技术　B. 人员　C. 成本　D. 手段

3. 对企业征信数据质量的好坏进行衡量的主要指标包括（　　）。

A. 数据的完整性　B. 数据的更新频率

C. 数据的合法性　D. 数据的真实性

4. 以下可以获得企业征信信息来源的有（　　）。

A. 行政部门　B. 金融机构　C. 社会团体　D. 媒体传播机构

5. 以下属于企业信用评价体系建立原则的有（　　）。

A. 全面性　B. 合法性　C. 针对性　D. 可操作性

6. 反映偿债能力的指标，包括（　　）。

A. 资产负债率　B. 流动比率　C. 速动比率　D. 利润率

五、简答题

1. 企业信用尽职调查的种类有哪些?
2. 常见征信信息采集方法有哪些?
3. 企业信用评价体系建立的原则有哪些?
4. 企业征信报告的用途有哪些?

第四章

个人征信业务

【学习目标】

- 掌握个人征信产品中的个人信用调查服务，个人征信报告服务与个人信用评分服务
- 掌握个人征信信息的主要内容，掌握个人征信信息的主要来源与采集方式
- 了解个人信用评分的原理，个人信用评分模型的开发与检验以及个人信用评分模型的类型
- 了解个人征信报告的解读方法

个人征信业务，是指专业化的征信机构依法对个人的信用信息进行采集、整理、保存、加工并对外提供服务的活动。

第一节　个人征信产品

一、个人信用调查服务

个人信用调查服务是指个人征信机构对自然人的信用申请人或受信人的信用状况进行调查和分析的技术操作，包括对消费者的信用价值进行评价。

在个人信用调查服务中，调查委托人是各种各样的授信机构、雇主和一些政府部门；被调查对象是自然人性质的消费者、个体工商户；从事调查作业的是个人征信机构。个人征信机构主要依靠所掌握的个人信用信息资源，以个人征信数据、个人信用记录、个人特征变量、个人信用评分等服务方式，让授信机构、雇主或政府了解自然人性质的个人的信用状况，正确评价个人的信用价值，包括了解个人的行踪。个人信用价值是对授信机构而言的，个人征信机构对个人信用状况进行评价的结果包括三个方面：（1）申请信用的消费者或潜在消费者有没有可以发放信用的价值；（2）可以向一位消费者授予多大额度的信用，具体对应哪种信用工具；（3）假设给一位消费者发放信用工具，预测他（她）未来可能拖欠的违约率，是对前两项提供的一种检验。

理论上说，个人信用调查的作业模式，是在接到对自然人进行调查的委托后，个人征信机构派人去采集被调查人的信用信息，然后加以分析，作出该人的信用调查报

告。这是传统的征信作业方式，属于被动调查方式。目前，虽然在市场上还有一些非主流的小型个人征信机构、个别的私家侦探所、商务调查公司和律师事务所在采用这种被动调查的作业方法，但这早已不是个人征信行业普遍使用的调查作业方法了。

个人征信行业的主流调查作业模式是依靠巨型的个人征信数据库，对一城或一国的所有居民进行主动征信，为每个人建立一份信用档案。在接到调查委托时，个人征信机构直接从个人征信数据库中调出该调查对象的资料，经过快速汇总，形成个人信用报告，交给合法的用户使用。

二、个人征信报告服务

个人征信报告是向合法用户提供的消费者个人信用行为的汇总记录，有的报告还包括对当事人信用状况的分析和定量化评价。个人信用报告的种类很多，主流报告是当事人信用调查报告，就业报告和个人信用评分报告的销售量也很大。

为了在保护个人隐私和降低信用交易双方信息不对称性这两者之间取得平衡，各国信用信息保护类法律陆续出台，行业组织也积极推动个人征信报告版式标准的制定。美国的 CDIA 曾经制定过涉及个人征信报告格式的标准，即所谓的“信用观察 2000”表格。该标准要求个人征信报告应包括 5 个栏目的个人信用记录，分别为人口统计信息、付款/费记录、就业记录、公共记录、查询记录。为个人信用报告制定统一报告格式的好处是，保证了个人征信行业全行业的机构都能集体避免违反法律规定；保证了个人征信报告的产品质量；告诉个人信用信息供应者提供信息的范围；在客观上设置了个人征信机构的业务门槛。

根据法律，个人信用报告分为个人信用记录型报告和个人信用调查型报告两大类。个人信用记录型报告是大型个人征信机构的主流报告产品，种类很多，购房信贷信用报告、就业报告、商业报告、销售支援报告、个人信用评分报告等是常见的报告。个人信用调查型报告是在记录型报告的基础上补充了一些现场访谈和调查性的资料，以及调查员对消费者的主观评价。个人信用调查型报告的主要用户是保险公司和雇主，其市场需求比较小，主流的个人征信机构较少生产这种报告。

鉴于个人征信报告有特定的版式，使用专用的符号和编码系统，而且报告所用的语言非常简练，所以，个人征信机构往往需要向客户提供报告解读服务。

三、个人信用评分服务

个人信用评分是一种度量消费者个人信用风险的量化方法，通过预测消费者个人未来的信用表现，可以提高授信机构授信决策的正确性和工作效率。在原理上，个人信用评分是一种用于预测信用风险的数学模型，只要输入个人信用档案中的数据，就可以得出个人信用风险度量的具体分值，生产出个人信用评分报告产品。

对于个人信用评分报告的用户而言，个人信用评分的主要用途有两个：一是预测信用申请人的违约可能性，并依次决定是否批准一份信用申请，从潜在客户群中筛选出信用风险小的好客户；二是预测授信机构现有客户额违约率，帮助授信机构对客户群体进行分类，区分出客户的好与坏，以及盈利与损失。

个人信用评分分为通用评分和行业选择评分两大类，前者是市场上的主流评分产品。建立通用的个人信用评分模型所使用的数据样本主要取自于大型个人征信数据库，样本数量非常大，所使用数据具有跨越授信机构和商业银行、时间长度和空间跨度非常大的特点，因此，通用评分作为通用化的客户行为模型，是各个人征信机构普遍使用的个人信用评分系统，也是各商业或金融机构普遍采用的数据处理标准以及机构之间相互比较和沟通的交流手段。常用的个人信用评分产品是 FICO 评分。FICO 评分系统用于预测情况变坏的可能性，它所预测的是：在评分后的 24 个月内消费者逾期 90 天还款的可能性。

行业选择评分是指适用于某行业的特定信用评分，常见的行业选择评分产品针对的领域包括房地产信贷、住房抵押贷款、分期付款信贷、汽车贷款、其他大件产品的分期付款贷款、循环信用工具、信用卡、赊购卡。由专业信用评分技术开发机构和个人征信机构共同开发的行业选择信用评分系统的针对性很强，比通用评分对金融或非金融信用工具的信用风险预测更为精确。

四、其他个人征信服务

目前，许多征信机构利用自身拥有的数据库，推出了越来越多的产品和服务。除了上面介绍的三种个人征信产品外，征信机构还开发出市场服务、欺诈监测、身份认证等一系列增值服务。

另外，大数据时代，除目前的征信机构，互联网企业和金融机构也将进军征信业，建立新型的征信机构，并推出相应的互联网个人征信产品。此外，随着互联网金融的兴起，一些成熟的第三方网贷平台将转型成为行业征信主体，利用大数据技术提供征信服务。

第二节　个人征信信息

一、个人征信信息的主要内容

个人信用报告主体基本上包含个人基本信息、信用交易信息、公共记录、查询记录以及异议标注与个人声明五个栏目的信用记录。

1. 个人基本信息。也称识别信息，主要用来帮助个人报告的使用者迅速了解信息主体的身份及基本情况。个人基本信息一般包括信息主体的姓名、身份识别号码、家庭及工作地址、电话号码等数据项。通过身份识别号码或身份识别号码与其他数据项的组合，可以对信息主体进行唯一标识和定位，从而将来自不同数据报送机构的信息整合在一起，最终形成完整的信用报告。身份识别号码可以是个人身份证号码、社会保险号、税号、选民号，甚至是驾驶执照号码。

2. 信用交易信息。主要指贷款、信用卡、支票账户、对外担保等信息。其中，每一项信息又包含许多具体的数据项，如贷款信息又包括账号、账户类型、开户日期、闭户日期、贷款金额、当前余额、付款方式、月付款额度以及历史还款记录等数据项。其中，历史还款记录显示出了个人在某个时间段中管理账户和使用款项的情况，对于反映个人的消费习惯、消费能力和支付能力等极其重要。

3. 公共记录。主要包括缴费记录、个人破产记录、法院民事案件判决、行政处罚记录等，作为判断个人信用状况的辅助参考。

4. 查询记录。数据库系统根据信息主体被查询的情况而自动记录、生成的数据信息，通常包括查询用户、查询原因、查询时间等。查询记录对于判断个人信息主体的信用价值非常重要，实践中，各个授信机构也都非常重视对查询记录的分析。当一个人积极地寻求借贷的时候，会向不同的授信机构提出申请，会出现多次集中的查询记录，被拒绝的次数也较多。因此，在一般情况下，短时间内查询记录越多，表明该信息主体贷款需求越迫切，偿债能力也就越弱，风险会随之上升。

5. 异议标注与个人声明。异议标注是指个人信息主体认为其信用报告中的记录存在错误、遗漏时，向征信报告机构或数据报送机构提出异议，征信机构或数据报送机构对处于异议处理期的信息予以标注而产生的信息。征信机构或数据报送机构经过核查，仍然不能确认该项记录是否有误时，信息主体可以要求在个人信用报告中对有关异议信息添加一段个人声明。

二、个人征信信息的主要来源

征信机构本身不生产数据，征信数据主要是从与个人进行信用活动的交易对手方，即信用数据产生的源头来获取数据，这些源头主要有以下几类：

1. 社会安全管理部门。这类机构提供借款者的基本信息，比如个人姓名、身份证号码等。中国对于在本土居住的居民和非居民身份识别存在一定的差异。对于除军人以外的所有中国公民，使用公安部统一提供的个人身份证号码；在中国，所有的军官可以使用军官证号码；外宾使用护照号码识别；来自台湾地区的人员则使用台胞证号码识别；来自香港地区的人员使用香港身份证号码识别。征信机构可由公安部全国公民身份证号码查询服务中心提供的查询服务，核实个人提供的身份信息的真实性。

2. 商业银行等金融机构以及其他提供授信的机构。这类机构提供个人的信贷数据，如借款金额、还款信息、拖欠信息等。由于授信机构在授信过程中对于交易对手的真实情况可能不了解，因此，只能用借款者还款历史的详细信息来了解借款者过去的信用状况，并用于预测未来的还款概率。

3. 水电燃气等公共事业单位。这些部门掌握着个人的非金融负债数据，比如，个人缴纳水电燃气费用的数据由自来水公司、电力公司、天然气公司提供等。将这类信息记入征信数据库有利于增强对借款者信用状况的判断。以电信数据为例，电信公司（固定电话）的电子化程度较高，已建成个人话费交费情况数据库，可通过个人身份证号实现单一识别。

4. 掌握公共记录的政府部门。这些部门掌握着个人遵纪守法的数据，比如，个人缴纳税款的数据由税务部门提供，个人的法院判决数据由法院提供。在政府部门依法行政的过程中，产生了许多行政处罚信息，这类信息反映了借款者遵纪守法的情况，可能会对借款者以后的信贷履约造成重大影响。例如，法院依法审判产生的司法判决信息，不仅反映了被判决人的负债状况，在某种程度上也反映了被判决人履行合同的意愿。

5. 各类商业机构。商业赊销零售机构以及各类金融创新形式的民间金融机构等，也存在大量个人信贷及信用交易记录，特别是随着互联网的发展，电商交易数据、社交数据、网贷机构数据等都成为新的数据来源。

6. 与个人的信用报告被查询记录相关。个人信用报告每次被查询的情况，如查询人、查询原因、查询时间、查询记录结果等，都会被记录在数据库中并展示在个人信用报告中。

三、个人征信信息的采集方式

对于征信机构而言，个人数据征集可以分成三种方式：同业征信、联合征信和金融联合征信。

1. 同业征信。由征信机构在一个独立或封闭的系统内部进行征信和提供征信服务的征信工作方式。同业征信就是在本行业范围内定期采集用于评价客户的信息，一般由行业服务征信机构执行。该信息只能在本行业内进行流通和使用。同业征信的方式仅在特定的行业内收集信用信息，并只能使用于特定行业，通常信用信息的提供者就是后来制作的信用报告的使用者。

2. 联合征信。由征信机构根据协议，从一家以上的征信数据源单位采集征信数据的形式。联合征信允许向所有拥有征信数据的单位采集征信数据，并且通过征信机构，在提供征信数据的单位之间建立数据资源共享的关系。通过联合征信的方式，取得被征信个人的补充和核实信息，包括个人就职单位、金融机构、工商部门、税务部门、公安部门、电信公司、保险公司，以及公共服务部门（如水、电、气、暖供应商）的有关个人信息积累，通过建立信息甄别与校验机制，最大限度地保证信息的真实可靠和实效性，最终形成完整的个人信用档案库。

3. 金融联合征信。金融联合征信是金融机构向指定的征信机构提供消费者的信贷记录、偿贷记录、信用卡消费记录、与银行往来情况记录等，由征信机构将征信数据处理后，生成调查报告，然后再向所有金融机构提供征信服务。

此外，个人征信数据采集方式还包括以下两方面：（1）主动建档。消费者通过书面或上网的方式填写个人征信（个人信用信息采集）表格，由工作人员经过核实确认后，直接录入个人信用信息数据库。征信机构除对信息进行常年的维护外，还将为消费者提供首次录入信息的定期信息更新服务。（2）社会举报。同业征信理事会向社会公开设立信用维权公益电话，任何单位和个人均可对不守信行为进行举报，同时提供证据。如果所反映的不守信者是征信对象，则记入其信用档案，并调整其信用评分；如果不是征信对象，则记入后备资源信息库，以备后用。

第三节 个人信用评分

一、信用评分的原理

信用评分简单地说，就是运用一定的公式和规则，评估客户的信用价值（可信度）的方法。传统的信用评分模型就是将预先通过统计方法确定的权重分配给申请人，将该权重作为申请人的主要信用特征指标，由此产生出一个信用分数。最常用的信用评分用来预测信用申请者准时且足额偿还信贷的可能性，如果评分的分值比分界值高，那么申请人即得到许可。信用评分模型可以从服务商那里购买，也可以根据自己拥有的信用数据开发。

信用评分模型隐含的一个假设是：存在着一种测度，能将良好信用及较差信用的评价对象区分成不同的两种分布。当然在这两个分布之间可能有一些重叠即所谓的灰色地带。如图4－1所示

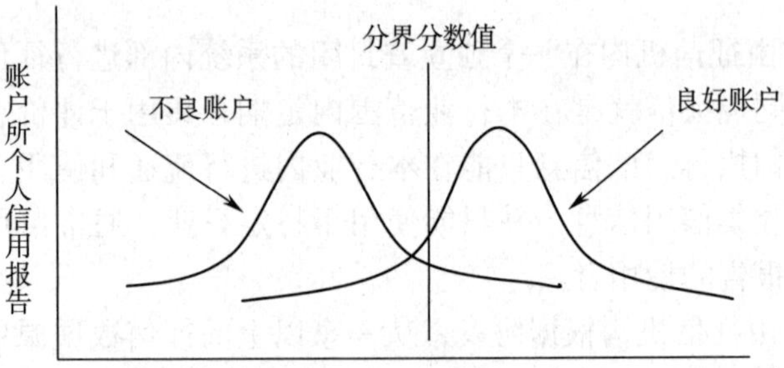

图4－1 信用计分模型中良好信用及不良账户的信用分数分布

有些信用评分专注于对这个灰色地带的信用消费者群体进行细分。这是由于在激烈的市场竞争下，信用评分极低的信用申请者早已被排除，而信用评分极高的也早已被各个授信机构竞相争夺，评分高的客户群体的信用需求已得到满足，各种信用供给者需要从获得中等评分的潜在客户群体中挑选合适的授信目标，因而对中间地带的信用消费者进行细分的评分模型是十分必要的。进行近乎连续的细致的信用评分不能仅仅依靠消费者偿债、公共记录、专业和雇佣记录来简单地排除有明显不良记录者，而更需要在此基础上，进一步详细地分析消费者的消费行为，包括所属的消费者群体、年龄段、消费规律、偏好、习惯等，一个科学的信用评分模型需要建立在对消费者群体的长期或阶段性跟踪、区域调查和大量的数理统计分析的基础上。

二、个人信用评分模型的开发与检验

信用评分模型的开发包括数据采集与挖掘、指标设定、样本筛选、权重设计、模型建立与调整、统计检验等过程。开发一个信用评分模型，如何界定和选择良好信用与不良信用的代表性样本非常重要。不良信用账户是出现坏账要淘汰的账户，良好信

用账户表示该账户从未出现严重的拖欠而且是盈利的。一个问题是只有被授信者接受而且给予了授信的客户，其账户业绩表现的好坏信息才是可知的。但这样就忽略了被拒绝的客户，它们之中也许也包含着许多良好的信用，只是因为以前的信用政策可能存在的缺陷而被拒之门外。为了对这些被拒绝的客户的样本进行调整，有时要建立一个模型区别被接受的样本及被拒绝的样本。利用这个模型，可求出任一账户被接受的概率 Pa。根据定义：这就意味着每接受一个符合条件的个人作为贷款的对象，就要拒绝（1 - Pa）个另外的申请者。这个被接受客户的权重为 1/Pa，这样就能使样本可以模拟真正申请信用时的客户总体。

在信用评分系统的开发中，需要选择一定的指标变量进行分析和设定。包括进行自变量对因变量的相关分析，从而给出每个指标变量的统计权重；进行指标变量之间的相关分析，由此剔除或合并强相关的指标变量。对有些指标比如收入，可以作为连续变量处理；有的如“租赁还是拥有”是一种逻辑变量而不是数字变量。

常用的一种检验是比较良好信用及不良信用样本的分数分布。如果显著性检验表明这两个分数分布可认为是统计上有差异的，那么就可以进一步分析该模型的可接受性了。

三、个人信用评分模型的类型

根据信用评分模型的用途可以分为信用额度模型、追账模型、账户取消模型、欺诈鉴别模型等。

信用额度模型是基于这样的事实：信用限额的使用程度与该信用的品质高低呈反向相关关系。为了鼓励品质良好的用户使用他们的信用额度，放贷者愿意增加他们的信用额度，并诱以其他的措施，例如分层定价。信用额度模型的构建是在综合考虑原有额度使用程度及偿付及时性基础上的，因此可以辨识出哪些可以提高信用额度，但又不会带来拖欠概率显著增加的客户。

追账模型针对的是信用阶梯的另外一端，即当某客户有较高的风险，将会演变成坏账的情况下，需采取哪些强化的追账措施。经验表明，早期的干预能够有效地使拖欠最小化，同时也能减少真正变成坏账的账户及其带来的损失。追账模型用于收费及偿付活动的持续监控，以辨别出正在恶化的账户的模式。用于追账模型中的变量包括信用分数、账户来源、信用额度利用模式、月偿付占余额的百分比及拖欠历史等。尽管银行通常不向征信机构订购关于这些借款人的定期的信用报告，但在一些特定情况下也会订购使用。预测未来问题的能力取决于模型捕捉预警信号，如延迟的偿付及较低的偿付率。CASA 的消费者分析部的总管 Stephen Coggsha U 认为洞察消费者行为的一个关键在于认真分析信用合约及所有可获得的辅助数据。他认为放贷者倾向于将信用许可、信用监控及追账管理的全过程看成是由高度分立的几个部分组成的。然而，为了追求更高的效率，他认为应开发出这样的模型，能够将客户选择、产品定价、信用管理等整合到一起。在他看来，账户的活动仅仅是以个人更广泛的经济及生活周期特征为基础的金融产品信用模型的一个因素而已。

取消模型可用于限制某个账户的继续提款，甚至完全取消这个账户（如果不采取这样的行动，该客户会借出越来越多的款项，最终成为坏账冲销）。取消模型类似于追账模型，但通常是在一个新的组合被购入之后，发现它包含较少的良好信用，此时它才会发挥作用，如果没有法律上的限制，取消模型可以成为限定并预先支付损失以获得组合回购条款下的减免的有效途径。

欺诈鉴别模型通过与以往欺诈经验中类同模式的比较来辨别欺骗性的账户。例如，假如某账户提款只比信用额度限额略小，这可能是表明该信用卡已被盗窃的一种信号。从直觉上来看，可由某个特定地理位置、某个商店及某个商品类型的在不正当的时间内，不正常地连续大量购入，而且不正常地大额透支而追查出来。用神经网络模型可以辨识出正常的信用使用额度的模式，并在出现与正常模式发生偏离的行为时发出警告，特别是当这种偏离的发生是与一些特定商品的购买相关联时更是如此，这些商品如珠宝或大宗消费品等。消费者的欺骗行为也可能是宣布破产的前兆。在客户宣布破产之前采取取消或转移资产等方法是银行应对欺骗性破产的常用措施。包括贷款申请在内的申请者信用历史的计算机记录可能对预测和分析欺骗性破产是有所帮助的。

第四节 个人征信报告的解读

随着人民银行个人信用基础数据库的不断完善，目前个人征信报告已经成为各家商业银行贷前审查和贷后管理的主要风险把控工具，查询信用报告也是整个信贷生命周期管理的必要步骤。个人征信报告包含上百个数据项，内容丰富，在信贷生命周期的不同阶段应该有不同的重点关注内容和分析方式，这样才能运用好征信报告，完全体现出征信数据的应用效果。

征信报告中包含的信息对于贷前审查起到重要作用。如何对这些信息加以判断和解读，是充分利用征信信息的关键。

一、个人基本信息解读

目前，个人征信基础数据库中的个人基本信息，仍是展示最近上报的数据，尚未建立个人基本信息的整合机制。从时间顺序上可以简单地推断，最新上报的个人信息应该是较能反映客户申请贷款时的实际情况的。但鉴于各家商业银行对大部分个人信贷的填写和核实要求均不高，所以该部分数据主要是作参考分析，实际审查判断还是要结合客户具体情况，不能呆板的“唯数据论”。

1. 学历解读。学历反映个人的受教育程度，根据对违约客户的数据分析，受教育程度较高的客户，违约概率相对较低。但各家商业银行对个人客户的学历情况往往不进行核实，一般在系统中直接采信客户提供的学历情况。这样，客户学历情况的准确性就不能完全根据征信报告“最高学历”一栏直接判断，而是要结合其他信息一起考量。

（1）一般而言，学历与年龄有一定关联性。从客户的出生日期计算出客户年龄，若征信报告显示的最高学历明显与年龄不符，那就表明学历信息可能有误，需要客户进一步提供相关证据材料。例如，征信报告显示最高学历为研究生，而年龄仅为22岁，那么这两个数据项在普遍意义上就存在一定的矛盾。同样，婚姻状况和年龄也存在相同的关联性。

（2）学历与信用卡开户日期比对。一般而言，学生在校期间不会拥有多张信用卡，尤其是额度超过1万元的信用卡。一般的学生信用卡（目前已被监管部门叫停）额度多在3 000~5 000元左右。如果从客户年龄和学历推算出的在校学习期间，发生较大额度的信用卡开户，那么对于这一学历就需要进一步的核实。

2. 职业信息解读。客户的职业信息，尤其是工作单位名称一般在申请贷款或信用卡时均是商业银行关注审核的重点，应该说上报的信息准确性还是较高的。从单位可以基本衡量出客户的大概收入水平。当然，部分知名大型企业内部可能存在劳务用工形式，所以审核客户是否该企业的正式在编职工也是信贷审核中必需的。

从客户工作单位列表罗列的单位数量，结合客户的年龄和学历，基本可以了解客户工作是否稳定，职业生涯规划是否有序，是否经常处于换工作的不稳定状态，这对个人资信的审核也起到一定的作用。

年收入一栏的数据，由于各行对收入的认定标准不尽相同，并且客户会根据申请授信的额度填写收入金额，随意性较大。故征信报告上的收入水平，应主要作为一种参考，具体操作时可以大概取一个平均数，而目前尚不宜作为主要衡量客户收入水平的依据。

二、个人信用信息解读

个人信用信息直接描述了客户历史信贷行为，商业银行在审核贷款时对这部分信息的解读是重中之重的工作。

1. 贷款信息的解读。

（1）还款能力判断。从月应还款额以及逾期情况，可以判断出客户的偿还能力。在目前我国个人所得税缴交尚不完善的情况下，个人收入的判断与审核存在一定难度，由此也给衡量客户的还款能力带来了困难。但从征信报告上显示的月应还款额和历史的还款情况，可以判断出客户的还款能力。例如，客户每月归还其他商业银行月供5 000元，经过正常还贷两年，现已结清，且还款历史很少有逾期，那么我们可以基本认定该客户具备归还每月5 000元以下的贷款的能力。

从贷款种类方面可以推断出客户申请拥有的房产套数，贷款种类为个人住房贷款的，如果均尚未结清的，可以说明客户名下至少拥有的房产套数。房产目前仍是我国公民的主要资产，从这个方面可以较好地体现客户的资产实力。当然对于利用贷款购房套数过多的客户，由于其可能涉及投机炒房，面临资金链紧绷的风险，在房地产市场发生波动的情况下，这类客户还是面临较大的潜在风险，在信贷审核时需要重点关注。

（2）个人资信情况解读。目前，各行对于客户的资信情况的评价尚未形成较为统一的标准。但一般都不是采取教条的方式，机械地解读个人征信报告信息。也就是客户发生逾期，并不当然的表示客户个人资信情况较差。由于造成贷款逾期的原因多种多样，往往界定客户个人资信的标准是判断是否“恶意逾期”。

同样，我们认为反映个人资信情况的信息较多，在日常信贷审核中应该制定并执行一个客户个人征信分层的政策。这样标准化地解读征信报告，比较符合个人信贷业务批量化、流水化的作业特点。一般我们解读个人资信情况遵循以下三个原则：第一，借款申请人名下有多笔贷款的，以其中还款记录表现最差的一笔确定客户的信用状况等级；第二，在客户申请贷款时，应根据名下已结清贷款的信用记录结清原因的实际情况，认定时适当放松；第三，金额2 000元以下的拖欠记录，认定时可以酌情不列入逾期次数。

同时，根据贷款近24个月还款状态记录、累计逾期次数、最高逾期期数三个主要指标，分别从近期逾期情况，历史逾期情况，以及违约程度等角度对客户进行一个分层。

2. 信用卡信息解读。信用卡透支由于频率高、额度小，可以更为全面地体现客户的消费习惯和日常信用习惯，也是我们日常信贷审核的重点关注之处。以往普遍认为信用卡申请过多的客户，存在自身收入不足，严重依赖透支消费的风险。但鉴于目前各家商业银行发卡准入门槛较低，一人多卡的现象普遍存在。例如，大部分银行员工为了相互完成信用卡发放指标任务，均办理了多张信用卡。所以，不能仅凭信用卡的张数简单判断客户资信情况，而是应该结合信用额度和最大负债额一并考虑。比如，客户申请多张信用卡，且平均信用额度都较低，客户经常透支并出现逾期，那么客户的资信水平相对是较低的。

目前，各家商业银行对信用卡的审核，大多遵循这样一个原则：本行给予的信用额度不低于其他银行已授予客户的额度。即如果其他银行已授予该客户2万元的透支信用额度，那么本行结合参考该额度的授予时间，给予授信。2万元在最近授予客户的，本行也直接给予相同的额度。如果2万元授予时间远，且客户透支还款情况良好，那么在2万元的基础上适当给予提升。这样充分利用征信信息进行审贷，不但大大提高了审贷效率，节约了资源，而且也较好地控制了风险。

另一种客户是没有任何信用卡和贷款的申请记录，以往认为该类客户没有信用记录，对其的资信评定有一定负面影响。但考虑到中国地域广阔，南北习惯差异较大，部分地区部分人群虽然有良好的收入，但仍不太习惯透支借贷消费。所以，对于该类客户的评定还是要根据其收入、工作和资产状况综合评定。

【延伸阅读】

ZestFinance 评分系统

硅谷越来越多的科技企业开始向金融圈进军，ZestFinance就是其中之一。这家公司打出的旗号是“将Google算法带入征信领域”。其利用机器学习和大数据技术，创立了一套与传统模式相异的信用评分方式，其中应用的数据变量是传统模式的上百倍。

目前，美国征信公司的个人信用评级都来自FICO评分法，绝大部分金融机构使用的信用评分也都来自FICO的模型算法。自20世纪60年代至今，在美国的征信体系中，FICO的地位从未被撼动过。它通过征信公司的海量个人征信数据，经过复杂的模型计算才能形成征信产品。FICO的评分模型的确首屈一指，但并非十全十美。FICO信用评分参考的数据变量只有不到50个，因此，很多人摸清了FICO关注的变量后，就可以利用“模型套利”增加自己的信用评分。例如，一个人可以通过每天反复在图书馆借书还书来“刷信用”。

ZestFinance创立于2010年，其创始人是Google的前副总裁Douglas Merrill和Capital One的前信贷部高级主管Shawn Budde。针对FICO的不足，ZestFinance重新设计了一套信用评估模型。和FICO的不到50条参考变量相比，ZestFinance参考的数据变量多达上万条，并采用非线性化的、更前沿的技术来进行分析，从而防止了“模型套利”的现象，能更精准地评估消费者信用风险。这些上万条的数据变量仅仅是原始信息数据，在这些数据的基础上，模型可以得出超过7万个用来判断信贷行为的指标，而模型分析完成这些指标仅需要不到3秒钟。据美国主流媒体《经济学人》杂志报道，ZestFinance较传统评分方法使违约率下降了40%。

ZestFinance提供金融包容服务。“金融包容”正在成为一个新兴词汇，它的含义是让没有银行账户或信用记录不好的人群公平地享受金融服务，ZestFinance给这些无银行账户或信用记录不好的借款人创造公正透明的信用评分，通过成千上万的数据变量，每个人都可以拥有一份公正的信用评价。ZestFinance帮助信用记录不好的人贷款主要通过两种方式：一种是直接从ZestCash（ZestFinance贷款平台）对其发放贷款；另一种是让使用ZestFinance评分系统的金融机构，通过ZestFinance的评分结果对其发放贷款。

国际金融危机后，银行信贷更加谨慎，而硅谷的IT企业则不断尝到金融这块蛋糕的甜头。包括Prosper和Lending Club在内的P2P借贷平台应运而生，类似ZestCash的小额信贷公司也风生水起，包括Zebit、Avantcredit、Kreditech、DemystData在内的公司都看准了银行信贷这块短板。这类公司的共同特点是利用大数据做信用分析，并且大多拥有自己的网络信贷平台。

Zebit创建的Lending Stream网络借贷平台，可以使用户在4分钟内获得50~1 500美元的半年期个人信用贷款。Avantcredit打出的标语是“从这里申请贷款不会影响你的FICO信用分数”。该公司也是自建信用体系，针对不同人的评分，给出的利率也是不同的。Kreditech位于德国汉堡，利用大数据分析手段评估借款人还钱的概率。他们不要求客户提供信用证明，15分钟内就能提供500欧元以内的小额贷款。和ZestCash类似，Kreditech希望用户提供尽可能多的信息，连用户的借贷申请是使用iPad发送还是用老式电脑发送、输入时出错的概率、使用取消键的频率等都考虑在内。

【思考练习】

一、填空题

1. 个人征信产品包括________、________、________等。

2. 在个人信用调查服务中，调查委托人是各种各样的________、________和一些________。

3. 被调查对象是自然人性质的________，或者是________。

4. 对于征信机构而言，个人数据征集的三种方式为：____________、____________、____________。

5. 个人信用报告的种类很多，主流报告是____________________。

6. 信用评分模型隐含的一个假设是：存在着一种测度，能将________及________的评价对象区分成不同的两种分布。

二、判断题

1. 个人征信业务，是指专业化的征信机构依法对个人的信用信息进行采集、整理、保存、加工并对外提供服务的活动。（　　）

2. 个人信用价值是对雇主而言的。（　　）

3. 个人征信行业的主流调查作业模式是依靠巨型的个人征信数据库，对一城或一国的所有居民进行主动征信，为每个人建立一份信用档案。（　　）

4. 美国的CDIA曾经制定过涉及个人征信报告格式的标准，即所谓的信用观察2000表格。（　　）

5. 常用的个人信用评分产品是FICO评分。（　　）

6. 掌握公共记录的政府部门提供借款者的基本信息。（　　）

7. 传统的信用评分模型就是将预先通过统计方法确定的权重分配给申请人的主要信用特征指标，由此产生出一个信用分数。（　　）

8. 在信用评分系统的开发中，需要选择一定的指标变量进行分析和设定。（　　）

9. 追账模型是基于这样的事实建立的：信用限额的使用程度与该信用的品质高低呈反向相关关系。（　　）

10. 征信报告中包含的信息对于贷前审查起到重要作用。（　　）

三、单项选择题

1. 个人征信机构主要依靠所掌握的（　　）。

A. 信用状况分析　　B. 就业记录

C. 个人信用信息资源　　D. 付费记录

2.（　　）是一种度量消费者个人信用风险的量化方法。

A. 个人信用调查　B. 个人征信报告　C. 个人信用评分　D. 以上都不是

3.（　　）是市场上的主流评分产品。

A. 客户行为评分　B. 逾期评分　C. 通用评分　D. 行业选择评分

4. 个人基本信息是指（　　）。

A. 自然人身份识别信息、职业和居住地址等信息

B. 商业银行提供的自然人在个人贷款、贷记卡、准贷记卡、担保等信用活动中形成的交易记录

C. 除信贷交易信息之外的反映个人信用状况的相关信息

D. 商业银行查询个人征信系统形成的查询记录

5. 在一般情况下，短时间内（　　）越多，表明该信息主体贷款需求约迫切，偿债能力也就越弱，风险会随之上升。

A. 查询记录　　B. 个人声明　　C. 公共记录　　D. 信用交易信息

6. 借款者的基本信息可从何处获得（　　）。

A. 金融机构　　B. 公共事业单位　　C. 各类商业机构　　D. 社会安全管理部门

7.（　　）的使用程度与该信用的品质高低呈反向相关关系。

A. 取消模型　　B. 追账模型　　C. 信用额度模型　　D. 欺诈鉴别模型

8. 已在我国设立分支机构的征信公司是（　　）。

A. 艾可飞公司　　B. 环联公司　　C. 益百利公司　　D. 邓白氏

9.（　　）中包含的信息对于贷前审查起到重要作用。

A. 个人基本信息　　B. 征信报告　　C. 学历　　D. 职业信息

10. 从（　　）可以判断出客户的偿还能力。

A. 月应还款额以及逾期情况　　B. 信用卡张数

C. 个人基本信息　　D. 学历

四、多项选择题

1. 在个人信用调查服务中，调查委托人是（　　）。

A. 授信机构　　B. 雇主　　C. 个体工商户　　D. 政府部门

2. 以下属于个人信用记录型报告的有（　　）。

A. 信用状况分析　　B. 就业报告

C. 购房信贷信用报告　　D. 个人信用评分报告

3. 信用交易信息主要指（　　）。

A. 贷款　　B. 信用卡　　C. 支票账户　　D. 对外担保

4. 查询记录主要包括（　　）。

A. 查询用户　　B. 查询时间　　C. 查询原因　　D. 以上都不是

5. 个人征信信息的采集方式主要有（　　）。

A. 同业征信　　B. 联合征信　　C. 金融联合征信　　D. 主动建档

E. 社会举报

6. 信用评分模型的类型有（　　）。

A. 信用额度　　B. 追账模型　　C. 账户取消模型　　D. 欺诈鉴别模型

五、简答题

1. 简述个人信用调查服务的过程。

2. 简述个人信用调查的作业模式。

3. 对于个人信用评分报告的用户，个人信用评分有哪些用途？

4. 个人信用报告主体包含哪些信息？

5. 个人征信信息的主要来源有哪些？

6. 简述个人征信信息的采集方式。

7. 简述信用评分的原理。

8. 简述个人征信报告中个人基本信息解读方法。

六、思考题

1. 我国个人征信业务还存在什么问题?

2. 如何加快我国个人征信业的发展?

第五章

企业征信产品的应用场景

【学习目标】

- 了解企业征信产品在银行信贷、信用交易、债券及股票发行、参与招投标项目及企业自身形象提升方面的重要作用，正确认识企业不良征信信息为其经济活动带来的影响
- 掌握企业征信信息应用的主要场景及运用的方法

第一节　银行信贷

银行是大多数企业获得贷款的主要渠道，而一个企业征信情况的好坏成为是否能够顺利从银行获得贷款的关键。征信产品在贷款活动中的使用，在银行的贷款审核及监控过程中起到了非常重要的作用。授信审批人员能够充分运用征信系统提供的信息，准确评价、科学计量客户风险，对有风险的客户实行刚性约束，严格授信审批制度，有效控制和防范新增授信风险；同时，可以针对企业财务和信贷业务现状，合理制定授信政策。征信产品在贷款活动中的使用，最大程度地降低银行呆账坏账的比率，打破了传统贷款领域的信息孤岛，在有效防范风险的同时为商业银行带来更大收益。

情况一：贷前监控

案例1：某家电销售有限责任公司在商业银行申请办理贷款时，客户经理通过企业征信系统对该企业信用状况进行审查，发现该客户在该行其他支行有贷款120万元已形成不良贷款外，在其他商业银行也存在200万元的不良贷款记录。该商业银行当即终止贷款审批，有效防范了贷款风险，提高了审批效率。

案例2：A企业为某商业银行老客户。该企业在该银行申请办理一笔2 000万元的流动资金贷款，用于扩建厂房。该行在查询企业征信系统时发现，A企业在他行有1 000万元贷款到期没有偿还，也没有办理相应的展期手续，已经形成了不良的信用记录。经过分析，该行审议决定不同意为A公司提供流动资金贷款。

案例3：某企业向县信用联社提出贷款申请，联社对该企业各项经营指标进行了测评，认为其经营指标较好，为AAA级。但是，联社相关人员通过企业征信系统对企业

信用信息进行查询时发现，该公司在企业征信系统中的财务数据与上报联社的财务报表数据不一致，股东或高管人员变更后未向人民银行征信中心及时反馈并更新相关信息。联社认为，该公司对外担保过多，影响其保证能力，贷款可以放，但是授信条件应由原定的“保证方式”变更为“增加有效房地产抵押”。同时要求该企业及时更新人民银行征信中心相关信息，以此作为准予贷款条件。

案例4：某企业向商业银行申请贷款200万元，银行客户经理对该企业的资产、税收、营业收入、经营行业等进行了多方面的了解，认为其基本符合该行的准入条件。客户经理计划上报授信，并在取得客户授权后对该企业的征信报告进行了查询。信用报告显示，该企业已在其余三家商业银行有贷款，尽管金额不大，但该企业已不符合该商业银行下发的《授信“限三禁五”原则的审批操作细则》（该细则按照银监会有关规定制定），即“授信银行数大于等于3家的，一律不得新准入”。最终，该银行未对该企业准入。

情况二：制定授信政策

案例1：某电缆公司是地区50强企业，也是上市公司某股份有限公司内最优质的资产之一。该企业要求，贷款利率必须是基准利率，并称其在其他银行的所有贷款均为人行规定的同期基准利率。该行通过征信系统查询得悉，该公司当时的贷款余额为1.07亿元，其中大部分为抵押贷款，其余的保证贷款，均同时配有银行承兑汇票业务，其实际成本也要高于贷款的基准利率水平。了解到这一情况后，该行根据该公司的业务特点，重新制订了授信方案。即只做贷款，不强求开立银行承兑汇票，贷款利率上浮10%以上，担保方式为某股份有限公司提供连带责任保证，公司的结算至少30%在该行进行。这样，在降低了企业融资成本的同时也提高了该行的贷款收益，该公司最终接受了这一方案。

案例2：某公司是国内制造业500强，是央企某重工股份公司内优质公司。某商业银行成功发展该公司为客户，准备为其申请贷款额度。但该行通过查询征信系统发现，该公司在与其他商业银行的合作中，业务几乎全部集中在银行承兑汇票、信用证、贴现、保函等内容上。了解到这一情况后，该行根据该公司的特点，重新制订了授信方案。即暂不申请贷款额度，仅申请开立银行承兑汇票额度，由某股份公司提供连带责任保证；考虑到刚开始与该公司合作，免收敞口费。这样的产品设计，符合客户实际情况，体现了该行真诚周到的服务，该公司最终接受了这一方案。该行更是合理地利用征信系统，完善了授信产品的设计。

情况三：贷后管理

案例1：福建某水泥企业一直与某商业银行保持信贷业务关系，多年以来贷款规模基本保持不变。该行在进行贷后检查时，通过征信系统发现该企业存在欠息情况。获知该信息后，信贷业务员立即对该公司展开了专门的调查。确认事实后，该行压缩该公司贷款规模50万元。

案例2：某商业银行进行贷后检查时，经查询征信系统发现，无锡市某印染公司在他行的860万元贷款被划分为特别关注类，该行立即对该客户进行直查。经调查，借款人所在的印染行业今年以来受国内外多重因素影响，利润率下降，面临较大行业风险；同时，他行正在对其逐步压缩贷款，将使该企业资金周转出现困难，经营风险加大。获知此信息后，该行将该企业列入预警客户名单，将其清分级别从正常类下调为关注类；同时，分行对其加强了监控，要求此后保持每一季度至少进行一次实地察看，重点关注预警信号和风险变化情况，评价授信风险，并督促客户经理加强对该客户的日常监控；在总行未对上述客户解除观察名单前，不得对该客户新增授信敞口，以控制授信风险。

第二节　信用交易

在商业信用情况下，买卖双方由于防范风险意识不足，控制风险不当，容易成为受损失的对象，特别是赊销贸易过程中，由于信息不对称的原因，受损的可能性更大。为了规避风险，企业的信用调查及信用管理制度的建立就显得尤为重要。随着国家信用体系的不断完善，越来越多的企业意识到信用管理的重要性，“知信守信”的商品经济指日可待。

案例1：某柴油机厂是一家年销售额20多亿元的大型国有企业，曾经深受债务拖欠问题的困扰，被拖欠账款高达47亿元。几年来，企业通过实行专业化的信用风险管理，使得逾期应收账款降低到7.8亿元，累计收回欠款近4亿元。

案例2：某制药股份有限公司在医药行业95%的交易都是以信用销售的方式完成的。在这种情况下，其通过强化内部信用风险管理，采用事前、事中和事后的全过程信用管理，有效地控制了拖欠账款的发生，同时保证了销售额的稳步增长。该公司实行信用管理以来，销售额每年增长30%～40%，而逾期应收账款却每年下降4%，真正使销售与回款的“两难”变成了“双赢”。

案例3：某运输集团公司是我国最大的外贸集团公司之一，前些年由于国内外市场竞争和信用环境问题，被拖欠大量账款，这大大降低了企业的经济效益和竞争力。集团通过在公司内部实行客户资信管理制度、交易决策授信制度以及应收账款监控制度等一系列信用管理方法，使得逾期应收账款总量减少了50%。

第三节　发行债券与股票上市

发行债券及股票是企业重要的融资渠道，而在企业融资过程中，企业的信用情况直接影响企业所发行证券的信用。投资者往往愿意给信用程度好的证券更高的溢价，更愿意追捧诚信度良好的证券。企业诚信水平越低，投资者面临的不确定因素越多，为满足收益与风险匹配的原则，投资者往往要求风险溢价，从而使得企业融资成本较高。良好的信用水平不仅有利于证券的发行，更有利于降低企业的融资成本。

案例1：诚信提升估值。广东省某股份有限公司主要从事家具和木地板等木材深加工产品的研发、设计、生产与销售。十年来，通过提高生产力水平，在逐步降低生产成本、不断提高产品附加值的过程中，公司赢得了越来越多消费者的认同。而长期建立起来的市场信誉、品牌效应，为其带来了越来越多的合作伙伴。

2015年，公司开始发行2015年第一期公司债，发行规模为人民币12亿元，债券期限为5年。公司在市场中拥有良好的品牌效应和诚信形象，其2014年获得中国人民银行认可机构评定的AAA年度信贷评级，同时证券公司评估中心评定公司的主体信用级别为AA，评级展望为稳定。该期公司债信用级别被定为AA级，发行票面年利率为5%，该利率在中长期债券发行中属于低水平债券。这表明资本市场对公司品牌的充分信任，以及对该公司良好诚信形象的高度认可和对该集团未来发展的良好预期。因此，在资本市场上，发债企业诚信度越好，往往越能受到投资者的青睐，能以较低的融资成本从资本市场融资。

案例2：失信封堵上市途径。湖北省某广告公司因被工商局行政处罚过，无法开具“三年内无违法违规记录证明”，不能在创业板上市。证监会在审批中小型非上市股份公司公开转让股份、融资、并购等相关业务时，会依据工商部门出具的信用情况证明，对存在经营异常和严重违法失信行为的公司予以限制或者禁入。依据《全国中小企业股份转让系统业务规则（试行）》的上市条件中“公司治理机制健全，合法规范经营”的规定，申请新三板上市的公司必须到工商部门开具连续三年无违法违规记录的证明。依据《失信企业协同监管和联合惩戒合作备忘录》第四部分第（二）项和第（九）项内容，证监会根据工商部门共享的信息和数据，依法对存在经营异常和严重违法失信行为的当事人，限制其担任证券公司、基金管理公司、期货公司的董事、监事和高级管理人员，限制其证券期货市场的部分经营行为。

案例3：受益守信激励，新三板成功上市。安徽省某县国税局对某科技股份有限公司实施了激励措施：一是根据纳税人的纳税信用级别，做好出口退税的审核工作，在符合规定的前提下，及时为纳税人办理出口退税。二是积极向企业宣传“银税互动”业务和办理流程，并按规定将该公司的信用级别及纳税情况提供给县政府金融办。三是积极做好纳税人依法纳税证明申请的受理、核查等工作，及时出具其近三年依法纳税情况的证明，支持企业筹备上市。“银税互动”业务，拓展了该企业的融资渠道，在很大程度上缓解了企业的流动资金压力，促进了企业的发展。某科技股份有限公司是一家生产型出口企业，主要从事齿轮等传动配件的制造和销售，其出口业务占比达47%，且财务制度健全，按时申报缴纳税款，依法诚信纳税，2014年度纳税信用等级为B级。该公司出口贸易方式为DDP（完税后交货），资金回笼缓慢，流动资金压力大，县国税局对该公司实施了特殊激励措施，使该企业在新三板成功上市。

第四节　参与竞争招投标项目和政府采购项目

在政府采购工作中，依据国家发改委等38个部门联合签署的《失信企业协同监管和联合惩戒合作备忘录》第四条第（六）项关于限制参与政府采购活动的规定，财政部门按照《政府采购法》第二十二条第（五）项、《国务院关于印发社会信用体系建设规划纲要（2014—2020年）的通知》第一条、《企业信息公示暂行条例》第十八条，对存在经营异常和严重违法失信行为的当事人在一定期限内依法限制其参与政府采购活动。

案例1：某电力建设股份有关公司因被纳入失信名单后无法进行招投标，遂积极履行先期债务。某市中级人民法院依法处理了一起民间承揽合同纠纷。被执行人某电力建设股份有限公司因欠款71.55万元被法院判决归还欠款，但该电力建设股份有限公司拒不履行义务，法院依法将其纳入失信名单。后因被纳入失信被执行人名单致其无法进行招投标，该公司主动履行了全部先期的债务。

案例2：某物业服务有限公司诚信评价得分低，影响投标中标。安徽某物业服务有限公司于2014年2月至2015年1月为某医院提供物业管理服务。鉴于医院对物业保洁的特殊要求，医院根据双方签订的保洁服务合同和该物业服务有限公司的服务承诺，制定了卫生保洁工作制度和对合同履约方的管理考核标准，实行每月评价制。由于物业服务有限公司自身管理混乱、服务差等问题，影响了医院的正常物业保洁工作，现场保洁质量差。服务期结束时，医院根据日常记录的考核情况，按照市公共资源交易诚信评价的工作要求，给予了该物业服务有限公司30分的评价分值，该得分在该地区服务类供应商排名最后一位。该企业诚信评价的低得分，使其在一定期限内在参与政府服务类项目招标采购活动中受到影响。

案例3：企业投标按信用水平被推荐中标。上海市某区政府投资的公开招标项目采用在沪建筑业（施工）企业信用评分衡量企业资质。2016年1月至5月中旬，建筑企业查询累计量1 100余家次。该措施已在建筑施工企业中产生很大影响，特别是行政处罚、拖欠农民工薪酬行为等信用信息列入评分，进一步规范了企业的行为。在某小学校舍维修工程招标评分结果出现同等分值的情况下，评标委员会即采用企业信用分由高至低排序，推荐中标候选单位。

第五节　提升企业信用形象

现在的市场竞争除市场上的产品竞争外，更为重要的是企业的软实力竞争，表现为企业着力打造企业良好形象，提高企业信誉。产品是有形的，而良好的企业形象和企业信誉是企业的无形资产，这三者的关系是相辅相成、互相制约的。优良的产品质量是保证企业生存的根本；良好的企业形象，不仅能为产品增光添彩，还可以大大增强消费者对企业的信任度和信赖感，使企业取得市场的主动。

案例1：东莞市某科技有限公司是一家专业从事精密冲压模具和金属结构件研发、生产和销售的企业，2015年度纳税信用级别为A级。信用等级为A类的企业列入“出口退税一类企业”范围，出口退税一类企业完成退免税申报后，两日内退税税款便可到账。企业利用这笔“及时雨”引进了先进的技术设备，成为了一家能为客户提供精密冲压模具和金属结构件一体化解决方案的高新技术企业。此后，各大订单纷至沓来。

案例2：贵州省某汽车运输（集团）有限责任公司是贵州省道路运输行业具有一定影响力的国有企业，现已发展成为集道路客（货）运输、城市公交、出租汽车经营、站场经营、道路运输从业人员岗位培训、汽车销售以及汽车维修等为一体的国有大型交通运输企业集团，是国家道路旅客运输一级企业，属交通运输部重点联系企业、中国道路运输协会会员、中国交通企业管理协会会员，中国道路运输协会经济运行分析工作先进单位，全国交通运输绿色循环低碳建设贡献企业。多年来连续入选“贵州百强企业”“贵州优秀企业”，荣获贵州省“守合同重信用”单位、“企业信用评价AAA级信用企业”、中国道路运输协会“经济运行分析工作先进单位”“中国道路运输百强诚信企业”等荣誉称号。

集团着力推动企业诚信体系建设和信用管理能力，不断提升企业市场竞争能力和水平，塑造企业良好形象。“内强管理，外塑形象”，集团不断改进企业员工岗位服务质量体系，加强信用观念教育，净化企业文化环境，教育员工在企业做一个诚信员工、在社会上做一个诚信市民。在生产经营、服务社会和商务合作中，集团坚持“以诚信为本，互利共赢”的原则。该企业严格依照国家法律法规、市场规则和商业道德规范，建立企业与消费者、投资者、员工、政府之间良好的信用关系，争当重合同、守信誉的诚信企业，以对用户、对市场高度负责的精神，严格全过程质量控制，切实为客户提供满意周到的服务，做到守法诚信经营，创造客户满意，赢得了社会各界的一致认可和好评。该集团被交通运输部授予“全国汽车客运系统优秀班组及服务标兵”称号，连续九年荣获省级“守合同、重信用”单位，被省、市两级消费者协会授予“诚信单位”荣誉牌。

案例3：“三鹿奶粉事件”。三鹿婴幼儿奶粉中“三聚氰胺”含量严重超标，导致39 000多人中毒、4人死亡，三鹿集团刹那间倒闭。大品牌、大市场、大销量，为三鹿低成本、高品质提供了市场营销的大前提，秉承质优价廉的法宝，三鹿完全可以依仗消费者之势，笑傲中国乳业江湖。然而，三鹿终究不是真正意义上的大企业，终究不能承受企业之“大”，在踉踉跄跄地走过了大境地之后，就开始露出了“小”尾巴。这“小”，就是它企业集团内部诚信的缺失。“人无信不立，企无信难存”，事实表明，诚实守信，会收获丰厚的回报和长远发展的希望；失去诚信，只能使企业走向衰败和消亡。

【思考练习】

1. 为什么企业要“以诚信为本，以信营商”？
2. 企业征信在银行授信过程中起到了什么样的作用？
3. 征信的应用给信用交易带来怎样的变化？
4. 政府采购活动对于企业的征信有怎样的要求？
5. 企业的资信评级对于企业有何意义？

【拓展案例】

联合惩戒案例

案例一：

“您的公司已被列入经营异常名录，我招标办决定取消贵公司的投标资格”。听着投标结果，某园艺开发有限公司的龚总一脸茫然，忙碌了近一个月的工作人员也惊讶得说不出话来。

“你们是不是搞错了，我们公司一直合法经营，怎么会被列入异常经营名录呢?”龚总还在作最后的辩解。

“您的公司没有在全国企业信用信息公示系统公示年报，您不知道么?”招投标办的工作人员对龚总说。

“大家赶快回去查清楚，看看能不能补救。”龚总十分着急。

质量监督管理局企业监管科办公室，一中年人急匆匆地走进来，眼神中充满焦急，“你好！我是某园艺开发有限公司的会计，来申请把公司移出经营异常名录。”“怎么这么急呀?”“我们公司因为年报未公示，被取消投标资格了，龚总着急得没办法。”办事人员耐心地解释道：“根据国家38个部门联合签署的《失信企业协同监管和联合惩戒合作备忘录》，被列入经营异常名录的企业，在银行贷款、招投标、国有土地出让、政府采购、获得荣誉称号等方面受到限制。你们公司这是受到失信联合惩戒了。”

由于时间已经错过，该公司还是错失良机，未得到竞标资格。

案例二：

湖北省某广告公司负责人发现本公司被列入经营异常名录后，担心公司会在参与政府挂牌上市时受到影响。经询问湖北省工商局，该负责人得知是因为公司未按时公示2014年年度报告而被列入了经营异常名录，如果不及时移出，很可能会影响该企业的挂牌上市，而在日常经营中也会面临“一处失信，处处受限”的情况。在被告知应对办法后，该负责人立刻准备办理相关手续，以将公司及时移出经营异常名录。

激励守信案例

案例一：

河北省某药业集团（冀州）有限公司自觉纳税、及时纳税，纳税信用良好。在2015年纳税信用等级评定过程中被评为A级纳税人。

据悉，河北省某地税局对其进行以下激励：一是提升该纳税人纳税信用知名度。该局广泛进行宣传，通过税企平台、办税服务厅公告、地税内网、政府信息公开网站等载体向社会公布A级纳税人名单，提高该纳税人的知名度和社会影响力。二是制定服务措施。对该纳税人，除专项、专案等检查外，两年内可以免除税务检查；普通发票按需领用；在办税服务大厅为企业开辟“绿色通道”，提供优先、快捷的办税服务；提供特约、预约、延时服务等办税方式；对发生的退税、减免税事项专人受理、优先办理。三是主动服务。对该纳税人提供“一对一”服务，根据纳税人需求，随时上门辅导，送政策上门，或通过税企互动平台、微信等方式，向纳税人提供有关税收政策、涉税信息。

案例二：

“纳税信用贷”让清河县创锐文化传播广告公司轻松融资。

“真没有想到通过国税局的纳税信用贷，短短3天就贷到了30万元，帮了我的大忙。”一直为贷款发愁的某文化传播广告公司的负责人张总终于松了一口气。

据了解，张某利用国税局“纳税信用贷”，使国税局有关负责人调查了解该企业经营情况、纳税情况和纳税信用等级情况，并主动致电告知其马上协调银行办理。

“纳税信用贷”帮助纳税信用较高的企业从银行获得资金支持，破解企业融资难题，积极引导纳税人向高信用等级努力，有效地推动了信用社会建设。

关注 http：//www. creditchina. gov. cn/信用中国及各个地方网站，了解更多征信案例。

第六章

个人征信产品的应用场景

【学习目标】

- 了解个人征信产品的类型
- 掌握个人征信产品的应用方法
- 熟悉个人征信对个人金融业务及其他的影响
- 能够分析个人征信产品应用中的问题

第一节 银行信贷与个人征信

银行信贷针对个人的业务通常称为个贷。个人贷款业务是指商业银行为满足个人客户的各种资金需求而向其发放各种信贷资金，个人客户则须在约定期限内还本付息的信贷行为。与企业贷款不同，个人贷款通常具有品种多、客户数量多、贷款金额小、银行管理成本大等特点。个人贷款业务按照贷款的用途一般分为个人住房贷款、个人消费贷款和个人经营贷款。银行信贷与个人征信的联系表现为：（1）个人征信是否良好是能否取得银行信贷的基本条件；（2）个人违约导致的银行失信。

一、个人住房贷款业务与个人征信

个人住房贷款是指商业银行向借款人发放的用于购买自用普通住房的贷款。商业银行发放个人住房贷款时，借款人必须提供担保。借款人到期不能偿还贷款本息的，贷款人有权依法处理其抵押物或质押物，或由保证人承担偿还本息的连带责任。

案例 1：刘某于 2004 年 10 月向某行申请个人住房按揭贷款，金额为 20 万元，期限 15 年。银行查询个人征信系统时发现，该客户在他行已办理个人住房贷款一笔，金额为 25 万元；个人汽车贷款一笔，金额为 18 万元。这两笔贷款，客户每月需还款 7 005元，而该客户提供的收入证明显示其每月家庭总收入为 4 200 元。

案例分析：本案例属于个人住房按揭贷款。住房按揭贷款是指购房者以所预购的房屋作为抵押品而从银行获得贷款，购房者按照按揭契约中规定的归还方式和期限分期还款给银行，银行按一定的利率收取利息。由于房屋价值较高，一般来讲，购房者一次性筹足购房款是有一定困难的，而向银行申请发放购房贷款，银行则需要对贷款人的还款能力做出评估。

表 6－1　　个人住房贷款借款人资信评估表（部分）

指标类别	指标名称（最高分数）	标准值	分数值
个人素质	小计（34 分）		
月收入还贷比	月还款额/家庭月收入额（25 分）	<40%	25
		≤50%	20
		≤60%	15
		>60%	0
	小计（25 分）		
现住房状况	产权性质（2 分）	自有	2
		共有	1
		租赁	－1
	住房面积（2）	$50m^2$	2
		$50m^2$（含）以下	1
	小计（4）		

考察借款人归还贷款本息能力的计算公式为：

还贷收入比＝月均还款额/家庭月均收入水平

根据刘某的实际情况计算出的还贷收入比为 26.45%，分数值还是挺高的，按照等额还款计算，刘某每月需还本金 1 111 元（假设不考虑利率）。但是加上原来的月供 7 005元，刘某每月至少需要还款 8 116 元，而他提供的家庭收入证明为每月 4 200 元。如果不考虑原来的贷款规模，刘某是可以贷款的，但结合原来的信用规模，现在刘某就不能继续按揭贷款买房了。

案例 2：2010 年 1 月 25 日，A 银行与王某、杨某、B 公司签订《个人购房抵押（保证）借款合同》。合同约定，王某、杨某向 A 银行借款 34.3 万元用于购房；借款期限为 240 个月；借款利率在中国人民银行公布的同期同档次基准利率的基础上下浮 30%，浮动方式为固定日浮动，浮动周期为年；王某、杨某应从贷款发放次月起按月以等额本息的方式偿还借款本息，若未按期还款，A 银行有权计收罚息，罚息利率在借款利率的基础上上浮 50%，对不能按时支付的利息，A 银行按罚息利率计收复利，并有权要求王某、杨某支付借款金额的 5% 作为违约金。B 公司自愿为该笔借款提供连带责任保证。

2010 年 1 月 26 日，A 银行与王某签订《××市预购商品房抵押合同》，合同约定王某自愿将其所购位于××××号的商品房抵押给 A 银行，以担保其履行《个人购房抵押（保证）借款合同》所约定的债务；王某在债务履行期内如连续 3 个月或累计 6 个月未按约定归还借款，A 银行有权依法处分该抵押商品房并可要求提前清偿上述借款。

上述合同签订后，A 银行依约向王某发放贷款 34.3 万元，并在××市房管局依法办理了抵押物登记手续。但此后王某、杨某连续多期未归还到期借款本息，A 银行虽通过扣划 B 公司交存的保证金代偿，但未得到清偿，B 公司也未履行相应的保证责任。

案例分析：本案属于个人购房抵押贷款并附有连带责任担保。购房人抵押财产符合《物权法》第一百八十条的规定，连带责任担保符合《担保法》的规定，但王某、杨某连续多期未归还到期借款本息，已造成贷款银行的失信，银行不得不追究贷款主体的责任。A 银行向法院提起诉讼，一审法院判决如下：被告王某、杨某于判决生效后 10 日内偿还原告 A 银行借款本息、违约金；被告王某、杨某不履行本判决第一项确定的债务时，A 银行有权以被告王某所有的××××号的房产折价或以拍卖、变卖该房屋的价款优先受偿；被告 B 公司对本判决第一项确定的 A 银行的债权承担连带保证责任。被告 B 公司承担保证责任后，有权向被告王某、杨某追偿。

二、个人消费贷款与个人征信

个人消费贷款是指商业银行向个人发放的用于家庭或个人购买消费品或支付其他与个人消费相关费用的贷款。

案例：2003 年 9 月 30 日，甲银行与刘乙签订《汽车（工程机械）贷款合同》，约定刘乙向甲银行借款 14.9 万元，期限为 24 个月，年利率 4.941%，刘乙应按月等额还本付息，还款日为每月 20 日至次月 20 日，若未按时偿还贷款本息，甲银行有权对其欠款金额按每日 0.01% 计收罚息，罚息按复利公式计算。丙公司与甲银行签订《车辆按揭贷款抵押合同》，约定丙公司为刘乙贷款提供担保，自愿将其所有的车辆抵押给甲银行，并办理了抵押登记手续。丁公司和刘戊与甲银行签订《保证合同》，约定双方为刘乙的上述贷款提供连带责任保证。上述合同签订后，甲银行依约向刘乙发放贷款，但刘乙未按约定偿还贷款本息，其他三方也未履行相应担保责任。

案例分析：本案属于个人汽车消费贷款，刘乙的汽车消费贷款符合申请汽车消费贷款的条件。申请汽车消费贷款一般需要具备的条件：

1. 必须在银行所认可的特约经销商处购买限定范围内的汽车；

2. 购车者必须年满 18 周岁，并且是具有完全民事行为能力的中国公民；

3. 购车者必须有一份较稳定的职业和比较稳定的经济收入或拥有易于变现的资产，这样才能按期偿还贷款本息；

4. 在申请贷款期间，购车者在经办银行储蓄专柜的账户内存入不低于银行规定的购车首期款；

5. 向银行提供银行认可的担保，如果购车者的个人户口不在本地，还应提供连带责任保证，银行不接受购车者以贷款所购车辆设定的抵押；

6. 购车者愿意接受银行提出的并且认为必要的其他条件。

在本案的合同执行中，刘乙未按约定偿还贷款本息，其他三方也未履行相应担保责任，属于贷款违约方。甲银行向法院提起诉讼，请求法院判令：被告刘乙偿还甲银行借款本金和利息（含罚息、复利）；被告丙公司以其抵押车辆对上述债务承担抵押担保责任；被告丁公司和刘戊对上述债务承担连带责任保证。

三、个人经营贷款与个人征信

案例：小刘经营一家小超市，超市位于大约有2 000多家住户的某小区门口，超市主要经营日常生活用品，其中蔬菜经营占超市业务的一半以上。小刘想扩大经营，扩展一下门面，把紧邻超市的一间面包房租下来，但现有资金不足。于是，小刘就向A银行申请了个人经营贷款10万元。A银行就小刘的申请材料进行了审查，并做出了限制贷款的批复，原因有三个：一是小刘因为跟别人有经济纠纷发生过打架斗殴事件；二是小刘的一张信用卡有两次逾期还款记录；三是小刘目前有住房按揭贷款，每月需要还款2 000元，小刘提供的超市每月5 000元的纯收入并不能证明是稳定收入。

案例分析：个人经营贷款是指商业银行向从事合法生产经营的个人借款人发放的，用于定向购买或租赁商用房、机械设备以及满足其个人生产经营资金周转和其他合理资金需求的贷款。

个人经营贷款的借款人需要具备以下条件：

1. 年满18周岁，具有完全民事行为能力的自然人、外国人以及港、澳、台居民为借款人的，应在中国境内居住满一年并有固定居所和职业；
2. 具有合法有效的身份证明及户籍证明；
3. 借款人具有合法的经营资格，能够提供个体工商户营业执照、合伙企业营业执照或企业法人营业执照；
4. 具有良好的信用记录；
5. 具有稳定的收入来源和按时足额偿还贷款的能力；
6. 能够提供合法的经营场所及贷款的具体用途；
7. 其他银行规定的要求。

案例中，小刘的贷款申请符合商业银行对个人经营贷款的一般性要求，如贷款主体、贷款用途等，但商业银行还要对还款人的信用等级以及还款能力等进行量化考核，以最终确定贷款的批复。商业银行对个人生产经营贷款客户信用等级实行百分制，按分值高低设立四个信用等级：AAA级、AA级、A级、B级，其中，AAA级和AA级客户为优良客户，A级客户为一般客户，B级为限制、淘汰客户。

AAA级：评分在90分（含）以上，各项指标优秀，个人综合素质高，生产经营稳定，经营收入高，资信状况好，还款能力强。

AA级：评分在80（含）~90分，各项指标良好，个人综合素质较高，生产经营比较稳定，经营收入较高，资信状况较好，还款能力较强。

A级：评分在70（含）~80分，各项指标一般，个人综合素质一般，生产经营稳定，经营收入一般，资信状况一般，还款能力一般。

B级：评分在70分（含）以下，生产经营差，还款能力弱，个人与银行合作意愿及个人资信状况较差。

从银行最终的贷款批复看，小刘的信用评级应该是在B级，符合B级中的还款能力弱，个人资信状况较差事项，所以小刘的资信状况严重影响了他在银行的信用评级，因此无法获得 A 银行的个人经营贷款。

第二节　信用卡交易与个人征信

一、信用卡与信用卡交易

"信用卡"是指由商业银行、信用卡公司或者其他金融类机构发行的具有消费支付、信用贷款、转账结算、存取现金等全部功能或者部分功能的电子支付卡。信用卡的概念因经济与地域的不同而有所不同。在美国，信用卡是一种支付兼消费信贷工具，申请信用卡无须先存入款项，而是由银行确定一个信贷额度供持卡人支用。在我国，信用卡主要是一种支付与结算工具，并有广义与狭义之分。广义的信用卡是指由商业银行（含邮政储蓄金融机构）向社会发行的具有消费信用、转账结算、存取现金功能的信用工具，包括贷记卡（credit card）、准贷记卡（semi－credit card）、借记卡（debit card）、储值卡（prepaid card）、提款卡（ATM card）、银行卡（bank card）、赊账卡（charge card）、商务卡（business card）、联名卡、（co－branded card）、认同卡（affinity card）、芯片卡（chip card）及智能卡（smart card）等，上述全部卡种都属于支付卡（payment card）范畴。随着经济业务发展的实际需要与科学技术水平的提高，各类信用卡的主要功能在不同程度上融合并兼备了各种特征。

信用卡交易也就是通常所说的信用卡消费，通常分为境内消费和境外消费。境内消费就是持卡人可在全国所有的信用卡特约商户和带有"银联"标识的特约商户消费交易；境外消费是指持卡人可在全球近 300 个国家和地区、超过 3 000 多万家带有 VISA、MasterCard 或"银联"标识的特约商户消费交易。

二、信用卡交易与个人征信

在信用卡的交易过程中，信用卡的额度通常分为信用额度和可用额度。信用额度是指信用卡最高可以使用的额度。信用额度是依据客户申请信用卡时所填写的资料和提供的相关证明文件综合评定并核给的，主卡和附属卡共享一个额度。可用额度是指客户所持的信用卡还没有被使用的信用额度。

可用额度＝信用额度－未还清的已出账金额－已使用未入账的累积金额＋溢缴款金额

信用卡额度会随着持卡人的信用状况呈增加或减少趋势，甚至有时会遭到封卡。信用卡额度增加的情形是因为持卡人消费正常，还款及时，信用记录良好；信用卡额度减少的情形多因持卡人消费出现异常，还款不够及时，信用记录一般。信用卡连续三次、累计六次逾期还款，就会在信用报告中留下不良记录。如果因为逾期或者长时间不还款导致银行封卡，是会严重影响个人征信的，但有些情况例外，比如信用卡遭受了黑客攻击。

案例 1：杨先生的账单日为每月 5 日，到期还款日为每月 23 日。4 月 5 日，银行为杨先生打印的本期账单包括了他从 3 月 5 日至 4 月 5 日之间的所有交易账务。本月账单周期杨先生仅有一笔消费——3 月 30 日，消费金额为人民币 1 000 元；杨先生的本期账单列印“本期应还金额”为人民币 1 000 元，“最低还款额”为 100 元。杨先生在 4 月 20 日还款 100 元，但在 5 月 5 日的对账单中显示有还款利息 17. 40 元。

案例分析：信用卡发卡单位通常对持卡人的非现金交易有一个免息还款期，即从银行记账日起至到期还款日之间的日期。本案例中，若杨先生于 4 月 23 日之前，全额还款 1 000 元，则在 5 月 5 日的对账单中的循环利息为 0 元。杨先生于 4 月 20 日只偿还了最低还款额 100 元，则 5 月 5 日的对账单的循环利息为 17. 40 元。具体计算如下：

1 000 元 ×0. 05% ×24 天（3 月 30 日至 4 月 23 日）

+（1 000 元 - 100 元）×0. 05% ×12 天（4 月 23 日至 5 月 5 日）

= 17. 40 元（循环利息）

案例 2：小刘有一张信用卡，信用额度为 20 000 元人民币。小刘刚开始用卡的时候是在商场进行消费，每月按照银行短信提示信息按时还款，所以信用额度一直在提升。到了 2007 年的时候，小刘的信用额度已提升至 40 000 多元人民币。2007 年正是中国股市牛气冲天的时候，小刘于是用信用卡套现 35 000 元人民币投入股市，计划用这笔资金的时间是 40 天，到银行还款日之前将股市的资金转出还信用卡的款。刚开始小刘做得还比较顺风顺水，但小刘后来发现自己信用卡能刷的金额越来越少了；再后来股市开始下跌，小刘在股市上的资金难以抽出，信用卡还款也出现逾期的情况，甚至出现催缴的情况。2008 年 2 月 10 日，小刘接到了信用卡被冻结的信息。

案例分析：案例中，小刘至少涉及三个征信问题，第一个是信用卡取现问题；第二个是信用卡透支问题；第三个是信用卡逾期还款问题。银行一般规定，持卡人可用信用卡透支取现的最高额度，一般为账户信用额度的 30%，比如小刘的信用卡额度为 20 000元人民币，小刘人民币账户的取现额度就是 6 000 元。取现交易及相关费用不享受免息还款期待遇，发卡银行将按日利率 0. 05% 从银行卡记账日起计收利息。小刘不想支付套现费用，同时也认为 6 000 元投入股市没什么意思，于是就采取了信用卡透支的办法，大额套取现金，然后投入股市。信用卡透支会降低信用卡的使用额度，如果出现恶意透支，则违犯了中国人民银行 1999 年 3 月 1 日实施的《银行卡业务管理办法》第六十一条的规定。另外，小刘违犯了信用卡领用合约的规定，信用卡被冻结是意料之中的。信用卡领用合约第二十一条规定：乙方未能按时还款，甲方可采取信函、电话、上门等形式进行催收，并有权扣划乙方在本行开立的任何账户内的款项或处置乙方的抵、质押物以清偿其欠款。如乙方连续两个账单周期不能缴足最低还款额或甲方失去联系的，甲方有权停止其使用该卡。

【延伸阅读 6 - 1】

中国银监会办公厅关于信用卡套现活跃风险提示的通知（银监办发〔2008〕74 号）：

一、切实加强对信用卡透支额度的管理。信用卡分期付款业务形成的循环信用账户具有资金杠杆作用，且当期账单仅反映部分透支金额，各商业银行应严格执行《中国银监会办公厅关于加强银行卡发卡业务风险管理的通知》（银监办发〔2007〕60号），对每个无担保信用卡客户，应根据对其风险状况的评估进行集中化的银行卡账户最高总授信额度管理，将核定信用额度和单张信用卡分期付款业务总额度上限进行统一管理，密切关注和监测持卡人对信用卡分期付款业务的使用情况，不能仅根据当期透支金额判断客户是否超过核定限额。对于交纳一定手续费后当月所有透支金额均可分期还款的信用卡业务，应加大信用风险管理力度。

二、切实加强对签约商户的管理。各商业银行应严格执行《中国人民银行中国银行业监督管理委员会关于防范信用卡风险有关问题的通知》（银发〔2006〕84号），严格POS机具布放审查程序，完善与商户签约和与收单外包机构的签约条款，严禁将POS机具布放在个人名下，并对商户交易行为进行不定期抽查。对网上交易商户应设置单笔和单日交易金额上限，并根据反洗钱工作要求设置月累计交易金额上限；对单笔或单日刷卡透支金额达到或超过信用卡核定额度的，应及时与持卡人联系并核对交易行为相关信息，以避免因卡片盗刷引起的持卡人和银行损失；加强对航空客票代售点的管理，应在双方合作协议中明确，对刷卡支付的航空客票的退票操作，应收取退票费并采用退票款项转回银行卡的操作，不得直接提取现金，以堵住套现漏洞。

三、切实加强对持卡人领卡用卡行为管理。各商业银行应加强对持卡人信用卡申领行为管理，发卡营销外包服务商对申请人信息负有保密责任，不得申请成为特约商户，不得将代理营销业务转包给其他单位，一旦发现信用卡申请材料属于未与其签订发卡营销外部协议的中介机构递交的，不得受理相关业务。各商业银行应加强对持卡人用卡情况的监控，对已经确认存在套现行为的信用卡持卡人，有权采取降低授信额度、止付、将相关信息录入征信系统和银行间已建立的共享欺诈信息库等措施。

第三节　求职与报考公务员

一、个人征信与求职

传统的求职与个人征信并无多大关系，但随着现代职场招聘模式、就业形式的多样化以及“互联网+”的影响，人们有了很多的就业机会与选择，于是，跳槽就成了职场中的惯用词。为减轻用人单位的招聘成本，减轻整个社会的人力流动成本，个人征信便与求职联系在了一起。

案例：入了征信“黑名单”找工作都会受影响!

2016年5月11日，在浙江大学紫金港校区举办的一场招聘会上，戴尔、麦当劳、牛电科技等知名企业将芝麻信用分等虚拟信用作为是否录用的一条重要考核因素，招聘用上了第三方征信评价：面试前，先用手机亮出应聘者支付宝里的芝麻信用，高分将给整个面试环节加分；如果分数太低，很可能在第一环节就被淘汰；如果入了征信“黑名单”，求职者将直接出局。虚拟信用开始影响到个人找工作。

案例分析：戴尔、麦当劳这样的世界500强企业，以及越来越多的科技公司在招聘时引入第三方信用评价体系，一是因为这些大公司招聘的数量巨大，人力资源部门需要耗费大量的人力财力投入到招聘中，对应聘人员的学历是否真实、有没有重大负面记录等进行考量。二是通过引入芝麻信用评分等信用服务，可以更高效地筛选出真实可靠的应聘者。芝麻信用分是芝麻信用对海量信息数据的综合处理和评估，主要包含了用户信用历史、行为偏好、履约能力、身份特质、人脉关系五个维度。芝麻信用基于阿里巴巴的电商交易数据和蚂蚁金服的互联网金融数据，并与公安网等公共机构以及合作伙伴建立数据合作。与传统征信数据不同，芝麻信用数据涵盖了信用卡还款、网购、转账、理财、水电煤缴费、租房信息、住址搬迁历史、社交关系等。芝麻信用分值范围是350～950分。根据蚂蚁金服的标准：350～550分为较差、550～600分为中等、500～650分为良好、650～700分为优秀、700～950分就是极好了。持续的数据跟踪表明，芝麻信用分值越高，信用水平越好，在金融借贷、生活服务等场景中都表现出更低的违约概率。较高的芝麻分可以帮助个人获得更高效、更优质的服务。

【延伸阅读6－2】

中国人民银行征信中心和第三方征信机构

中国人民银行征信中心是中国人民银行直属的事业法人单位，其业务归口征信管理局指导。人民银行于1997年立项建设银行信贷登记咨询系统。2004年2月，人民银行启动了个人征信系统建设，同年4月成立银行信贷征信服务中心。2006年1月，全国集中统一的个人信用信息基础数据库建成并正式运行。中国人民银行征信中心的主要职责是：

1. 负责拟定企业和个人征信系统建设的总体发展规划，并组织实施；
2. 负责制定企业和个人征信系统运行、维护的管理制度；
3. 负责制定企业和个人征信系统的业务技术标准；
4. 负责企业和个人征信系统建设、运行和维护；
5. 负责组织与商业银行及有关方面的业务技术协调工作，采集企业和个人的信用信息；
6. 负责汇总和分析企业和个人征信系统中的数据信息，及时提出分析报告；
7. 负责向商业银行及有关方面提供企业和个人的信用信息咨询服务；
8. 负责组织企业和个人征信系统运行中的争议处理；
9. 负责组织对商业银行及有关方面的征信业务知识培训；
10. 负责应收账款质押登记公示系统的建设、运行和管理；
11. 负责融资租赁登记公示系统的建设、运行和管理；
12. 承办行领导交办的其他事项。

征信机构是指依法设立的、独立于信用交易双方的第三方机构，专门从事收集、整理、加工和分析企业和个人信用信息资料工作，出具信用报告，提供多样化征信服务，帮助客户判断和控制信用风险等。征信机构按所有权性质的不同，可分为公共征信机构、私营征信机构和混合征信机构；按信息主体的不同，可分为个人征信机构、企业征信机构、信用评级机构以及其他信用信息服务机构。德国、法国是公共征信机构的代表，美国是典型的私营征信机构模式，日本是典型的混合型征信机构模式。

设立个人征信机构应当经中国人民银行批准，且须提交下列材料：

1. 个人征信机构设立申请表；

2. 征信业务可行性研究报告，包括发展规划、经营策略等；

3. 公司章程；

4. 股东关联关系和实际控制人说明；

5. 主要股东最近三年无重大违法违规行为的声明以及主要股东的信用报告；

6. 拟任董事、监事和高级管理人员任职资格证明；

7. 组织机构设置以及人员基本构成说明；

8. 已经建立的内控制度，包括业务操作、安全管理、合规性管理等；

9. 具有国家信息安全等级保护测评资质的机构出具的个人信用信息系统安全测评报告，关于信息安全保障措施的说明和相关安全保障制度；

10. 营业场所所有权或者使用权证明文件；

11. 工商行政管理部门出具的企业名称预先核准通知书复印件。

二、个人征信与公务员考试

相关资料显示，从2008年开始，国家公务员局开始对各级公务员招考中的违纪违规和不诚信行为信息进行汇总，并在此基础上建立了公务员诚信档案。建立公务员诚信档案的主要原因有以下几点：

1. 保证公务员考试的严肃性。目前在全国范围内，公务员招考进入常态化，每年都有大批的优秀人才报考公务员。只有对不诚信和违纪违法行为记录在案，并做出相应的处罚，才能确保公务员招录的公平性。

2. 制约对公务员录取资源及机会的浪费。考生在做出诚信报考的承诺后，无故或随意放弃录用机会，不仅是对他人公务员考试机会的占用，也是对招考机关招录资源的一种浪费。

案例：小明2013年参加了全国公务员招考，当年报考的是新疆某县地方税务局。考试成绩出来后，小明的成绩进入面试行列，但小明嘿嘿一笑说：第一年考试就是试一试，没想真去。小明没去参加新疆某县地方税务局的面试，也并未向招聘方说明理由。2014年小明继续参加公务员考试，这一次他报考了自己家乡的检察院，小明的成绩再次进入初选行列，但由于一些原因，小明错过了检察院的面试。2015年小明第三次报考其所在省份公务员，但被告知其三年内不得报考本省公务员。

案例分析：小明三年内不能再参加其所在省份公务员考试是因为小明被记入了全省公务员考录诚信档案数据库。公务员考录诚信档案数据库一般包括以下几个方面：

1. 考生在考试过程（包括笔试、面试）中有作弊、替考等不诚信行为；

2. 在履约环节的不诚信情形主要表现为考生已经确认参加面试却在面试当天无故

弃考的行为；

3. 在报到环节的不诚信情形主要表现为有的考生在已经通过笔试、面试、考察、体检、公示、备案等环节之后又提出放弃录用资格等行为。

国家级公务员考试及各地方公务员考试招录中对不诚信行为的界定存在差异，有些省份具有相关的明确规定，有些省市虽然没有相关的明确规定，但不代表就一定没有处罚，具体执行细节还要由公务员招录主管部门确定。小明两次考上公务员两度随意放弃资格，属于占用录取机会、浪费招录资源，结果被归于不诚信，受到相应处罚是应该的。

【延伸阅读6－3】

致广大参加公务员考试的考生：诚信报考　从我做起

考生朋友们：

2017年度中央机关及其直属机构公务员录用考试即将开始，欢迎参加今年的公务员录用考试！

公务员是党的路线方针政策的贯彻者，是国家法律法规的执行者，承担着国家事务和社会公共事务的管理职能，代表着党和政府的形象。公务员考试录用制度的建立和推行，为广大考生提供了一个通过平等竞争进入党政机关的途径。人们将公务员录用考试形象地比喻为“玻璃房子里的竞争”，说明它的公开、公平和公正。这项制度得到社会的广泛认可和赞誉，得益于公开、平等、竞争、择优的机制，得益于社会的广泛监督，得益于良好的报考氛围和考试环境，得益于广大考生的积极参与和共同维护。

近年来，在公务员录用考试中，也出现了一些干扰考试秩序，影响公平竞争的现象。比如，有的考生提供报考信息不实，有的考生不注重工作学习中的日常积累、不做认真准备，轻信或寄希望于参加考前所谓的“精品”、“保过”等高价培训班，有的考生不遵守考场纪律、携带违禁违规物品进入考场，更有甚者企图借助作弊集团、通过所谓“高科技手段”作弊等进入公务员队伍。这些行为扰乱了正常的招考秩序，败坏了公务员录用考试的声誉，侵害了广大诚信守规考生的合法权益。这些人虽然是极少数，但影响极坏，与公务员诚实守信的为业之要严重不符。多年来，有关部门联合打击考试作弊等违法违纪行为，作弊者都受到了严厉的处理。

为创造一个公平竞争的良好环境，我们期望有志于成为公务员的广大考生从自身做起，诚信报考，并提出以下几点希望：

一、诚信报名。认真阅读《诚信承诺书》和招考公告，严格遵守诚信承诺。结合自己的实际情况和用人单位的职位要求，慎重选择报考职位，如实填写有关信息，不虚报、瞒报有关情况，不弄虚作假，不骗取考试资格，不为“试考”虚假报名，以免干扰正常的报名秩序。

二、诚信准备。公务员录用考试注重测查考生的基本能力素质。这种能力素质主要靠平时工作和学习的长期积累，同时考前要做好认真准备。多年实践证明，不注重平时积累而试图走“捷径”的考生，不可能取得好成绩。希望大家考前能认真研读考试大纲，了解测查要素要求，结合职位需求和自身条件有针对性地进行认真准备，以饱满的精神和良好的心态参加考试。

三、诚信考试。严格遵守考试纪律，不带违禁物品，不做违纪之事，不抱侥幸心理，不搞作假舞弊，坚决抵制任何参与作弊集团、利用各种手段作弊等丑恶违法行为。考后不散布、不传播考试试题，不参与网上不负责任的议论。考试当天，公务员主管部门将联合公安机关、无线电管理等部门，对考场及周边环境进行严密监测，严厉打击考试作弊行为。《刑法修正案（九）》已将包括公务员录用考试在内的国家考试作弊行为列入刑事犯罪，新修订的《公务员考试录用违纪违规行为处理办法》也加大了对考试作弊的惩处力度。请考生朋友们远离公务员录用考试违纪违法这条高压线，千万不要一次作弊，悔恨终生。

四、诚信履约。希望广大考生珍惜机会，不轻易放弃、不轻易爽约考前承诺，珍惜信誉，认真对待每一个招考环节，认真践行每一项招考要求。特别是进入面试环节的考生，不要临时随意放弃面试资格和录取资格，以免错失实现职业理想的机会，影响其他考生权益和招录机关的正常补员需求。

诚信是社会主义核心价值观的重要内容，是做人之本，立业之基，更是一名公务员所必备的品格。让我们从现在做起，从我做起，践行诚信承诺，共同打造公务员录用考试这片明净的天空。

最后，衷心祝愿广大考生在今年的公务员录用考试中取得好成绩！

国家公务员局考试录用司

2016 年 10 月

第四节　出国留学与个人征信

我国公民通过各种渠道和方式，到世界各国和地区的中高等学校和研究机构留学，是我国对外开放政策的组成部分；是吸收国外先进科学技术、适用经济行政管理经验及其他有益文化，加强我国高级专门人才培养的重要途径；有益于促进我国人民同世界各国人民的友谊和交流。在世界进入大发展、大变革、大调整的时期，人才和创新日益成为综合国力竞争的重要因素。中国在实现两个“一百年”的奋斗目标和中华民族伟大复兴中国梦的过程当中，需要成千上万通晓国际规则、了解和理解世界各国的人才。所以，出国留学的趋势一直在保持持续的上升，1978—2013 年年底，我国出国留学的总规模是 300 多万人。

一、出国留学的分类

（一）按照使用资金的形式可以分为公派出国留学和自费出国留学

1. 公派出国留学。公派出国留学人员是指根据国家建设需要，得到国家以及有关部门、地方、单位全部或部分资助，通过各种渠道和方式，有计划派出的留学人员。公派出国留学人员分为大学生、研究生、进修人员和访问学者。出国攻读大学本科、专科和研究生的留学人员在国外的学习年限一般按对方国家的学制，由派出单位确定。出国进修人员和访问学者在国外的期限，根据进修和研究课题的实际需要，一般为3个月至一年，特殊情况可为一年半，均由派出单位按派遣计划确定。

2. 自费出国留学。自费出国留学人员是指我国公民提供可靠证明，由其定居外国及香港、澳门、台湾地区亲友资助，或使用本人、亲友在国内的外汇资金，到国外高等学校、科研机构学习或进修。自费出国留学是为国家建设培养人才的一条渠道，得到了国家的大力支持。

（二）按照出国留学的学历层次划分

随着我国教育开放程度的提高以及国民财富的提升，出国留学人员的层次呈现出多样化的特点，目前主要有高中、本科、硕士、博士以及博士后等。高校合作办学的兴起，使本科留学生的数量大大增加。

（三）按照出国留学的地域划分

目前，我国留学人员分布在世界100多个国家，有90%以上的留学生集中在美国、澳大利亚、英国、日本、加拿大、新加坡、韩国、新西兰、法国、德国、俄罗斯等国家。

二、出国留学与个人征信

纳入个人征信系统的数据主要有四类：身份识别信息、贷款信息（包括贷款发放银行、贷款金额、贷款期限、还款方式、实际还款记录等）、信用卡信息（包括发卡银行、授信额度、还款记录等）、公共事业信息（包括非银行信用信息、法院民事判决、欠税、固话缴费、手机缴费、缴纳水电燃气费用等）。不同的国家对个人征信的要求是不一样的，比如免签国家俄罗斯、马来西亚等，办理签证相对较为宽松；而美国、英国等，办理签证的时候都会查询个人征信记录。

以美国为例，美国各个高校的要求不尽相同，但很多高校申请表中都有关于申请人家庭财产状况的说明以及关于刑事犯罪情况的说明，如果个人申请表中填写的事项与个人征信记录中的事项不吻合，就有可能遭到拒签。另外，美国高校对考试作弊零容忍，只要有考试作弊的不良记录，一定会遭到拒签，而且一个学校拒签的信息会被传到其他高校，任何一个学校都不会录取一个有考试作弊不良记录的学生。

案例：刘英于2016年7月在中国国内高校本科毕业，打算申请美国的研究生学习，刘英的考试成绩符合美国某高校的要求，但在申请签证时遭到了拒签，原因是刘英的父亲在中国是被限制高消费人员。

案例分析：作为刘英本人来讲是无辜的，美国大使馆在审查刘英的个人材料时，刘英本人的财力证明是没有问题的。但刘英父亲由于债务纠纷被中国最高人民法院纳入了失信人员执行名单，进入失信人员执行名单是被限制高消费的。2015年7月6日最高人民法院出台的《关于限制被执行人高消费的若干规定》，明确人民法院可以对被执行人发出限制高消费令。其中第三条规定，被执行人为自然人的，被限制高消费后，不得支付其子女就读高收费私立学校的费用。

第五节　其他个人征信产品应用

一、个人征信与欠债不还

案例：河南公布十大老赖典型案例，8 100 人被限制高消费。[①]

王某与郑某房屋买卖合同纠纷一案，经义马市人民法院判决，郑某应支付王某购房款100 000元、装修费15 973.8元、诉讼费708元。判决生效后，郑某未履行法律义务，义马市法院依据王某申请，于2013年9月25日立案执行。该案进入执行程序后，义马市法院向被执行人郑某送达了执行通知书及报告财产通知书，但郑某未按执行通知约定的期限履行义务。义马市法院根据最高法院有关规定，决定将郑某纳入失信被执行人名单并录入全国法院失信被执行人名单库，在媒体上公布并向执行联动单位通报。2014年5月8日，郑某在银行贷款时受到限制，迫于失信压力，主动到法院履行了义务，案件执结。

案例分析：《最高人民法院关于公布失信被执行人名单信息的若干规定》第一款：被执行人未履行生效法律文书确定的义务，并具有下列情形之一的，人民法院应当将其纳入失信被执行人名单，依法对其进行信用惩戒：

（1）有履行能力而拒不履行生效法律文书确定义务的；

（2）以伪造证据、暴力、威胁等方法妨碍、抗拒执行的；

（3）以虚假诉讼、虚假仲裁或者以隐匿、转移财产等方法规避执行的；

（4）违犯财产报告制度的；

（5）违犯限制消费令的；

（6）无正当理由拒不履行执行和解协议的。

义马市法院将郑某纳入失信被执行人名单、录入全国法院失信被执行人名单库、在媒体上公布并向执行联动单位通报是符合法律规定的，也是对欠账失信人员的一种警示。凡被纳入失信被执行人名单的被执行人，都将受到信用惩戒，在政府采购、招标投标、行政审批、政府扶持、融资信贷、市场准入、资质认定等方面受到限制或者禁止。郑某在银行贷款时受到限制是信用惩戒的结果。

二、个人征信与酒驾

案例：张先生是一家厨具生产公司的法定代表人、公司董事长兼总经理。由于经常宴请客户，张先生经常饮酒驾车，曾经两次被公安部门处罚。2015年9月，张先生的女儿出国留学，要求担保人进行担保。张先生作为父亲要求为女儿担保，但被告知不具有担保资格，经查实，张先生酒驾已经记入个人征信不良记录了。

---

① 2014年8月5日，大河网讯。

案例分析：饮酒驾车是指每百毫升血液酒精含量大于等于20毫克、小于80毫克，会被处1 000元以上2 000元以下罚款、暂扣驾证6个月、记满12分的处罚。醉酒驾车是指每百毫升血液含量大于等于80毫克，驾驶员将被约束至酒醒，吊销驾照，并以危险驾驶罪追究刑事责任，处1~6个月拘役和罚金。

醉驾除了严厉的处罚以及事故之后保险公司不予理赔外，因为醉驾入刑犯罪记录伴随终生，当事人将面临被单位辞退且无补偿，参军、入党、出国移民受限制，子女考公务员、上警校、入党等政审受影响，征信记录上永存污点的后果。张先生“酒驾入信”体现了《关于加强道路交通安全工作的意见》的相关指导思想，张先生也为此付出了应有的代价。

【延伸阅读6-4】

2003年10月28日第十届全国人民代表大会常务委员会第五次会议通过的《中华人民共和国道路交通安全法》第九十一条的规定

饮酒后驾驶机动车的，处暂扣一个月以上三个月以下机动车驾驶证，并处二百元以上五百元以下罚款；醉酒后驾驶机动车的，由公安机关交通管理部门约束至酒醒，处十五日以下拘留和暂扣三个月以上六个月以下机动车驾驶证，并处五百元以上二千元以下罚款。

饮酒后驾驶营运机动车的，处暂扣三个月机动车驾驶证，并处五百元罚款；醉酒后驾驶营运机动车的，由公安机关交通管理部门约束至酒醒，处十五日以下拘留和暂扣六个月机动车驾驶证，并处二千元罚款。

一年内有前两款规定醉酒后驾驶机动车的行为，被处罚两次以上的，吊销机动车驾驶证，五年内不得驾驶营运机动车。

2007年12月29日，第十届全国人民代表大会常务委员会第三十一次会议第一次修正的《中华人民共和国道路交通安全法》第九十一条规定：

饮酒后驾驶机动车的，处暂扣一个月以上三个月以下机动车驾驶证，并处二百元以上五百元以下罚款；醉酒后驾驶机动车的，由公安机关交通管理部门约束至酒醒，处十五日以下拘留和暂扣三个月以上六个月以下机动车驾驶证，并处五百元以上二千元以下罚款。

饮酒后驾驶营运机动车的，处暂扣三个月机动车驾驶证，并处五百元罚款；醉酒后驾驶营运机动车的，由公安机关交通管理部门约束至酒醒，处十五日以下拘留和暂扣六个月机动车驾驶证，并处二千元罚款。

一年内有前两款规定醉酒后驾驶机动车的行为，被处罚两次以上的，吊销机动车驾驶证，五年内不得驾驶营运机动车。

2011年4月22日，第十一届全国人民代表大会常务委员会第二十次会议第二次修正的《道路交通安全法》第九十一条规定：

饮酒后驾驶机动车的，处暂扣6个月机动车驾驶证，并处1 000元以上2 000元以下罚款。因饮酒后驾驶机动车被处罚，再次饮酒后驾驶机动车的，处 10 日以下拘留，并处 1 000 元以上 2 000 元以下罚款，吊销机动车驾驶证。

醉酒驾驶机动车的，由公安机关交通管理部门约束至酒醒，吊销机动车驾驶证，依法追究刑事责任；5 年内不得重新取得机动车驾驶证。

饮酒后驾驶营运机动车的，处 15 日拘留，并处 5 000 元罚款，吊销机动车驾驶证，5 年内不得重新取得机动车驾驶证。

醉酒驾驶营运机动车的，由公安机关交通管理部门约束至酒醒，吊销机动车驾驶证，依法追究刑事责任；10 年内不得重新取得机动车驾驶证，重新取得机动车驾驶证后，不得驾驶营运机动车。

饮酒后或者醉酒驾驶机动车发生重大交通事故，终生不得重新取得机动车驾驶证。

【思考练习】从 1949 年开始，美国研究人员就注意到，一个人的驾驶行为与其信贷信用的历史存在关联关系。一项研究表明，信用历史不良的司机所发生的重复事故率是信用历史良好者的 6 倍。1968 年，美国华盛顿州的研究显示，从未发生过驾驶事故的人群中，三分之二是信用历史良好者；而在发生过两次以上驾驶事故的人群中，35% 是信用历史不良者，只有 3% 是信用历史良好者。

三、个人征信与逾期欠费

案例：小范拿着儿子的录取通知书非常高兴，因为儿子参加 2017 年中招考试，虽然以 10 分之差未能进入外语中学的总部，但能进入外语中学的分校也算是佼佼者。外语中学分校在全市中学排名中位居前五，属于高收费学校，每年收取 8 000 元的择校费。小范拿上自己的银行卡就去银行为儿子缴费了，可到银行后却被告知自己是被限制人员。小范由于长期拖欠物业公司的水电费及物业管理费，被物业公司诉讼后仍不清缴，被列入老赖名单进入征信系统了。小范再也不敢轻视物业缴费了，赶紧清偿了所有欠费。

案例分析：近年来，由于种种原因经常发生业主拖欠水电费、燃气费以及物业管理费等问题，有些小区智能化水平比较高，水电燃气实行的是一户一表，收费管理相对较好，而大部分的住宅区经常会发生费用拖欠问题，致使水电燃气部门以及物业管理公司经营困难。为加强收费管理，不少地方出台了相关的管理条例，对逾期不缴纳相关费用的纳入个人征信系统。小范长期拖欠物业公司的水电费及物业管理费，并对物业公司的诉讼置若罔闻，因此被记入失信名单并被限制子女不得就读高收费私立学校。

【延伸阅读 6 -5】

四川拟将逾期不交纳燃气费纳入个人征信系统

中新网成都 2016 年 11 月 28 日电（王鹏）：28 日，在四川省第十二届人民代表大会常务委员会第二十九次会议上，《四川省燃气管理条例（修订草案修改稿）》（以下简称修订草案修改稿）连同审议结果报告被提请审议。修订草案修改稿第二十八条第三款提出："燃气用户应当依照供用气合同及时交纳燃气费，逾期不交纳的按照合同约定承担违约责任，并纳入个人征信系统。"相关部门指出，按期交纳燃气费是燃气用户的基本义务。四川省欠交燃气费的情况较为严重，这不仅增加了燃气经营企业的运营成本，妨碍了燃气市场的健康发展，也不利于推动诚信社会的建设，需要在条例修订草案中进一步加强规范。

【思考练习】

1. 住房抵押贷款违约承担的是违约责任还是信用责任？
2. 免息车贷与手续费对汽车消费行业的影响？
3. 个人经营贷款为什么要与个人征信联系在一起？
4. 信用卡消费交易对个人征信有什么影响？
5. 为什么要将个人征信记录与公务员考试联系在一起？
6. 家庭财产资信状况对个人出国有什么影响？
7. 酒驾入刑对个人信用的影响有哪些？
8. 纳入个人征信的信息有哪些？应不应该由法律界定？

第七章

征信业的发展与监管

【学习目标】

- 了解美国、日本、欧盟、中国征信业发展模式及其基本特征
- 了解美国、欧盟、日本征信相关的法律法规与监管模式
- 明确我国征信的法律法规和行业标准
- 了解我国征信监管机构的设置与职责、监管的内容及机制

第一节　征信业的发展模式

目前，发达市场经济国家在征信的基本内涵方面没有根本的区别，但各国国情和立法等方面的差异决定了各国征信模式的不同，目前主要有以美国为代表的市场化征信模式、以欧洲大陆为代表的公共征信系统模式和以日本为代表的会员制模式。

一、美国模式——市场主导型

美国的征信业始于1841年，其第一家征信所是由纽约纺织品批发商 Lewis Tappan 建立的。从简单征信服务到比较完善的现代征信体系的建立，美国经历了160多年的时间。美国模式，又称市场主导型征信模式，是由征信企业进行商业化运作而形成的征信体系，它是完全依靠市场经济的运行机制和行业自我管理形成的征信体系发展模式。其特征是征信机构以盈利为目的，收集、加工个人和企业的信用信息，为信用产品的使用者提供独立的服务。美国征信既有完全市场化运作的征信建设企业主体，又有对征信产品有强烈需求的征信产品使用者。

1. 美国征信业务市场化运作的主体。目前主要有三大类（如表7-1所示）：一是资本市场上的信用评估机构，即对政府部门、银行、证券公司、基金、债券及上市大公司的信用进行评级的公司；二是商业市场上的信用评估机构，即对各类大中小企业进行信用调查评级的公司；三是对消费者信用进行评估的机构，在美国叫信用局或消费信用报告机构。

表 7－1　美国征信业务与征信数据来源情况表

类别	征信对象	服务	信息来源
资本市场	金融机构、债券、上市公司	金融机构资信评级、股票评级、债券评级、公用事业评级	商业银行、非银行金融机构、证监会、保监会、上市公司
商业市场	中小型企业	企业资信调查、行业指数	工商、法庭、海关、技术监督、商业银行、供应商、被调查企业或税务
个人消费市场	美国公民、在美国境内活动的外国人	个人信用调查、查询	户籍、法庭、公用事业、劳资、雇主、房管、信用卡、个人贷款

2. 美国的征信产品。主要有三类：

（1）信用记录。美国的信用记录公司专门从事市场参加者的信用记录业务，并进行信用评级。在美国由这些专门机构对企业和个人进行信用评级，包括证券评级、企业信誉评级和个人信用评级等。通常根据信用水平的高低将企业的信用分为从“3A”到“3C”的 9 个不同等级。

（2）企业资信报告。企业资信报告旨在帮助企业销售部门或信贷部门对客户进行风险管理。大型征信机构都能够提供数种乃至数十种企业资信调查类报告。

（3）个人征信调查。包括消费者信用调查报告、信用评分、数据分析等。此外，个人信用报告还包括购房贷款信用报告、就业报告、商业报告、人事报告等。

3. 美国的征信立法。由 20 世纪 70 年代征信业的快速发展所导致的系列问题而开始，走的是一条在发展中规范的立法道路。到现在，美国不仅具备了较为完善的信用法律体系和政府监管体系，而且与市场经济发展相伴随，形成了独立、客观、公正的法律环境。在美国，政府主要负责立法、司法和执法，基本上处于社会信用体系之外，为征信业建立起了一种协调的市场环境和市场秩序，同时其本身也是商业性征信公司的评级对象，这样就保证了征信公司能够确保其自身的独立性、中立性和公正性。

4. 美国市场主导型征信模式的鲜明特点。具体如下：

（1）运营机制比较灵活。市场主导型征信制度模式的突出特点是运营机制比较灵活，征信机构在公平市场环境下进行自由竞争，征信机构之间可以开展业务合作、技术合作以及股权收购、联盟等多种形式的合作，征信业态丰富，产业链体系完善。例如：在实践中，一国在征信领域可能有不同类型的征信机构，大型征信机构与小型征信机构之间既有竞争，也有合作，突出表现在许多小型征信机构往往作为数据中间商，为大型征信机构提供其收集到的各类信息，并收取一定的费用。

（2）收集信息比较丰富。征信的本质特征是全面反映信息主体的信用状况，社会化征信机构有充分的动力去做全面的征信工作，扩大信息维度，提升信息覆盖范围，我们在实施市场主导型征信制度的国家看到，现在，征信机构虽然各自的主业存在一定的差异，但是，在信息覆盖上，都是尽其所能地采用多种形式，收集信息主体的信息，信息的覆盖范围包括贸易信用领域的信息、金融领域的信息、公共信息等。

（3）征信服务比较多元。社会化征信机构面临股东要求其盈利的压力，在征信服务上均是走多元化发展路线，充分挖掘数据价值，细分客户需求，推出不同系列的、具有自身特色和竞争力的征信服务。例如：一些征信机构既提供基础信息服务，也提供中间变量服务；既提供风险评估服务，也提供风险解决方案；既提供帮助客户的决策支持，也提供面向客户的外包服务；有些征信机构则专注于一些特殊的行业、特定的服务场景，如专注于医疗行业、提供背景调查和反欺诈服务。

（4）响应市场需求较快。这是市场主导型征信制度的一个重要特征，也是市场经济发展的必然要求。由于市场上存在不同的征信机构，如果一个征信机构不能迅速满足市场需求，将很快被其他征信机构所取代。正是这种优胜劣汰的市场竞争的一般规律作为一只无形的手，在发挥着作用，确保了征信机构能够以客户需求为导向，建立快速的反应机制。

（5）可能存在信息分割现象。在市场主导型征信制度模式下，收集的信息比较丰富，但是也存在一个悖论，即在实行市场主导型征信制度的国家，征信市场往往是分割的，原因在于这些国家的征信是依靠自愿和契约来实现的，在这种情况下，很难有一个机构有能力在全国范围内的金融信用领域实现全面征信，更不用谈在贸易信用领域了。例如：在美国，目前实现的主要是消费者的金融征信，但即使在这一领域，三家个人征信机构中也没有一家可以宣称在全国范围内实现了对金融信用领域的全面征信，而是各有特色和侧重，这正是三家个人征信机构推出三合一信用报告的原因。

（6）对金融监管部门服务不足。这里的金融监管部门包括宏观审慎管理部门，如一些国家的中央银行等。整体来看，由于市场主导型征信制度国家的征信机构是市场化机构，往往以利润为导向，在整个系统设计、信息采集方面往往不是从金融监管部门的需求出发来考虑的，而是面向授信机构的征信需求提供服务的，导致金融监管部门在需要一些数据支持和服务时，有些信息依靠征信机构可能无法产生，只能是根据征信机构现有的数据基础来提出要求。因此，客观地说，社会化征信机构在对金融监管部门的服务方面存在一定的不足。

二、欧盟模式——央行主导型

央行主导型模式，又称公共模式或中央信贷登记模式，是以中央银行建立的“中央信贷登记系统”为主体，兼有私营征信机构的社会信用体系。欧盟成员国德国、法国、意大利、西班牙、奥地利、葡萄牙和比利时等国家均采用该模式。中央信贷登记系统是由政府出资建立的全国数据库网络系统，直接隶属于中央银行。该系统是非营利性的全国性的调查网络，系统信息主要供银行内部使用，服务于商业银行防范贷款风险和央行进行金融监管及执行货币政策。在政府主导型的征信体系中，中央银行承担着主要的监管职能。

央行主导型征信模式具有以下特点：一是企业信用征信机构的建立具有强烈的行政色彩。它是由国家完成，并由央行负责进行监督管理的。二是企业信用信息的来源具有强制性。公共征信机构的设立者是国家，国家通过法律或决议的形式强制要求其所监管的包括银行、财务公司、保险公司等在内的所有金融机构必须参加企业公共信用登记体系，从而获得信息数据。三是企业信用征信机构的服务对象带有局限性，主要限于金融机构。该征信机构是国家出于金融监管的考虑，为防范国家整体的金融风险而建立的，只向金融机构提供信用信息服务，而不向社会其他需求方提供；实行对等原则，即只有为该机构提供信用信息数据的机构才能从该机构获取信息。因此，公共征信机构的服务对象是特定的，不面向社会大众和各类机构。一般来说，它只针对被授权的中央银行工作人员和报送信息的金融机构，其中被授权的中央银行工作人员是出于监督的目的而主动查询使用公共征信机构信息的，所以从严格意义上讲并不算是公共征信机构的服务对象；而报送信息的金融机构，由于与公共征信系统之间建立了双向数据流，因此，它们才是公共征信机构的服务对象，也是公共征信系统数据的使用者。

欧洲对于征信的立法最初源于对数据和个人隐私的保护，因此与美国相比，欧洲具有较严格的个人数据保护法律。1995 年 10 月，欧洲议会通过了欧盟《个人数据保护纲领》，这是欧盟第一个涉及个人征信的公共法律，该部法律的立法宗旨和基本原则是在保护人权和开放数据之间取得平衡。欧盟于 1997 年 12 月公布了第二个相关法律《数据保护指南》。根据欧洲议会通过的法律，欧盟各国对本国的信用管理法律体制进行了完善。

欧洲的政府主导型征信模式与美国的市场化征信模式的差别体现在三个方面：一是信用信息服务机构是被作为中央银行的一个部门建立的，而不是由私人发起设立；二是银行需要依法向信用信息局提供相关信用信息；三是中央银行承担主要的监管职能。

三、日本模式——行业协会主导型

以行业协会为主导模式的个人征信体系是以行业协会为基础建立的不以盈利为目的的信用信息体系。个人信用信息在行业协会平台范围内，可供行业协会所有成员内部共享。日本行业协会十分规范、普遍，每个行业都有自己的行业协会，其对于日本的经济有着巨大的影响。基于这种行业发展特点，日本的个人征信体系以行业协会为主导模式。

日本的征信业最早起源于 1892 年——日本第一家民间信用调查机构“商业兴信所”的建立。商业兴信所主要为银行提供企业的信用资料，其制定的《商业兴信所事业指南》是日本征信行业的规章制度模型。从 20 世纪初期，到 20 世纪 30 年代，随着征信市场需求的增长，加上市场门槛较低，以及缺乏相应的管理，大量企业涌入征信行业，呈现出鱼龙混杂的局面。“二战”时期，日本的征信行业进入了停滞阶段，直到 20 世纪 50 年代受到国家经济发展的影响才逐渐回暖。1950—2000 年是日本征信行业高速发展的时期，在这个时期，全国银行个人信用信息中心（KSC）、株式会社日本信用信息中心（JICC）和信用信息中心（CIC）逐渐发展成为日本个人征信市场的三大信用信息中心。

在日本征信体系的形成和构建过程中，行业协会发挥着非常重要的作用。日本的征信体系以行业协会为基础构建，不以盈利为目的为协会内部成员提供个人和企业的信用信息。在会员制模式下，一方面，行业协会成员有义务向协会提供自身掌握的消费者信用信息；另一方面，协会的信息中心也仅为协会成员提供信息共享平台，协会成员可享受整个协会信息中心内部的客户信息查询。

目前，日本的信用信息机构大体上可划分为银行体系、消费信贷体系和销售体系三大类，分别对应银行业协会、信贷业协会和信用产业协会。这些协会的会员包括银行、信用卡公司、保证公司、其他金融机构、商业公司及零售店等。三大行业协会的信用信息服务基本能够满足会员对个人信用信息征集和考察的需求。例如：日本银行协会建立了全国银行个人信息中心，信息中心的信息来源于会员银行，会员银行在与个人签订消费贷款合同时，均要求个人义务提供真实的个人信用信息，这些个人信息中心负责对消费者个人或者企业进行征信。

日本的企业征信被国内最大的两家商业征信机构——帝国数据银行和东京商工所垄断，两家机构占有全国90%的市场份额。它们的业务范围包括：企业信用调查、信用风险管理、数据库服务、营销服务、电子商务支持、催收账款、市场调查、行业分析报告、海外企业信息报告、个人或法人财产征信，以及破产信息杂志等各类名录出版。帝国数据银行成立于1899年，注册资本9 000万日元，拥有85家营业网点，雇员人数约3 200人，收录了4 000户上市公司和230万户非上市企业资料，积累保存了近一百年的信息，可以轻松地查到10年以前倒闭的企业信息；东京商工所成立于1892年，注册资本6 700万日元，拥有80家营业网点，雇员人数约1 700人，收录了2亿份以上的企业信用信息。此外，还有一些以关西、九州等特定区域为业务中心的中小征信公司，但企业实力与市场份额均较小。

日本没有专门对个人征信机构进行监管的政府机构，只是在立法上为个人信息主体权益提供了基本保障，主要是通过行业协会进行自律管理，行业协会的内部管理规定在信用管理活动中发挥着非常重要的作用。如全国银行业个人信用信息中心的业务内容、业务范围、个人信用信息库的登录和利用运行规则都由全国银行业协会理事会来制定，要取得会员资格也必须取得理事会的承认。

四、中国征信业发展模式

中国的征信行业起步较晚，经过20年的发展，形成了以人民银行征信中心为主导，民营征信机构为补充的混合经营格局。目前，人民银行已经建立起覆盖全国的公共征信网络，民营征信机构业务逐步向市场化迈进，整个行业进入快速发展期。中国征信行业发展可分为初步探索、区域性平台搭建、央行集中统一平台主导、市场化改革四个阶段（如表7－2所示）。

表7－2　　中国征信行业发展历程

阶段	内容
探索阶段（1980年后期—1995年）	20世纪80年代后期，人民银行批准成立了上海远东资信评级有限公司，帮助企业进行债券发行和管理；1986年，对外经贸部计算机中心与世界著名企业信息机构“邓白氏公司”合作，分享中国和海外企业的信用报告；1993年，新华信国际信息咨询有限公司成立并提供企业征信服务

续表

区域性平台搭建（1996—2002 年）	1996 年人民银行在全国推行企业贷款证制度；1997 年上海开展企业信贷资信评级；1999 年上海资信有限公司成立，从事企业和个人征信；2002 年银行贷款登记咨询系统建成地、省、总行三级数据库，实现全国联网查询
央行集中统一平台主导（2003—2013 年）	2003 年人民银行设立征信管理局；上海、北京、广东等地启动区域性社会征信发展试点；2004 年人民银行建成全国集中统一的个人信用信息基础数据库；2005 年人民银行建立全国集中统一的企业信用信息基础数据库；2013 年 3 月，《征信管理条例》正式实施，人民银行为征信监管部门
市场化改革阶段（2014 年至今）	2014 年 6 月，第一批 26 家第三方企业征信机构获得人民银行颁发的企业征信牌照；2015 年 1 月，人民银行印发《关于做好个人征信业务准备工作通知》

人民银行建设和管理的征信系统是中国首个覆盖全国的征信系统。该系统由人民银行联合其他 16 个部委共同建立，通过互联网系统连接了国内所有信贷类机构，并与公安部、国家质检总局下辖的个人和组织机构代码数据库相连，企业征信系统和个人征信系统分别建设，并于 2005 年底和 2006 年开始向国内所有接入系统的信贷机构、政府部门和人民银行分支机构提供征信服务，在运行方式上具有一定的市场化运作特征。目前，中国征信行业的主体主要有三类：

（1）中国人民银行征信中心。中国人民银行征信中心由中国人民银行设立，根据法律授权，负责建设、运行和维护全国统一的企业和个人征信系统。目前，该系统已成为中国重要的基础设施。截至 2015 年 3 月底，个人征信系统已收录 8. 62 亿自然人，2015 年前 3 个月的日均查询量为 153. 2 万次；企业征信系统已收录 2 060 万户企业和其他组织，2015 年前 3 个月的日均查询量为 23. 6 万次。

（2）各级政府设立的信息中心。其业务属于公共信息公开范畴，也是征信机构重要的信息源，目前，这类机构有 20 多家。

（3）社会化征信机构。自 2014 年以来，在征信监管部门备案的企业征信机构和经批准的个人征信机构已经有 70 多家。企业征信业务主要是开展资信调查，或者是与政府部门的相关信息实现联网并对外提供信息服务，也有一些征信机构正在积极进军大数据征信领域。

从中国征信市场发展的历程和现状看，中国的征信模式是典型的政府与市场共同推动型。这种征信模式是指在征信业发展过程中，政府部门发挥管理作用、引领作用和基础征信服务作用，公共征信机构是市场基础，社会化征信机构是市场的重要组成部分，公共征信机构与社会化征信机构有机融合、差异化发展，征信业的运行实行强制与自愿相结合，公共征信机构与社会化征信机构的服务目标相互交叉、各自侧重，既兼顾微观征信服务，又致力于系统性风险防范，有效发挥政府与市场各自优势的一种制度性安排。这种征信模式兼具政府主导型与市场主导型征信模式的优点，特点突出，主要表现在以下几个方面：

（1）强制与自愿相结合。公共征信机构采用强制进行信息共享的方式，而私营征信机构基本上采用自愿进行信息共享的方式。强制进行信息共享可以确保信息在全国范围内实现大集中；自愿进行信息共享可以使信息共享更加灵活，所涉及的征信领域更丰富、征信深度更大。因此，这两种方式相结合，可以充分发挥各自优势，促进信息共享。

（2）信息共享与市场效率相结合。由政府部门出面，可以确保信息在更大范围内实现共享；通过市场化方式组建私营征信机构，可以有效提升征信服务的市场效率。

（3）监管服务与市场服务相结合。政府部门组建的公共征信机构可以有效地满足监管部门的需求，包括宏观审慎监管与微观监管需求；私营征信机构则以利润最大化为目标，重点满足市场对征信服务的需求。

（4）公共征信机构与社会化征信机构存在互动的空间。在有些国家，在确保信息安全的基础上，公共征信机构与社会化征信机构的信息可以互动。

第二节　征信业法律法规体系

一、美国征信业相关法律法规

作为全球征信行业发展最成熟的国家之一，从19世纪60年代美国第一家个人征信局成立到现在的一百多年间，美国形成了一套完整的征信运作法律体系和监管机制。健全的法律法规是社会信用体系建设的重要保障，更是实施征信监管的必要依据。

关于美国个人征信行业的立法及监管，最早可追溯到20世纪60年代《诚实信贷法》（Truth in Lending Act）的出台。但美国第一部真正意义上的信用法规是1970年制定的《公平信用报告法》，全称为《公平信用报告法—消费者信用保护法》，该法于1971年4月开始实施。此后，《信用控制法》《信用卡发行法》《住房抵押披露法》等15部与信用相关法律相继出台。

在这17部法律当中，《公平信用报告法》是截至目前，美国信用法律体系中最具代表性的一部，也是影响力最大的一部。

《公平信用报告法》是在市场上出现大量消费者信用调查报告机构，并且绝大部分机构以消费者信用评分为授信依据的情况下颁布的。这部法律首次明确了征信机构的业务职责范围，并且要求征信机构向关联企业之外的全国市场提供公开的服务。最重要的是，《公平信用报告法》在美国个人信用信息权益保护方面具有里程碑意义，它详细规定了征信机构和用户的责任与义务、信用报告的使用目的以及消费者的相关法律权利和责任。

1996年，政府对《公平信用报告法》进行了修改，出台了《情报授权法》（Intelligence Authorization Act）和《债务催收改进法》（Debt Collection lmprovement Act）两

个法案，对联邦调查局和联邦政府机构对消费者个人信用报告的使用做出补充。

这17部法律几乎涵盖了所有的信用关系和信用方式，几乎规范了信息交易的全过程，且几乎每一项法律都明确了主要执法机构和辅助执法机构。这些法律按管理目标和内容大致可以分为以下几类：

1. 信息基本法。如美国的《信息自由法》，1896年修订后的主要内容包括：(1) 信息公开的方式。有三种：应在《联邦公报》上公布的信息；主动公开供公众查阅和复制的信息；依申请公开的信息。(2) 行政机关对申请的处理。包括：收费标准、处理期限、不服处理的申诉、期限的延长等。(3) 免除公开的信息。即9项免除公开条款，包括：有关国防和外交政策的文件；机关内部人员的规则和实务；其他法律特别规定保密的文件；贸易秘密和商业或金融信息；机关内部和机关之间的备忘录；人事的、医疗的和类似的档案；执法记录和信息；关于金融机构的信息；关于油井的地质和地球物理的信息。(4) 除外信息。包括：妨碍执法程序的文件；泄露刑事程序中秘密信息来源的文件；联邦调查局关于间谍、反间谍和国际恐怖主义的文件。(5) 信息自由法诉讼。包括：法院的管辖、举证责任（被告负举证责任）、审查标准（重新审查）、审理方式（秘密审查）、救济方式（裁决给予律师费）、对违法工作人员的制裁。(6) 美国国会的监督。主要是行政机关和美国司法部长的年度报告制度。信息基本法用来规范全社会各种信息主体采集、传播和使用信息的基本行为规范，以创造良好的信息环境。

2. 针对政府信息、商业秘密、个人隐私等特殊信用信息的法律法规。例如，美国政府通过制定和实施《阳光下的联邦政府法》《美国国家安全法》《企业法》《隐私权法》《统一商业秘密法》等一系列法律法规，要求政府机构、企业、个人和其他组织披露和公开其掌握或反映自身状况的各种信息，并对涉及国家安全、商业秘密和个人隐私的信息给予严格的保护。这种信息公开的制度为征信服务提供了良好的信息环境和丰富的信息来源，为征信服务提供了必要的信息基础。

3. 针对信用中介服务机构收集个人信用信息数据的法定许可。美国制定了《诚实信贷法》《信用卡发行法》等有关法律，严格规定了个人信用信息数据有关问题的处置方式，保证了信用制度的公正实施。作为信用中介服务机构，在收集个人信用信息数据时，可以不经过被收集者个人的同意，即使是涉及个人隐私的信息数据，如被收集人的犯罪经历，也可在未得到被收集人同意的情况下进行收集和提供。但有关个人种族、宗教信仰、医疗记录、背景资料、生活习惯、政治立场等信息不得录入。

4. 针对信用信息内容的法律规范。主要是《公平信用报告法》，此外在《平等信用机会法》《公平债务催收法》《信用修复机构法》《格雷姆—里奇—比利雷法》等法律法规中也涉及一些信用信息的规定。美国《公平信用报告法》中非常强调信用信息的完整性，除对拖欠、欠税、破产等负面信息和涉及个人隐私等信息的使用作出了明确的限制性规定外，对正面信用信息的共享和使用则没有过多限制。

5. 针对信用信息的使用和共享范围方面的规定。《公平信用报告法》对征信公司信用报告规定了明确的使用目的，即只能用于消费者获得信用、贷款、就业、保险等法律允许的用途。而在信用信息的共享范围，特别是消费者信用信息的共享方面，美国相关法律法规严格界定消费者的个人隐私并采取相关的保护措施，对于非隐私的个人信息允许银行、工商企业与第三方之间进行共享，但必须告知消费者拟共享的信息内容和对象。

6. 防止信用信息滥用的相关措施。在美国，相关的法律规范对滥用信用信息的行为有着比较严格的监管和惩处措施。如《公平信用报告法》对违反信用信息使用目的的行为及其所造成的损害规定了非常严格的惩罚措施，包括违法者必须承担的赔偿责任和民事法律责任。同时，该法还要求征信公司必须建立信用报告查询记录系统，对所有购买和查询信用报告的企业及其使用目的进行记录，对滥用信用信息的行为规定了严格的惩罚措施，滥用信用信息的企业和个人将承担相应的民事责任和惩罚。

7. 关于信用评级等产品使用的相关措施。美国政府利用多种手段引导更多的交易者参加信用评级或利用评级结果。通过法律明文规定、监管机构与信用等级有关的管理制度、储蓄协会管理规定等，激发市场对信用产品的需求，使之愈加旺盛。

二、欧盟征信业法律法规

（一）欧盟指令

首先，欧盟1995年颁布的《涉及个人数据处理的个人权利保护以及此类数据自由流动的指令》（以下简称《数据保护指令》），规定了征信信息的收集、保存、处理、获取和删除规则，违反该指令的法律责任以及在欧盟内部及外部各国之间跨国界征信信息的流动规则。该指令成为欧盟征信机构存在和运行必需的前提和基础，赋予了借款人在其个人征信信息数据被使用时享有的一系列权利，对公共征信机构和私人征信机构使用个人征信数据做出了严格限制。此外，在监管层面上，该指令倡导在欧盟各成员国层面成立相应的征信机构监管部门，在欧盟层面成立个人数据保护工作组，确保该指令的实施。

其次，欧盟《消费者信用指令》第8条和第9条分别对信用获取义务和征信机构信息数据库获取的问题做出了规定。该指令强调了征信机构获取充分征信信息以进行信用评估的重要性，同时对个人获取征信数据库信用信息的适当性进行了说明。征信机构必须遵从数据保护法案，确保数据主体可以无歧视地获取征信机构数据库的个人信用信息。

最后，欧盟《资本要求指令IV》和《资本要求规则》中对于征信机构的规定，对征信报告系统和征信机构的活动有重要影响。两部法令对用于信用风险模型评估的征信数据规则做出了明确规定，并且要求个人信用评价必须出于谨慎目的。

（二）欧盟成员国法律

总的来说，在成员国层面，征信机构应当遵守成员国个人数据保护法律、消费者保护法律、银行法以及其他部门法（如商法典等）。目前，欧盟成员国对于征信机构的监管框架主要内容为：监管机构权力、征信机构义务、消费者权利、征信机构法律责任以及跨境数据流动规则等。

表 7-3　　欧盟主要成员国征信监管机构和法律法规

国家	监管机构	适用法律
奥地利	奥地利数据保护委员会	奥地利数据保护法
比利时	财政部、经济事务部	中央个人征信登记法
捷克	数据保护办公室	数据保护法、商法典
德国	联邦数据保护局	德国联邦数据保护法
丹麦	丹麦数据保护局	个人数据保护法
芬兰	数据保护监察员、司法部	信用数据法、个人数据法
希腊	数据保护局、国会	个人数据保护法等
克罗地亚	无	克罗地亚登记法
匈牙利	国会	征信机构和金融企业法
爱尔兰	数据保护局	数据保护规章
意大利	数据保护局	数据保护法、行为准则
荷兰	荷兰数据保护局	个人数据保护法
挪威	数据保护局	个人数据法
波兰	经济部、个人数据保护总观察员	银行法、个人数据保护法
罗马尼亚	数据保护局	677/2001 号数据保护法
瑞典	司法部、数据保护委员会	征信机构法
斯洛文尼亚	数据保护办公室	银行法
斯洛伐克	数据保护局	个人数据保护法、银行法、商法典
西班牙	西班牙数据保护局	个人数据保护法等
土耳其	无	无
英国	数据保护专员	数据保护（1998）、消费者信用法、SCOR 原则等
法国	国家信息与自由委员会	法国数据处理、数据文件及个人自由法

（三）欧盟征信行业准则

在行业行为准则层次，各国立法实践区别较大，仅有 10 个国家制定了公共行为准则或行业指南，对数据报送机构、报送数据的种类、数据的收集、保存、用途、提供给信息主体的信息、信息主体的权利等都做出了详细规定。例如，意大利《私营机构处理消费者信用信息的行为准则》和《信用信息系统与利益平衡的规定》要求处理个人正面信息必须得到书面同意，处理个人负面信息只需通知个人，无须得到个人认可；处理法人的正面和负面信息都不用得到信用信息主体的同意。

三、日本征信业法律法规

日本有对企业商业秘密进行保护的法律条款，因此，征信立法主要以个人数据保护为目的，涉及企业征信的内容较少。从 20 世纪 80 年代开始，日本政府相继颁布了《贷款业规制法》《个人信息保护法》《政府信息公开法》等多部法律用于保护消费者信息，规范征信市场的发展。

（一）个人信息保护方面

20 世纪 80 年代，随着日本征信市场的回暖，以及日本开始进入金融制度改革阶段，政府建立了信息公开的体制。信息公开体制的建立，必然会涉及对个人信息的收集、存储、加工和交换，个人信息被侵害的风险随之而来。因此，日本政府和民众开始重视对个人信息的保护。

1983 年，政府相继颁布了《贷款业规制法》和《分期付款销售法》，规定三大信用信息中心为官方的个人征信机构，并对个人信用信息的收集和使用等行为做了初步的规定。按照法律规定，个人信用信息只能用于调查消费者的偿债能力或支付能力，不得用于其他非法商业用途。

此外，《贷款业规制法》对信贷业的从业者以及高利贷和商账追讨行为等方面也做出了相关规定，主要包括：严格控制和强化信贷业务公司的注册和登记条件；规范商账的追讨行为，禁止在不适当的时机和地点，用不适当的方法对债务人进行追讨；禁止对债务人和保证人以外的第三者提出赔偿要求等；要求贷款业务公司每 3 年接受一次与业务相关的辅导；强化对高利贷等违法信贷业务的惩罚。

2000 年，日本战略本部设置了“个人信息保护法制化专门委员会”，并提出了《关于个人信息保护基本法大纲草案》，对尊重个人人格的基本理念、国家以及地方公共团体对个人信息的处理职责、个人信息保护措施的基本事项等予以明确，对个人信息处理者（包括征信机构）应履行的义务等做出了详细规定。经过 5 年的准备和修改，《个人信息保护法》于 2005 年 4 月全面实施。

《个人信息保护法》共分为六章。该法以个人信息的保护和合法利用为宗旨，确立了个人信息保护的基本原则及方针，明确了国家、地方政府以及行业机构的责任和义务。按照《个人信息保护法》的规定，个人数据是指“有关活着的个人的信息，根据该信息所含有的包括姓名、出生年月以及其他一些描述，可以把该个人从他人中识别出来的与该个人相关的信息。”

《个人信息保护法》对企业使用个人信息做出了严格的要求，设定了以下八大原则：（1）目的明确化原则。（2）利用限制原则。以上两项原则就企业对个人数据的使用目的做出了严格规定，即企业不得使用个人数据进行任何违法活动；不经数据主体同意，不得向任何第三人提供数据主体的信息。（3）收集限制原则。该原则规定，任何个人和企业都不得以不正当的手段获取个人数据信息。（4）资料内容完整正确原则。该原则规定，企业必须努力保持个人信息内容的正确性和完整性。（5）安全保护原则。根据该原则，企业必须设立安全管理的必要措施，对从业者和委托者采取必要的监督。（6）公开原则。该原则规定，任何使用个人数据的相关目的都必须让数据主体知晓。（7）个人参加原则。该原则明确了消费者的知情权，即数据主体对其个人信息有确认、修订和停止使用的权利。（8）责任原则。该原则规定，企业应该根据上述原则并结合各自企业的特点设立“自律规范”，企业管理者对其所取得的个人信用信息负有管理责任。

《个人信息保护法》的建立，标志着日本建构完成了一个相对完整的，以个人信息保护法为基本法、各部门单行法为补充法的法律体系。

（二）政府信息公开方面

1993 年，日本政府颁布了《行政改革委员会行政信息公开法纲要》，对收集政府部门持有的信用信息提供了相关法律依据。日本还颁布了保护行政机关、独立行政法人等持有的个人信息的法律规定，并通过《信息公开与个人信息保护审查会设置法》以及《对〈关于保护行政机关所持有之个人信息的法律〉等的实施所涉及的相关法律进行完善等的法律》保证实施。

2001 年，《政府信息公开法》出台。该法律对政府信息公开的种类和范围做出了明确规定。政府将其掌握的大量信息免费向社会公开，包括企业登记、土地房屋状况、纳税信息、破产申请等资料。总体来看，日本非常重视法律在征信监管中的作用，有关信用管理的法律其覆盖面也比较广泛。

四、中国征信业法律法规及行业标准

（一）中国征信业法律法规

征信法律制度是调整关于征信机构对信息的收集、加工整理、提供、维护和管理活动所产生的社会关系的法律规范的总称。征信法律内容制度规范的内容涉及信息公开、征信业务规范、授信业务规范、征信监督等。近年来，我国的征信法规制度建设不断推进，逐步建立了以国家法规、部门规章、规范性文件和标准的多层次制度体系，保护了信息主体权益，有力地促进了征信业的发展。我国有关部门相继出台了《征信业管理条例》《征信机构管理办法》《个人信用信息基础数据库管理暂行办法》《银行信贷登记咨询管理办法》《中国人民银行信用评级管理指导意见》《征信数据元　数据元设计与管理》等征信业重要的法律法规。

表 7－4　　我国征信业重要法律法规

名称	内容
《征信业管理条例》	对征信机构的设立条件和程序、征信业务的基本规则、征信信息主体的权益、金融信用信息基础数据库的法律地位及运营规则、征信业的监管体制和法律责任等内容进行了规定
《征信机构管理办法》	规范了征信机构的设立、变更和终止程序
《个人信用信息基础数据库管理暂行办法》	规范了商业银行报送、查询和使用个人信用信息的行为
《银行信贷登记咨询管理办法》	明确了企业信用信息基础数据库的管理制度
《中国人民银行信用评级管理指导意见》	明确了信用评级机构的工作制度和内部管理制度、评级原则、评级内容和评级程序等内容
《征信数据元　数据元设计与管理》	发布了征信信息系统开发建设的基本标准规范，促进了信息跨部门、跨行业的共享和应用

资料来源：中国人民银行征信中心。

1. 征信管理条例。国务院法制办公室为了进一步增强征信管理条例立法工作的透明度，提高该条例的立法质量，于2009年10月13日全文公布的法律法规，并于2012年12月26日国务院第228次常务会议审议通过，自2013年3月15日起正式施行。《征信业管理条例》（国务院令第631号）（以下简称《条例》）的出台，为我国征信业持续健康发展提供了法律基础。它对征信机构的设立条件和程序、征信业务的基本规则、征信信息主体的权益、金融信用信息基础数据库的法律地位及运营规则、征信业的监管体制和法律责任等内容进行了规定，解决了征信业发展中无法可依的问题。同时，该条例的出台，有利于加强对征信市场的管理，规范征信机构、信息提供者和信息使用者的行为，保护信息主体权益；有利于发挥市场机制的作用，推进社会信用体系建设。

（1）立法原因。征信服务既可为防范信用风险和保障交易安全创造条件，又可使具有良好信用记录的企业和个人以较低的交易成本获得较多的交易机会；而缺乏良好信用记录的企业或个人则相反，从而促进“诚信受益，失信惩戒”社会环境的形成。我国征信业从无到有、逐步发展，其作用日益显现，征信市场初具规模，但与信用经济的发展和加快社会信用体系建设的要求还不相适应。征信经营活动缺乏统一遵循的制度规范和监管依据，难以获取市场主体信用信息的现象与不当采集和滥用公民及法人信息、侵犯其合法权益的现象并存，影响征信业的健康发展。

《条例》的出台，解决了征信业发展中无法可依的问题，有利于加强对征信市场的管理，规范征信机构、信息提供者和信息使用者的行为，保护信息主体的权益；有利于发挥市场机制的作用，推进社会信用体系的建设。

（2）适用范围。适用于在我国境内从事个人或企业信用信息的采集、整理、保存、加工，并向信息使用者提供的征信业务及相关活动；规范的对象主要是征信机构的业务活动及对征信机构的监督管理。

国家机关以及法律法规授权的具有管理公共事务职能的组织，依照法律、行政法规和国务院的规定，为履行职责而进行的企业和个人信息的采集、整理、保存、加工和公布，如税务机关依照《税收征收管理法》公布纳税人的欠税信息；有关政府部门依法公布对违法行为人给予行政处罚的信息；人民法院依照《民事诉讼法》公布被执行人不执行生效法律文书的信息等，不适用《条例》。

（3）内容分析

第一，《条例》对设立征信机构设定有不同条件。《条例》对从事个人征信业务的征信机构和从事企业征信业务的征信机构规定了不同的设立条件。对设立从事个人征信业务的征信机构的管理相对严格，除符合公司法规定的条件外，还需具备主要股东信誉良好，最近3年无重大违法违规记录，注册资本不少于5 000万元，有符合规定的保障信息安全的设施、设备和制度、措施，董事、监事和高级管理人员取得任职资格等条件，并经国务院征信业监督管理部门批准，取得个人征信业务经营许可证后方可办理登记。对设立从事企业征信业务的征信机构的管理相对宽松。只需依照公司设立登记的法律法规向工商行政管理部门办理登记，自登记之日起30日内向所在地的国务院征信业监督管理部门的派出机构备案即可，不需另行审批。征信机构设立后，国务院征信业监督管理部门将定期向社会公告征信机构的名单。

第二，《条例》对保护个人信用信息主体权益有严格规定。严格规范个人征信业务规则，包括：除依法公开的个人信息外，采集个人信息应当经信息主体本人同意，未经同意不得采集；向征信机构提供个人不良信息的，应当事先告知信息主体本人；征信机构对个人不良信息的保存期限不得超过5年，超过的应予删除；除法律另有规定外，他人向征信机构查询个人信息的，应当取得信息主体本人的书面同意并约定用途，征信机构不得违反规定提供个人信息。

明确规定禁止和限制征信机构采集的个人信息，包括：禁止采集个人的宗教信仰、基因、指纹、血型、疾病和病史信息以及法律、行政法规规定禁止采集的其他个人信息；征信机构不得采集个人的收入、存款、有价证券、不动产的信息和纳税数额信息，但征信机构明确告知信息主体提供该信息可能产生的不利后果，并取得其书面同意采集的除外。

明确规定个人对本人信息享有查询、异议和投诉等权利，包括：个人可以每年免费两次向征信机构查询自己的信用报告；个人认为信息错误、遗漏的，可以向征信机构或信息提供者提出异议，异议受理部门应当在规定时限内处理；个人认为合法权益受到侵害的，可以向征信业监督管理部门投诉，征信业监督管理部门应当及时核查处理并限期答复。个人对违反《条例》规定，侵犯自己合法权利的行为，还可以依法直接向人民法院提起诉讼。严格法律责任，对征信机构或信息提供者、信息使用者违反《条例》规定，侵犯个人权益的，由监管部门依照《条例》的规定给予行政处罚；造成损失的，依法承担民事责任；构成犯罪的，依法追究刑事责任。

第三，《条例》设定个人不良信用信息5年的保存期。规定不良信用信息保存期限的目的，在于促使个人改正并保持良好的信用记录。期限过长，信息主体信用重建的成本过高；期限太短，对信息主体的约束力不够。《条例》将不良信息的保存时限设定为5年，超过5年的应当删除。

第四，《条例》规范了企业信用信息的采集使用。鼓励企业信用信息公开透明，为企业征信业务的发展提供较为宽松的制度环境。征信机构可以通过信息主体、企业交易对方、行业协会提供信息，政府有关部门依法已公开的信息，人民法院依法公布的判决、裁定等多个渠道采集企业信用信息，采集和对外提供时都不需要取得企业的同意；企业的董事、监事、高级管理人员与其履行职务相关的信息，视为企业信息，采集和使用时也不需要取得信息主体的同意。征信机构不得采集法律、行政法规禁止采集的企业信息，不得侵犯企业的商业秘密。

第五，《条例》专门对金融信用信息基础数据库管理作出规定。由中国人民银行组建、中国征信中心运行维护的我国金融信用信息基础数据库运行8年来，已收录1 800多万户企业、8亿多个人的有关信息。《条例》对其作了专门规定：金融信用信息基础数据库由国家设立，为防范金融风险，促进金融业发展提供相关信息服务。数据库由不以营利为目的的专业机构建设、运行和维护；该专业机构由国务院征信业监督管理部门监督管理。数据库的运行应遵守《条例》中征信业务规则的有关规定：从事信贷业务的机构有义务向金融信用信息基础数据库提供个人和企业的信贷信息，提供时需要取得信息主体的书面同意，提供个人不良信息应提前通知信息主体。金融信用信息基础数据库为信息主体和取得信息主体书面同意的金融机构和其他使用者提供查询服务。国家机关可以依照有关法律、行政法规的规定查询金融信用信息基础数据库的信息。

2. 征信机构管理办法。《征信机构管理办法》（以下简称《办法》）由中国人民银行发布，自2013年12月20日起施行。它是《征信业管理条例》的重要配套制度，遵循了个人征信机构从严、企业征信机构从宽、征信机构市场化运作与监督管理并重、征信机构的行政监管和社会监督兼顾的监管思路，为征信机构管理提供了详尽的依据。本着便于操作执行的原则，中国人民银行以规范征信机构设立、变更和终止为主线，以征信机构公司治理、风险防控和信息安全为管理重点，对征信机构管理进行了具体的制度设计。《征信机构管理办法》和《征信业管理条例》等法律法规共同构成了征信机构管理的制度框架，在促进征信机构规范运行、保护信息主体合法权益等方面发挥了重要作用。

（1）立法原因。《征信机构管理办法》（以下简称《办法》）作为《条例》的配套制度，在完善征信业管理制度框架方面具有重要作用。

第一，规范征信机构设立和退出的需要。《条例》对征信机构的设立条件、征信机构退出征信市场进行了规范。《条例》实施后，需要根据《条例》的规定，制订具体的、便于操作执行的要求，明确设立征信机构所需具备的条件以及提交的材料，细化人民银行的管理要求，便于经营个人征信业务的征信机构设立审批、经营企业征信业务的征信机构备案。

第二，加强对征信机构日常管理的需要。《条例》规定，中国人民银行及其派出机构依法对征信业进行监督管理。征信机构设立后，人民银行应当对征信机构遵守《条例》规定的情况进行监督，建立征信机构向管理部门定期报告的制度，对征信机构进行检查，及时发现、解决征信机构运行过程中的问题，保障征信市场的健康发展。

（2）立法原则。《办法》在制定过程中，主要遵循以下原则：

第一，根据《条例》授权对相关事项作出细化，便于操作执行。从《办法》与《条例》的关系来看，《办法》是《条例》的细化和补充。一方面，《条例》对征信机构设立、退出和日常管理进行了相对原则的规定，《办法》根据《条例》授权，作出了更具体的规定，加强了可操作性；另一方面，《办法》与《条例》及有关法律保持一致，共同构成征信机构管理的制度框架。

第二，征信机构市场化运作与监督管理并重。《办法》依据《条例》对征信机构的设立、变更、终止及高管人员资格进行规范，其各项要求是出于保护信息安全和维护信息主体权益的基本考虑。对征信机构的市场运作方面，《办法》并没有作出任何限制，对征信机构的投资主体、业务经营范围、提供服务方式、提供服务对象等均不再另设门槛，给予征信机构充分的自主经营空间。

第三，兼顾征信机构的行政监管和社会监督。《办法》在人民银行对征信机构的设立、变更、退出以及高管人员任免、业务开展等各个环节的审批和备案管理中，充分发挥社会监督的作用。如在受理个人征信机构设立申请时予以公示、引入专业测评机构对信用信息系统安全情况进行测评、对个人征信机构终止时在指定的媒体上公告等，鼓励社会公众参与对征信机构的监管。

（3）《办法》对个人信息主体的权益保护体现。为切实保护个人隐私，维护个人信息主体的权益，《办法》遵循了个人征信机构从严、企业征信机构从宽的原则，进一步明确了《条例》加强对个人征信机构管理的相关规定。

第一，《办法》根据《条例》授权，进一步明确了《条例》第六条对设立个人征信机构所应具备条件的相关规定，要求设立个人征信机构还应具有健全的组织机构、完善的业务操作、安全管理、合规性管理等内控制度，且信用信息系统应当符合国家信息安全保护等级二级或二级以上标准。

第二，《办法》加强了对个人征信机构的管理，对个人征信机构重大事项变更、分支机构的设立等作出了明确规定。

第三，《办法》完善了个人征信机构市场退出的程序，着重解决了数据库处理流程和征信机构退出流程的衔接问题，防止信用信息在征信机构退出过程中出现泄露。

（4）《办法》对征信机构监管的新规定。为规范征信机构活动，促进征信业健康发展，《办法》在规范征信机构设立、变更、退出的基础上，进一步细化了对征信机构的管理措施。

第一，建立征信机构报告制度。《办法》对《条例》规定的征信机构上报征信业务开展情况的具体时间、报告内容进行了细化，要求征信机构按规定报送统计报表、财务会计报告、审计报告等资料，定期对信用信息系统安全情况进行测评并及时报告。

第二，建立重点监管制度。按照《办法》规定，征信机构出现严重违法违规行为、可能发生信息泄露、出现财务状况异常或严重亏损以及被大量投诉等影响到征信机构健康发展、损害信息主体合法权益的情形时，人民银行可以将其列为重点监管对象，酌情缩短业务开展情况报告周期、信息系统安全测评周期，并采取相应的监管措施。

3. 其他征信法律法规。除了上述《条例》与《办法》外，我国与征信业相关的法律法规中，信息主体权益保护的法律规范主要体现在《中华人民共和国宪法》和《中华人民共和国民法通则》等有关法律规定中，信用信息征集与使用等法律规范还散见于地方性规章和部门规章中。

（1）信息保护和个人隐私保护方面的主要规定。《中华人民共和国宪法》明确了对公民的人格尊严、住宅、通信自由和通信秘密的保护，这是我国法律对隐私权（个人信息）进行保护的最根本依据。《中华人民共和国刑法》明确了出售、非法提供公民个人信息罪；非法获取公民个人信息罪。刑法对非法泄露或获取公民个人信息情节严重的行为追究刑事责任，体现了法律关注民生和反映社会实际需要的导向，也对个人信息保护起到了保障作用。此外，诸如《中华人民共和国商业银行法》《中华人民共和国民法通则》《中华人民共和国侵权责任法》《中华人民共和国未成年人保护法》

《中华人民共和国妇女权益保障法》《中华人民共和国消费者权益保护法》《中华人民共和国民事诉讼法》《中华人民共和国刑事诉讼法》《全国人民代表大会常务委员会关于维护互联网安全的决定》《全国人民代表大会常务委员会关于加强网络信息保护的决定》《中华人民共和国计算机信息系统安全保护条例》《保安服务管理条例》《中华人民共和国电信条例》《最高人民法院关于贯彻执行〈民法通则〉若干问题的意见（修改稿）》《最高人民法院关于确定民事侵权精神损害赔偿责任若干问题的解释》《电信和互联网用户个人信息保护规定》《电话用户真实身份信息登记规定》等法律法规中也有部分涉及相关信息的披露、保密和安全的问题。

（2）信息公开的主要规定。2008 年 5 月 1 日施行的《中华人民共和国政府信息公开条例》，是我国历史上第一部有关政府信息公开的全国性法规。该条例遵循了“公开是原则、保密是例外”的现代行政要求，为保障公民、法人和其他组织依法获取政府信息，推进政务信息公开提供了法律依据。该条例规定，行政机关要对涉及公民、法人或者其他组织切身利益的，需要社会公众广泛知晓或者参与的，反映本行政机关机构设置、职能、办事程序等情况的及其他依照法律、法规和国家有关规定应当公开的信息进行主动公开。同时，县级以上各级人民政府及其部门应当依照该条例第 9 条的规定，在各自职责范围内确定主动公开的政府信息的具体内容，并以列举方式确定需要重点公开的政府信息。同时，对不能对外公开的信息即特殊信息进行了界定。特殊信息是指涉及国家机密、企业商业秘密和个人隐私的信息。该条例第二十三条规定：行政机关认为申请公开的政府信息涉及商业秘密、个人隐私，公开后可能损害第三方合法权益的，应当书面征求第三方的意见，第三方不同意公开的，不得公开。但是，行政机关认为不公开可能对公共利益造成重大影响的，应当予以公开，并将决定公开的政府信息内容和理由书面通知第三方。除此之外，我国还有一些法律涉及企业信息的公开，如《中华人民共和国担保法》和《中华人民共和国公司法》等。

（3）征信活动的主要规定。2005 年 8 月 18 日中国人民银行颁布的《个人信用信息基础数据库管理暂行办法》，是规范个人征信活动的部门规章。《个人信用信息基础数据库管理暂行办法》共七章四十五条，主要内容包括五个方面：①界定了个人信用信息范围。“本办法所称个人信用信息包括个人基本信息、个人信贷交易信息以及反映个人信用状况的其他信息。前款所称个人基本信息是指自然人身份识别信息、职业和居住地址等信息；个人信贷交易信息是指商业银行提供的自然人在个人贷款、贷记卡、准贷记卡、担保等信用活动中形成的交易记录；反映个人信用状况的其他信息是指除信贷交易信息之外的反映个人信用状况的相关信息。”②规定了个人信用信息的征集、整理和保存。“商业银行应当遵守中国人民银行发布的个人信用数据库标准及其有关要求，准确、完整、及时地向个人信用数据库报送个人信用信息。”“征信服务中心根据生成信用报告的需要，对商业银行报送的个人信用信息进行客观整理、保存，不得擅自更改原始数据。”③规定了个人信用信息的应用。④确立了个人信息异议权及提出异议的途径。⑤设定了罚则。除了中国人民银行的部门规章外，各地方政府也纷纷出台了有关企业或个人征信业务的地方规章，促进了当地企业和个人的信息归集工作。

【延伸阅读7-1】

我国的征信政策轨迹（列表）。我国涉及征信行业的相关法律法规主要有中央关于信用方面的政策，国务院、中国人民银行等政府机构的相关政策及地方性法规。

表7-5　　中央关于信用方面的政策

名称	时间	简要说明
全国银行、证券、保险工作会议	2004.2	时任总理温家宝在该会议上强调，必须加快信用体系建设，加快全国统一的企业和个人信用信息基础建设，积极发展专业化的社会征信机构，有步骤、有重点地开放征信服务市场，规范社会征信机构业务经营和征信市场管理
中共中央、国务院召开的中央经济工作会议	2004.12.3~5	温家宝总理在该会议上提出，次年经济工作的主要任务之一是着力推进经济体制改革，建立健全全面协调可持续发展的制度保障，要加快资本、劳动力、技术等要素市场发展和社会信用体系建设
《国务院关于鼓励支持和引导个体私营等非公有制经济发展的若干意见》	2005.2.24发布	该意见指出，要允许符合条件的非公有制企业依照国家有关规定发行企业债券；鼓励金融服务创新，改进对非公有制企业的资信评估制度，对符合条件的企业发放信用贷款；推进企业信用制度建设，加快建立适合非公有制中小企业特点的信用征集体系、评级发布制度以及失信惩戒机制；推进建立企业信用档案试点工作，建立和完善非公有制企业信用档案数据库。对资信等级较高的企业，有关登记审核机构应简化年检、备案等手续。要强化企业信用意识，健全企业信用制度，建立企业信用自律机制

表7-6　　国务院、中国人民银行等政府机构的相关政策

名称	时间	简要说明
《中国人民银行关于企业资信、证券评估机构审批管理问题的函》（银函〔1993〕408号）	1993年发布	中国人民银行致函国家工商行政管理局，正式明确企业资信、证券评估属金融服务性机构，其业务涉及金融活动，此类机构由中国人民银行负责审批管理
《企业债券管理条例》（国务院第121号令）	1993.8.2发布	发行企业债券，可以向经认可的债券评信机构申请信用评级
《贷款证管理办法》	1996.4颁布实施	该办法规定，评估机构对企业做出的信用等级评定结论，可作为金融机构向企业提供贷款的参考依据
《贷款通则》	1996.8.1实施	该通则规定，贷款人受理借款人申请后，应对借款人的信用等级以及借款的流动性、安全性、盈利性等情况进行调查，核实抵押、质物、保证人情况，测定贷款人风险度
《中国人民银行关于中国诚信证券评估有限公司等机构从事企业债券信用评级业务资格的通知》	1997.12.16发布	中国人民银行以该文认定了中诚信、上海远东等9家评级机构具有在全国范围内从事债券信用评级的资格

续表

名称	时间	简要说明
《中华人民共和国证券法》	1999.7.1 施行	该法规中规定，根据证券投资和证券交易业务的需要，可以设立专业的证券资信评估机构。证券资信评估机构的设立条件、审批程序和业务规则，由国务院证券监督管理机构规定
《上海证券交易所证券上市管理规则》	2006.7.1 实施	该规则中规定，申请债券上市的公司（企业），同时具有下列各款条件，其债券可在本所交易上市：经本所认可的评估机构评估，债券信用等级不低于 A 级
《深圳证券交易所业务规则》	2001.11.30 实施	该规则中规定，申请债券上市的企业，同时具有下列各款条件者，其债券可在本所上市：担保单位信用良好，或债券等级不低于 A 级
《关于加强中小企业信用管理工作的若干意见》	2001.4 发布	由国家经济贸易委员会等十部委联合发出，标志着我国以中小企业为主体之一的社会化信用体系建设开始启动。《意见》提出，要完善社会信用制度，制定信用服务中介机构的相关执业规范，创造有利于中介机构公平竞争的市场环境，重视发挥中介机构在提升中小企业信用中的作用，开展对担保机构和中小企业的信用评价
《上市公司发行可转换公司债券实施办法》	2001.4.29 发布	该办法中第三十一条规定，发行人可委托有资格的信用评级机构对本次可转换公司债券的信用或发行人的信用进行评级，信用评级的结果可以作为确定有关发行条款的依据并予以披露
《上海证券交易所可转换公司债券上市规则》和《深圳证券交易所可转换公司债券上市规则》	2002.11	规定有资格的信用评级机构对可转换公司债券的信用或发行人的信用进行评级，已出具信用评级结果的应当及时报告并公告
《保险公司投资企业债券管理暂行办法》	2003.5 发布	由保监会发布。相继认可了中诚信、大公、联合、远东资信、新世纪 5 家评级公司，保险公司可以买卖经这 5 家评级机构评级在 AA 级以上的企业债券
《证券业从业人员资格管理实施细则（试行）》	2003.7 实行	中国证券业协会发出通知，要求信用评级机构员工必须通过证券业从业人员资格考试
《证券公司债券管理暂行办法》	2003.10 发布	规定发行人应当聘请证券资信评级机构对本期债券进行信用评级并对跟踪评级做出安排。中国证监会同时颁布的《资信评级机构出具证券公司债券信用评级报告准则》规范了评级机构出具证券公司债券信用评级报告的原则、评级报告的内容与格式、跟踪评级等问题
《商业银行次级债券发行管理办法》	2004.6 发布	由中国人民银行和中国银监会联合发布。规定商业银行发行次级债券应聘请证券信用评级机构进行信用评级，证券信用评级机构对评级的客观、公正和及时性承担责任

续表

名称	时间	简要说明
《商业银行授信工作尽职指引》	2004.7 发布	商业银行可委托独立的、资质和信誉较高的外部评级机构完成对客户的信用等级评定
《保险公司次级定期债务管理暂行办法》	2004.9 施行	规定可以聘请资信评级机构对本次次级债进行信用评级，资信评级机构应当客观、公正地出具有关报告文件并承担相应责任
《证券公司短期融资券管理办法》	2004.11 施行	规定拟发行短期融资券的证券公司应当聘请资信评级机构进行信用评级
《全国银行间债券市场债券交易流通审核规则》	2004.12 施行	该规则规定，发行人向全国银行间同业拆借中心和中央国债登记结算有限责任公司提供的交易流通公告中应包括该期债券信用评级报告及其跟踪评级安排的说明、担保人资信情况说明及担保协议（如属担保发行）
中国人民银行〔2004〕第22号公告	2004.12 发布	银行间债券市场发行债券进行信用评级的公告。公告对信用评级的作用功能、信用评级的流程、信用评级报告的内容及信用评级结果的检查等方面做了明确规定。公告的发布表明中国人民银行要管理信用评级业
《信托投资公司信息披露管理暂行办法》	2005.1 公布	该办法规定，信托投资公司年度报告必须包括信用风险管理内容。信托投资公司应披露可能面临的信用风险和相应的控制策略，风险评级及使用外部评级公司的名称、依据等
《国际开发机构人民币债券发行管理暂行办法》	2005.2 公布	中国人民银行、财政部、国家发展和改革委员会、中国证券监督管理委员会四部委联合公布。该办法规定，国际开发机构申请在中国境内发行人民币债券应具备条件之一为：财务稳健，资信良好，经在中国境内注册且具备人民币债券评级能力的评级公司评级，人民币债券信用级别为AA级以上

表7－7　地方性的法规

名称	时间	简要说明
《深圳市个人信用征信及信用评级管理办法》	2001.12.18 发布，自2002.1.1施行	该办法共25条，简明扼要地规定了个人信用征信、评级以及信用报告的使用等有关内容，确定了个人信用制度的基本框架，包括征信机构的设立及其监督、个人信用信息的范围、个人信用信息的征集与评级、信用报告的使用范围等
《关于广东省信用建设工作的通知》	2002.4.5 颁布并实施	我国省级地方政府第一次发文建立信用制度。通知要求各部门、各地区积极开展政府信用、企业信用、个人信用体系的建设工作，企业信用体系建设要按照“政府引导、市场化运作、信用中介服务机构为主体、分步推动”的原则，逐步建立企业信用记录、信息征集、信用评价、信用信息咨询服务等社会化网络体系。这是省级地方政府第一次发文建立信用制度。随后，20多个省市都做出了建设本地信用体系的决定

续表

名称	时间	简要说明
《汕头市企业信用评级管理暂行办法》	2002.4.30公布，自2002.6.1起实施	该办法共16条，对评级机构的资格认定、评级方法、评级收费和处罚方面做出了规定
《深圳市贷款企业资信等级评估管理办法》	2002.5颁布	该办法规定了评级主管机关、评级对象、评级原则、评级内容、评级机构的认定及罚则等有关内容
《宁波市企业信用信息管理办法》	2002.7.2宁波市政府公布，自2002.8.1起施行	该办法共28条，对企业信息披露的范围，企业信用信息的录入、更改，异议处理，企业信用评估等方面做出了规定

（二）中国征信业的行业标准

1. 征信标准化定义及功能。

根据《中华人民共和国标准化法》第三条规定：“标准化工作的任务是制定标准、组织实施标准和对标准的实施进行监督”。征信标准化是为了保证征信行业有一个有效、规范的运作秩序，解决资源共享的实际问题而制订的共同的和重复使用的指导性文件或规则的活动，包括标准的制定、实施和对标准的实施情况进行监督等。征信业标准化是保证行业高效率、高起点建设与发展的一项十分重要的基础工作。

根据《中华人民共和国标准化法》（以下简称《标准化法》）的规定，我国征信业标准分为国家标准、行业标准、地方标准和企业标准4个层次，各层次之间有一定的依从关系和内在联系，形成了一个覆盖全国又层次分明的标准体系。征信标准属于金融行业内标准。在国家统计局制定的GB/T4754—2002《国民经济行业分类》中，金融业隶属于我国服务业16个门类中的第J类。

按照国务院授权，在国家质量监督检验检疫总局管理下，国家标准化管理委员会统一管理全国标准化工作。国务院有关行政主管部门和国务院授权的有关行业协会分工管理本部门、本行业的标准化工作。因此，征信业标准的管理由金融行业标准化归口单位（全国金融标准化技术委员会）统一规划与管理，征信标准的制定、组织和管理活动是在全国金融标准化技术委员会的统一指导下开展的。

【延伸阅读7-2】

全国金融标准化技术委员会的职能及组成

全国金融标准化技术委员会（SAC/TC180）（以下简称金标委）是经国家标准化管理委员会授权，在金融领域内从事全国性标准化工作的技术组织，负责金融业标准化技术归口管理工作和国际标准化组织中银行与相关金融业务标准化技术委员会（ISO/TC68、TC222）的归口管理工作。国家标准化管理委员会委托中国人民银行对金标委进行领导和管理。金标委下设证券、保险、印制三个分技术委员会，分别负责开展证券、保险、印制的专业标准化工作。

第一届金标委于1991年成立，委员33人。第二届金标委于2002年成立，委员56人。第三届金标委于2012年5月成立，委员48人，来自中国人民银行有关司局及直属单位、银监会、证监会、保监会，银行、证券、保险等金融机构，以及标准化研究机构等多家单位。截至2012年12月，金标委共发布金融国家标准60项，金融行业标准134项。金融标准的颁布实施，促进了金融业技术与管理的进步，对金融业发展产生了重大影响，为金融业的健康发展奠定了坚实基础，取得了显著的社会效益和经济效益。

2016年1月5日，中国人民银行联合国家质检总局和国家标准委召开发布会。发布了《银行营业网点服务基本要求》《银行营业网点服务评价准则》《银行业产品说明书描述规范》《银行业客户服务中心基本要求》《银行业客户服务中心服务评价指标规范》《商业银行客户服务中心服务外包管理规范》《商业银行个人理财服务规范》《商业银行个人理财客户风险承受能力测评规范》和《金融租赁服务流程规范》等9项金融国家标准，新标准于2016年6月1日实施。

2. 我国征信标准体系。征信标准体系是由征信体系建设范围内具有内在联系的标准组成的科学的有机整体。征信标准体系分为基础标准分体系、监管标准分体系、信息技术标准分体系、业务标准分体系、服务标准分体系、安全标准分体系。

在基础领域，涉及对征信数据元的规范、征信术语、征信标准体系的制定等标准；在监管领域，涉及征信机构资质的认定、征信从业人员资质的认定、征信业务规范等标准；在信息技术领域，涉及信用信息共享、系统互联互通、信息安全类等技术；在业务领域，涉及对征信业务开展的相关流程进行规范，包括信用调查业务规范、信用登记业务规范、信用评价业务规范、其他征信业务规范以及征信产品标准等标准；在征信服务领域，主要涉及对征信机构为客户提供服务过程中的行为规范，包括征信服务合同格式规范、征信机构服务质量规范、征信产品使用规范、征信服务争议处理程序等标准；安全标准分体系是针对征信活动中信用信息采集、加工、使用、披露过程中的信息安全以及其他可能造成相关当事人损害的行为进行的规范，主要包括物理安全标准、安全防护标准、安全管理标准、安全检测标准等。

当前，我国征信体系建设已经取得阶段性成果，全国统一的企业和个人信用信息基础数据库已经顺利建成。基础数据库的信息网络覆盖全国所有的金融机构，在全国范围内为每一个借款企业和有经济活动能力的个人，建立了信用档案。为全面、客观地反映企业和个人的信用状况，充分发挥信用信息基础数据库的作用，人民银行根据商业银行、企业和政府部门的需求，将推动基础数据库在采集金融信息为金融机构和金融市场服务的基础上，逐步扩大信息采集的范围和信息服务的范围。人民银行积极推动非银行信息的采集工作，并和建设部、劳动保障部等多个政府部门达成了信息共享协议。为实现各级、各类数据交换平台与征信系统的互联互通、信息共享，保障企业和个人信用信息基础数据库采集范围和提供服务领域的不断扩大，加快推动标准化工作势在必行。

企业和个人征信涉及企业商业秘密和个人隐私，数据全国范围集中后还关系到国家信息安全，因此，从业机构及人员的行为应当严格规范。完备的法律法规和行业标准，是征信行业健康发展的保障。目前在征信法规不能很快出台的情况下，需要更多地发挥标准规范和管理市场的作用。通过对信息提供者、征信机构和信用信息使用者及其从业人员在运作程序和职业操守等方面进行规范，可维护征信市场秩序，有效保护被征信人的合法权益和信息安全，提高征信产品质量，促进征信体系健康发展。

征信标准化工作对于我国征信行业的发展关系重大，对我国社会信用体系建设将产生深远影响。征信标准的制定直接影响征信机构的运行成本，影响我国征信市场化规范化经营的征信机构的布局，以及征信机构做大做强的政策和资金门槛。征信标准化工作，可以促进信用信息在不同部门、不同行业的管理信息系统和有资质的征信机构间顺畅交换，实现信用信息共享，保障企业和个人信用信息基础数据库采集范围和服务领域的不断扩大，提高征信行业运行的效率，规范征信业务操作流程，保证征信数据和征信产品的质量，有效保护被征信人的合法权益和信息安全，促进征信业规范、安全、有序、健康发展。

【延伸阅读 7－3】

中国人民银行征信管理局的征信标准化工作

中国人民银行征信管理局于 2005 年底启动了征信标准化工作，迄今共发布了 7 项标准。其中，《征信数据元　个人征信数据元》《征信数据元　数据元设计与管理》《信贷市场和银行间债券市场信用评级规范 信用评级主体规范》《信贷市场和银行间债券市场信用评级规范 信用评级业务规范》和《信贷市场和银行间债券市场信用评级规范 信用评级业务管理规范》等 5 项标准于 2006 年 11 月发布；《征信数据元　信用评级数据元》和《征信数据交换格式 信用评级违约率数据采集格式》于 2009 年 1 月发布。通过多年的推广实施，上述标准对提高征信数据质量、规范评级市场行为以及促进企业和个人征信系统推广应用发挥了重要作用。

2014 年 12 月，中国人民银行先后发布《金融信用信息基础数据库用户管理规范》（以下简称《用户规范》）和《征信机构信息安全规范》（以下简称《安全规范》）两项征信行业标准。这是人民银行继 2013 年颁布《征信机构管理办法》后，为贯彻实施《征信业管理条例》促进征信市场健康发展而推出的又一举措。《用户规范》和《安全规范》两项征信标准的发布实施，进一步丰富了以《征信业管理条例》为基础的征信法律制度体系，为征信机构建立和完善信息安全管理体系，规范信用信息的采集、加工、保存、查询和使用提供了指导和支撑，有利于加强信息主体权益保护，促进征信市场健康规范发展。

表 7－8　　中国人民银行征信管理局颁布的征信标准

标准名称	标准内容
《征信数据元　数据元设计与管理》	规定了征信数据元的基本概念和结构、征信数据元的表示规范以及设计规则和方法等，并给出了征信数据元的动态维护管理机制；适用于与征信业务有关的机构进行数据元设计与管理，并为建立征信数据元的注册与维护管理机制提供指导

续表

标准名称	标准内容
《征信数据元　个人征信数据元》	规定了与个人征信业务有关的机构使用的数据元；适用于从事个人征信业务的机构与相关机构间个人征信信息的交换与共享
《征信数据元　信用评级数据元》	规定了与信用评级有关的数据元；适用于对信用评级机构及金融机构内部评估系统的评级结果进行质量评价，以及相关机构间信用评级信息的交换与共享
《征信数据交换格式 信用评级违约率数据采集格式》	规定了信用评级违约率数据采集业务中对数据的要求、数据采集对象和来源、数据采集指标体系、数据采集报文的结构以及数据采集流程和方式；适用于从事信用评级违约率数据采集业务的机构与相关数据报送机构间信用评级违约率数据的交换与共享
《信贷市场和银行间债券市场信用评级规范信用评级主体规范》	规定了在信贷市场和银行间债券市场从事信用评级的机构进入和退出该市场的程序、从事信用评级业务的基本原则及要求；适用于信贷市场和银行间债券市场中从事信用评级业务的主体
《信贷市场和银行间债券市场信用评级规范 信用评级业务规范》	规定了信用评级业务中信用评级程序、信用等级符号及含义、信用评级报告内容等；适用于信用评级机构进行信用评级时的业务操作
《信贷市场和银行间债券市场信用评级规范 信用评级业务管理规范》	规定了开展信用评级业务准则、信用评级的跟踪与检验、信用评级业务的质量检查和信用评级业务数据的管理与统计等内容；适用于信用评级市场信用评级业务的管理和控制
《金融信用信息基础数据库用户管理规范》	重点规范了金融信用信息基础数据库的各类用户，适用范围为中国人民银行征信中心、包括商业银行在内的从事信贷业务的机构、人民银行各级查询网点以及金融监管部门等机构；对不同机构的用户职责、创建、变更、停止等行为以及制度建设、信息反馈、内部审计等内容进行了规范，便于各类机构加强对不同层级用户的管理，防范违规查询、泄露和使用金融信用信息基础数据库信息行为的发生
《征信机构信息安全规范》	重点规范了征信机构的信息安全，适用范围为从事个人或企业征信业务的征信机构。要求征信机构按照法律法规和中国人民银行的规定对本机构的征信系统进行信息系统安全定级，并根据征信系统定级情况达到相应的安全要求；还对征信机构的安全管理、安全技术和业务运作等三个方面提出了具体要求，为征信机构建设征信系统，保障征信信息安全提供了指引

第三节　征信业的监管体系

征信监督机构的主要职责是对征信机构及其业务的日常经营活动进行监督管理，发挥规范征信业务，保护信用交易双方权益，维护征信市场秩序，促进征信业健康有序发展的作用。通过制定一系列关于征信机构资质、业务流程、服务等管理活动中设计的标准，可为科学监管征信业提供技术依据，引导征信机构规范运作。

一、美国征信业的监管

经过一百多年的探索和调整，美国形成了较为成熟的征信业监管机制。美国对征信市场的监管以行业自律为主，行政监管为辅。在市场化为主的引导下，以“保护消费者权益”为中心，各行业自律组织、联邦和州立监管机构按照自己的管辖范围，依照法律对征信行业的相关从业机构和人员进行逐条监管。联邦贸易委员会（Federal Trade Commission）和消费者金融保护局（Consumer Financial Protection Bureau）是美国征信体系的主要监管部门。美国征信业执法机构可大致分为两类：一类是银行系统的执法机构，另一类是非银行系统的执法机构。银行系统的执法机构主要有财政部货币监理署、联邦储备理事会、联邦存款保险公司等。这些机构对商业银行的征信活动进行监督和管理，规范其提供信用信息、使用信用报告等行为。非银行系统的执法机构主要有联邦贸易委员会、消费者金融保护局、司法部、国家信用联盟管理局办公室等，这些机构致力于推动征信立法建设，监督相关法规的执行，监管征信机构和处罚违反征信法规的行为。

美国联邦贸易委员会（FTC）是负责执行《公平信用报告法》的主要机构，主要通过以下几种方式对征信行业进行监管：（1）通过召开听证会、举行会议等形式制定监管政策、开发监管工具和指导执法。（2）建立投诉数据库，在线接受和处理个人消费者投诉。FTC 从 1997 年开始收集关于数据安全和身份盗窃的投诉信息，于 2004 年建立起“消费者哨兵网络”，在线接受消费者投诉。（3）开展征信执法，阻止和处罚违法行为。FTC 虽然没有直接行政罚款权，却有权对涉及违法案件的公司进行调查，进而通过警告、提出行政指控、达成行政和解和向法院提起民事诉讼等方式对涉案公司做出处理。（4）对消费者和企业进行宣传和教育。2013 年，FTC 出版了关于儿童身份盗窃的新书——《保护您孩子的未来》，并向企业和消费者分发了超过 25 万本。（5）开展学术研究，密切关注征信行业的发展动态。《公平和准确信用交易法》（FACT）规定，FTC 每年应对消费者信用报告的准确性和完整性进行全国性研究和调查。

美国高度成熟的市场化征信业离不开征信机构的自我约束和行业协会的自律性监管。美国形成了关于数据采集、信用报告制作和信息使用等行业自律组织，它们通过制定行业规章和标准、促进会员间交流、开展专业教育和培训、举办从业资格考试等方式对征信行业进行规范和监管，成为政府监管和法律监管的有力补充。美国征信业的监管措施主要包括征信机构违法行为的界定及征信监管的处罚、惩戒措施。

美国在 20 世纪 60 ~ 80 年代逐步形成了完善的信用管理法律体系。《公平信用报告法》规定了消费者个人对资信报告的权利，规范了资信调查机构对信用报告的传播；《平等信用机会法》规定，不得因种族、宗教信仰、年龄、性别等因素做出歧视性授信的决定；《公平债务催收作业法》规定了追账机构对非工商企业的自然债务人的追账实践；《诚实租借法》规定，一切信用交易条款都必须向消费者公开，使其充分了解内容和效果，并可与其他信用条款比较；《公平信用结账法》保护消费者，反对信用卡公司和其他任何开放终端信用交易的授信方在事前提供给消费者不精确的解释和不公平的信用条款；《信用卡发行法》禁止信用卡机构不经本人许可即发卡，并规定了信用卡盗失所产生损失的最多负担额等；《电子资金转账法》规定了对通过电子转账的收据通知、定期对账、公开信息等的要求，给受款人以安全保障，并包括惩罚条例。

在美国，与征信相关的最重要的执法机关是联邦贸易委员会、联邦储备委员会、财政部。执法在形式上不同于对法院判决的执行，除罚款和勒令停业以外，惩罚一般先体现为政府行为，随后转为民间行为。政府执行机构的作用是将被判定有不良信用记录的责任人和处罚决定公告给某一行业的全体成员，让他们根据处罚通知一致拒绝同被处罚者进行交易。无论是企业还是纯粹个人的信用调查报告中一旦出现过该人的不良信用记录，这些记录都将在较长时间内不能被消除（如美国《公平信用报告法》规定消费者个人的不良信用记录允许保留7年），而且将被对应地载入不讲信用责任人在信用局的消费者个人信用档案中。信用档案是用这些人的个人社会安全卡号码、护照号码、指纹等主要个人身份证明进行检验的。有不良信用记录者将在一定时间内不能取得工商注册、银行贷款、个人信用卡等，如果构成商业欺诈，还将受到更严厉的处罚甚至刑事制裁。

【延伸阅读7-4】

美国征信业监管机构

鉴于政治体制和市场发展等原因，美国的信用管理体系呈“双级多头”的管理状态。双级是指除了联邦监管，各州都设有各自的信用监管机构。但是美国并没有设立一个统一的监管部门，而是由多个部门从行政和司法方面对金融和非金融机构进行监管、再加上民间行业协会组织的管理自律，最终形成多头监管的格局。

一、行政监管

1. 美国联邦贸易委员会（Federal Trade Commission，FTC）。美国联邦贸易委员会是美国主要的征信政府管理机构，负责对征信法律的执行和权威解释、推动相关的立法等，具有征信有关程序制定、调查和执行的权力，同时对征信机构的数据采集整理以及报告的出具等行为进行监督。

FTC的主要管辖范围包括银行、提供消费者信贷的金融机构、信用报告或调查机构、信用卡公司、全国的零售企业等。

在消费者保护方面，联邦贸易委员会可以直接对消费者的投诉进行受理，再根据国会的询问展开公开和非公开的调查。一旦联邦贸易委员会确认被调查公司违反了相关法律，即可对其进行裁决。如被调查公司对裁决不服，可向上一级委员会或者法院申请复议和重判。

2. 消费者金融保护局（Consumer Financial Protection Bureau，CFPB）。2010年7月21日，美国总统奥巴马正式签署《多德—弗兰克华尔街改革与消费者保护法案》。根据该法案，美国成立了消费者金融保护局。

根据《多德—弗兰克华尔街改革与消费者保护法案》，将美联储（Fed）、联邦贸易委员会（FTC）、联邦存款保险公司（FDIC）、全国信用社管理局（NCUA）以及住房和城市发展部（DHUD）等7个联邦监管机构的金融消费者保护职能统一到新成立的消费者金融保护局。

成立至今，CFPB在消费者信贷保护方面起到了非常重要的作用，主要成就包括：

（1）为消费者投诉提供帮助。基于消费者对银行、信用卡公司、征信机构、收债公司、发放学生贷款的私人机构和按揭贷款企业等公司的投诉，消费者金融保护局对其进行了筛选分类，建立了超过40万条信息的公共数据库。

2014年，消费者金融保护局决定将该数据库所涉及的所有细节对外公布。这一举措将帮助消费者、金融业监管者、研究人员以及金融机构辨别不良信贷行为的特征。

（2）保护信用卡用户。据统计，美国每年有大约12亿张信用卡流通。据美国人口普查局统计，美国有超过60%的人口使用信用卡，平均每人持卡数量为7张。为了充分保护信用卡用户，CFPB对全美110多家信用卡发行银行进行信用卡交易的监控。

2014年，消费者金融保护局曾要求美国五大信用卡公司Capital One、Discover、American Express、Bank of American和JP Morgan Chase向消费者返还其通过欺诈性的推销、无价值的附加产品所获取的15亿美元的费用。

同年6月份，CFPB还要求金融服务公司GE Capital将其在信用卡业务领域通过非法和歧视性的做法所获得的2.25亿美元退还给消费者。

（3）约束收债公司滥用权力的行为。在美国，主要的债务催收方式包括：自己催收、第三方催收机构以债权人名义催收或者以自己名义催收。其中，第三方债务催收在美国经济发展中扮演着非常重要的角色，其客户群体涵盖了联邦政府、州政府、医院、银行、信用卡发行者和零售商店等各个领域。

根据消费者金融保护局在2014年的数据统计，债务催收是其处理投诉最多的领域，约88 300笔，占处理投诉总量的35%。

1977年以前，美国联邦政府对第三方债务催收行业的管理几乎没有，从而间接导致市场上出现了大量的对债务人过度侵权的行为。

消费者金融保护局是受理债务人投诉的主要机构之一，投诉渠道包括网络、电话、邮件、传真等。投诉被受理后，将会转给CFPB的内设部门或被投诉公司进行处理，处理方式包括解释、货币救助、非货币救助、执法检查和法律诉讼。CFPB官网于2012年10月在“ask cfpb”栏目中还开通了债务催收投诉专栏，对于严重侵权及影响恶劣的催收侵权案件，CFPB和美国贸易委员会将对其开启行政执法检查，甚至向法院提起诉讼。

2014年12月，美国最大的发薪日贷款公司ACE Cash Express（ACE）就因骚扰、恐吓等非法催收行为被CFPB勒令向消费者退还500万美元，并对其进行500万美元的罚款。

除了以上方面，CFPB还在督促征信机构提高工作质量方面开展了大量的工作，包括就征信行业存在的问题制作报告、提出改进建议等。这些举措都获得了征信机构的正面回应。

3. 国家信用联盟管理办公室（National Credit Union Administration，NCUA）。国家信用联盟管理办公室设立于1970年，主要职能是监督信用联盟组织和信用社的信用活动情况。在接到消费者的投诉后，国家信用联盟管理办公室的监督委员会会对被投诉的信用社进行调查，调查结果由监督委员会直接告知消费者，或委派工作人员进行回复。

此外，国家信用联盟管理办公室还负责对全国信用社股份保险基金进行管理。根据美国《联邦信用社法》规定，所有在联邦注册的信用社必须参加该基金，在州注册的信用社可自愿参加。现在全美已有98%的信用社参加了存款保险。

4. 储蓄监督办公室（Office of Thrift Supervision，OTS）。储蓄监督办公室主要负责监管联邦和一些州立的储蓄机构，包括储蓄银行和储贷协会。对于消费者的投诉，储蓄监督办公室一般会委派消费者事务人员将投诉信寄往被投诉机构。被投诉机构在经过调查处理后，需要对储蓄监督办公室进行书面回复。

5. 货币监理局（Office of Comptroller of the Currency，OCC）。货币监理局是依据1863年通过的《国家货币法案》建立的，是美国国民银行的主要监管者，其监管的资产占美国商业银行资产总额的一半以上。

货币监理局负责监管所有国家银行和联邦储蓄协会成员的商业借贷活动，对金融机构借贷法律进行评估和信用风险管理控制。货币监理局有权在商业银行作业违反《公平信用报告法》时，责令银行停业。

货币监理局还设有专门的消费者支持小组（Customer Assistance Group，CAG），为消费者答疑解惑。在消费者对国民银行或其分支机构、外国银行的联邦分行或代理进行投诉时，货币监理局会对其提供相关的指导、建议和咨询。

6. 美国联邦储备系统（Federal Reserve System）。美国联邦储备系统主要负责制定、评估和实施金融机构相关的借贷法律，并且依据法律对联邦储备的会员银行的商业信贷活动进行监管，包括对银行机构的行为进行检查，对其违法行为进行惩罚、督促改正，以保护消费者的合法信贷权利。

1977年，美联储和货币监理局、联邦储蓄保险公司合作设立了共享国家信贷计划，专门对大型的银行和财团贷款分类进行审查。

除了本土银行，美国联邦储备系统还负责对其成员银行在海外，以及外国银行在美国的信贷活动进行监管。

7. 联邦储蓄保险公司（Federal Deposit Insurance Corporation，FDIC）。美国是世界上第一个建立存款保险制度的国家。1829年，纽约推行了全美第一个州立存款保险制度。1933年，为了应对大萧条对银行业产生的冲击，美国政府通过了《格拉斯—斯蒂格尔法案》，并于之后一年成立了美国联邦存款保险公司和联邦储蓄信贷保险公司（Federal Savings and Loan Insurance Corporation.，FSLIC）。20世纪80年代，联邦储蓄信贷保险公司（FSLIC）被金融储贷危机耗尽了资本，并于1995年被FDIC接管。至此，FDIC成为美国最主要的存款保险机构。

联邦储蓄保险公司主要有三大职能：

（1）存款保险。FDIC 为全美 6 000 多家独立注册的银行和储蓄信贷机构的 8 种账户超过 4 万亿美元提供限额保险，存款人保险限额为 25 万美元。

（2）银行监管。FDIC 对 5 000 多家非美联储成员的州注册银行和储蓄信贷机构进行直接监管。有权要求被监管银行定期报告其财务状况并对其开展现场检查，对从事违法信贷行为的银行及管理人员进行罚款、发布停业整顿命令、撤销高管人员职务等处罚。

（3）处置破产金融机构。根据美国法律，FDIC 是所有倒闭联邦银行和联邦储贷协会的清算管理人，目前，大部分州也任命 FDIC 为倒闭州银行的清算管理人。对于那些资不抵债、不能支付到期债务或资本充足率低于 2% 的存款机构，其注册管理机关需要对其做出正式关闭决定并通知 FDIC。

二、行业自律

除了完善的法律制度和健全的监管机制，行业组织和协会的自律管理在征信业的监管中也发挥了极其重要的作用。在美国，经过上百年的发展，一个良好的行业自律环境在大量信用交易发展的基础上，根据企业和消费者的要求逐步发展和建立起来。在美国，主要的征信协会包括全国信用管理协会（NACM）、消费者信用协会（CDIA）和美国国际信用收账协会（ACA International）。

1. 全国信用管理协会（National Association of Credit Management，NACM）。NACM 成立于 1896 年，总部设在马里兰州哥伦比亚市，是美国历史最久的民间信用管理组织，现有近 15 000 名企业和个人会员，包括商业信用专业人员、征信机构、信用自律组织、信用信息细分行业自律组织和金融管理机构等。

NACM 主要从事商业信用拓展的相关业务，承担了行业自律、信用管理服务、信息共享、信用宣传以及教育培训和交流等众多职能。NACM 还开发了信用管理者指数（Credit Manager' s Index，CMI），用于衡量美国经济的整体信用状况。

NACM 在每个季度都会召开一次大型会议，为征信市场的企业提供学术和经验的交流机会。多年来，NACM 为美国征信行业的健康发展做出了巨大贡献。除了国内市场，NACM 还专门开展了海外会员服务，为其提供若干种信用管理服务。

2. 消费者数据产业协会（Consumer Data Industry Association，CDIA）。CDIA 成立于 1906 年，是美国唯一的消费者信用报告行业的行业协会，曾颁布了消费者信用报告的标准，并且参与起草了美国信用管理专业法律。目前，CDIA 有超过 140 名会员，包括益佰利（Experian）、艾可飞（Equifax）、环联（Transunion）三大信用局，以及其他的地方信用局、房屋贷款风险管理公司和商账追收公司等。CDIA 以“消费者为中心”为旗下会员提供信用报告、抵押贷款报告、租户和就业筛选，以及欺诈验证等服务。CDIA 是美国征信数据产生最为集中的行业组织，每年销售的信用报告在 10 亿份以上。

在美国三大征信局的支持下，CDIA 曾与美国联邦贸易委员会一同制订了《数据报送资源指南》（Data Reporting Resource Guild）。

《数据报送资源指南》对信用交易数据的报送做出了若干原则性的规定。按照要求，数据提供机构必须确保数据的准确、完整和及时性。数据报送的内容必须满足《公平信用报告法》和《平等信用机会法》等法律的要求。

《数据报送资源指南》还设计了征信数据的采集格式“Metro2”，为美国的数据处理和提供机构制订了一个标准化的数据处理格式。

按照Metro2的要求，数据提供机构必须以消费者账户为单位报送消费者的信用交易数据，包括基础数据和账户交易数据。

基础数据分为三类信息：（1）身份标识类数据，即姓名、出生日期以及社会安全号。（2）联系类数据，主要为电话号码和地址。（3）就业数据，主要为职业、雇主名称和雇主地址。

账户交易数据则要求包括从账户开立、还款到结清的整个生命周期的账户还款数据。

《数据报送资源指南》使得美国信用交易数据的处理能够及时地适应信贷业务不断发展的需求，确保了征信原始数据的真实性与一致性，避免了信息资源的浪费。

3. 美国国际信用收账协会（The Association of Credit and Collection Professionals，简称ACA International）。ACA International创立于1939年，位于明尼苏达州的明尼阿波利斯，其前身是美国收账者协会（American Collectors Association）。ACA International是全球最大的信用及商账专业人士协会，有近5 000名会员，包括商账管理者、信用担保者、资信提供商、信用局、专业律师等业内权威机构。ACA International的业务遍布全球，包括美国、加拿大等50多个国家。

ACA International是商业债务催收行业的自律组织，其通过制定严格的职业道德准则来维护征信行业的稳定、公允和健康发展，并为相关从业人员提供专业的教育，举办从业人员执照的培训和考试等，同时还受理消费者对其会员的投诉。

二、欧盟征信业的监管

欧盟国家普遍成立了专业监管机构，负责数据保护和征信机构的监管工作。如德国、法国、意大利，由中央银行主导管理征信业。英国则由独立的公共行政部门——信息专员署负责征信业管理。在德国，政府作为主要出资方，建立全国数据库，形成了中央信贷登记系统为主体的社会信用管理模式。联邦政府及各州政府均设立了个人数据保护监管局，对掌握个人数据的政府机构和信用服务机构进行监督和指导。这些专门的监管机构可制定法规，享有行政执法检查权，负责确保各项数据保护法律法规的严格贯彻执行，维护信息主体各项权益。欧盟国家特别注重对个人隐私的保护，因此对征信业的监管更为严格。如德国规定，只有在法律允许或经用户同意的情况下，征信机构才能提供用户的信用数据；信息主体有权了解征信机构收集、保存的本人信用档案；禁止在消费者信用报告中公开消费者收入、银行存款、消费习惯等有关信息。德国还要求从事个人征信业务的机构委托一名数据保护官，具备专业知识和可信度，致力于德国数据保护法的执行。

欧盟对征信机构形成了综合性监管架构，分为欧盟指令、成员国法律和征信行业准则三维度，多数欧盟国家在上述法律制度框架内设立了专门的数据保护部门来监督其征信法律法规的执行情况，维护个人作为数据主体的合法权益，以实现恰当地平衡信用信息分享和个人隐私权保护的征信立法宗旨。

三、日本征信业的监管

日本并没有专门的监管机构，主要通过行业协会进行自律管理，各信用中心的业务内容、范围以及相关的运营规则都由各管理协会自行制定。在企业征信方面，政府只在市场发展初期进行适当的监管，当市场进入成熟发展阶段，政府的管理功能会逐渐弱化。因此，法律法规的完善成为政府的重点目标。

除此以外，行业协会对商业信用活动的从业机构也发挥了很大的监管作用。首先，各行业协会都制订了各自的会员章程，依据会员章程对会员的准入、退出等行为进行管理。所有会员享有平等的权利，承担同等的义务。其次，会员间信用信息的共享一般采取“查询+数据报送”并行的方式。这样可以有效地避免会员查询的随意性，加强提供共享信息的及时性。此外，各信用信息中心会根据行业信贷业务的特点和风险控制技术的要求，对信息数据进行针对性的采集和处理，并按照统一的数据规范为行业会员提供共享和查询等服务。对于任何违反法律或者协会规章的会员，协会将对其进行处罚，包括通报批评以及取消会员资格等。

【延伸阅读7-5】

国外征信监管经验启示

第一，健全的法律法规是监管的必要条件和基础。完善的征信法律法规不仅是社会整体信用体系的一部分，更是政府监管实施的必要保障。法律法规构成了信用法律环境的基本内容，确立了征信数据合理合法使用的原则和要求，使广大投资者都能平等地使用、处理、传播信用信息，有利于信用交易的公平有效进行，有助于保护市场参与主体的商业秘密和个人秘密。

以美国为例，美国社会信用管理体系内的相关法律达16项之多，实现了对征信行业多部门的有效监管。其他国家比较著名的法律法规有：英国的《数据保护法》和《消费信用法》、德国的《信息主体经营法》和《联邦数据保护法》、韩国的《信用信息使用与保护法》和《个人信息保护法》、日本的《分期付款销售法》等。

第二，强大的行政力量是监管的基本保障。无论是欧洲大陆代表的中央银行监管模式还是美国代表的多部门共同监管模式，相同点都是政府监管机构拥有法律赋予的强大行政力量，来保障征信管理的有效实施。这股力量主要包括三方面的权力：准立法权、准司法权、监管权。准立法权是指国家层面的法律赋予征信监管机构在征信监管行业内部制定规范性文件的权力。准司法权是指征信监管机构为达到监管目的而被赋予的类似司法机关接受和处理投诉的权利。例如美国的联邦贸易委员会就拥有《公平信用报告法》赋予的接受和处理投诉的权利，消费者可以就信用报告使用过程中出现的错误或者纠纷向其投诉，而不用去法院起诉；德国《联邦数据保护法》通过在内务部设立联邦数据保护专员、数据保护官等第三方的方式来对征信监管机构的行政行为进行约束；英国则要求征信监管机构定期向政府和大众提供监管情况报告。监管权的内容包括对征信机构的市场准入权和退出决定权、审批行业标注的权力、对征信机构的定期考核权和处罚权。例如，英国的征信机构、贷款中介机构都需要通过贸易和工业部获得牌照。

第三，有效的行业自律是监管的重要辅助。在国外，一般都有专门的行业管理组织或民间机构，如信用报告协会、信用管理协会等。这些协会组织协助政府管理本行业，并发挥促进和改进行业发展的作用，在国外的征信监管中占据着重要的辅助作用。这些协会组织一方面可以帮助企业联系行业或分支的从业人员，为从业者提供就业机会和交流场所，并为之争取利益；另一方面，可以积极协助司法机关立法，提供信用行业的教育培训，颁发从业执照，出版相关的书籍和报刊，为征信课题筹集资金和扶持研究项目，对国家的制定标准和规则提出意见，广泛宣传行业职业道德。类似的行业自律组织有欧洲消费者信用信息提供商协会、美国消费者数据产业协会、亚太—中东商业信息业协会等。三种模式相比较，公共和私营模式各有优劣，更多时候是一种互补关系；公共模式更多地体现了监管者的意志和需要，主要为金融监管部门服务，用以防范风险和互通信息；私营模式则广泛为社会上的信用各需求方提供服务，产品日益趋向商业化、个性化，覆盖范围更宽、更广、更全面。在多数国家，私营和公共模式一般是共存的，各国也都在不断地改进并完善单一的模式，并借鉴其他模式的优点。因此，借鉴三种模式有效的市场组织形式、管理体制和经营制度，对建设好我国的征信市场监管体系有重要意义。

四、中国征信业的监管

我国的征信业从信贷征信起步，逐步发展到经济领域征信，金融机构是征信机构的主要信息来源和产品使用者。目前，我国的征信监管模式与欧盟类似，采用较为严格的监管模式。现已形成中国人民银行及其派出机构主抓征信业的管理、其他部门积极配合的管理架构，并尽可能地避免出现管理真空，从而推动征信业的健康有序发展。

（一）我国征信业监管机构

我国已形成中国人民银行及其派出机构主抓管理、其他部门积极配合的征信业管理架构，以尽可能避免出现管理真空，从而推动征信业的健康有序发展。

1. 明确中国人民银行对征信业的监督管理职责。

2003 年，国务院发文设立征信管理局，同时赋予中国人民银行“管理信贷征信业，推动建立社会信用体系”的职能。2008 年，《国务院办公厅关于印发中国人民银行主要职责内设机构和人员编制规定的通知》（国办发〔2008〕83 号）将中国人民银行征信管理职责调整为“管理征信业”并牵头社会信用体系建设部际联席会议。同年，发布了《中国人民银行关于加强银行间债券市场信用评级作业管理的通知》，对评级机构在银行间债券市场评级的现场访谈、作业时间进行了规范。2011 年，在牵头单位中增加了国家发展和改革委员会。2013 年 3 月和 12 月，国务院颁布《征信业管理条例》和《征信机构管理办法》，遵循了个人征信机构从严、企业征信机构从宽，征信机构市场化运作与监督管理并重，征信机构的行政监管和社会监管兼顾的监管思路，中国人民银行被确定为征信业监督管理部门。

《征信业管理条例》第 4 条规定："中国人民银行（以下简称国务院征信业监督管理部门）及其派出机构依法对征信业进行监督管理。"《征信业管理条例》明确了中国人民银行及其分支机构对征信业的监督管理职责。对征信业的监督管理职责由中国人民银行总行及其分支机构共同行使，根据《中华人民共和国中国人民银行法》及《征信业管理条例》的规定，分支机构在授权范围内，有权对辖内的征信机构及其征信业务进行管理。中国人民银行应当依法制定征信业监督管理的规章制度，审批个人征信机构的设立，接受企业征信机构的备案，组织对征信机构、金融信用信息基础数据库运行机构的检查等。《征信业管理条例》为中国人民银行对征信业实施监督管理的措施和手段提供了法律保障。中国人民银行作为国务院征信业监督管理部门，可及时有效地掌握征信机构的组织管理及业务开展情况，了解征信市场发展的深层次问题，规范征信行业的健康发展。

随后配套出台的《征信机构管理办法》对规范征信机构的设立、变更和终止程序进行了具体细化，使业务办理更具有操作性，这对保护信息主体权不受侵犯、促进征信机构规范运行意义重大。

2. 明确地方政府和国务院有关部门在社会信用体系建设中的职责。

根据《国务院办公厅关于社会信用体系建设的若干意见》（国办发〔2007〕17 号）和国务院社会信用体系建设部际联席会议的有关制度，地方政府和行业主管部门在推动地方信用体系和行业信用体系建设方面发挥着重要作用。国务院有关部门和地方政府通过建立本行业、本地区的信用信息系统，依法依规有效采集和应用个人、企业、事业单位及其他社会组织的信用信息；对本地区各部门、各单位的信用信息进行整合，形成统一平台，实现对失信行为的协同监管，改善各行业、各部门、各地区的信用环境。

《征信业管理条例》第 4 条规定，"县级以上地方人民政府和国务院有关部门依法推进本地区、本行业的社会信用体系建设，培育征信市场，推动征信业发展"。县级以上地方人民政府、国务院有关部门在培育征信市场、推动征信业发展中也发挥着重要作用：一是将自身在履职过程中所获得的个人和企业的信用信息，按照《中华人民共和国政府信息公开条例》的规定及时公开，制定信用信息公开的目录，形成信息公开的监督机制，解决征信机构信息来源渠道不畅、信息来源缺乏的问题，提高政府机关掌握的信用信息的使用效率；二是政府部门可以将企业和个人的信用状况作为选择资金扶持对象、落实优惠政策、对企业实行资质管理、安排发展项目、干部招聘、评优评先等的重要依据，通过征信机构的信息采集、查询等行为，既服务公共事务管理，又能培育征信市场、推动征信机构的发展壮大。

【延伸阅读7-6】

中国人民银行征信监管的举措

我国征信业监管机构的成立，金融信用信息基础数据库的上线运行，为征信业提供了基础数据支持，使我国征信业进入提速发展阶段。

1. 推动《征信业管理条例》的发布与实施。中国人民银行一直积极推动《征信业管理条例》的制定，深入研究征信立法相关的重大问题，会同相关部门通过实地调研、召开座谈会等方式，听取地方政府有关部门、征信机构、金融机构、专家和消费者协会等对征信立法的意见和建议，研究和借鉴国外征信的立法经验，并在此基础上完成了《征信业管理条例》的草拟工作。2012年12月26日，国务院第228次常务会议审议通过了《征信业管理条例》，并于2013年3月15日起正式实施。

《征信业管理条例》对征信机构的设立条件和程序、征信业务的基本规则、征信信息主体的权益、金融信用信息基础数据库的法律地位及运营规则、征信业的监管体制和法律责任等内容进行了规定，解决了征信业发展中无法可依的问题。该条例的实施，有利于加强对征信市场的管理，规范征信机构、信息提供者和信息使用者的行为，保护信息主体权益；有利于发挥市场机制的作用，推进社会信用体系建设。

2. 建立金融信用信息基础数据库管理制度。一是建立了个人信用信息基础数据库管理制度。2005年，人民银行发布了《个人信用信息基础数据库管理暂行办法》（中国人民银行令〔2005〕第3号），并出台了配套制度，保障了个人信用信息基础数据库的建设和运行，规范了商业银行报送、查询和使用个人信用信息的行为。二是明确了企业信用信息基础数据库管理制度。在《银行信贷登记咨询管理办法（试行）》的管理框架上，对企业信用信息基础数据库的功能与管理，借款人信用信息的报送、查询、使用以及异议处理等作出了明确规定。三是对新型授信机构接入金融信用信息基础数据库进行了规范。特别规范了小额贷款公司、融资性担保公司等接入金融信用信息基础数据库的方式、条件、程序以及业务流程。

3. 完善信用评级管理制度。为规范评级机构在银行间债券市场和信贷市场信用评级的执业行为，人民银行于2006年出台了《中国人民银行信用评级管理指导意见》（银发〔2006〕95号），明确了信用评级机构的工作制度和内部管理制度、评级原则、评级内容和评级程序等内容，对评级机构从事金融产品信用评级、借款企业信用评级和担保机构信用评级业务进行管理和指导；于2008年发布了《中国人民银行关于加强银行间债券市场信用评级作业管理的通知》（银发〔2008〕75号），对评级机构在银行间债券市场评级的现场访谈、作业时间进行了规范。信用评级管理制度的实施，规范了评级机构的执业行为，保护了投资人的合法权益，促进了信用评级业的健康发展。

4. 推动征信标准建设。2005年起，人民银行启动了征信标准化建设，把其作为征信管理的重要手段之一。一是发布征信信息系统开发建设的基本标准规范。人民银行制定和发布了《征信数据元　数据元设计与管理》等五项金融行业标准，促进了信息跨部门、跨行业共享和应用。二是制定信用等级评价相关标准规范。人民银行制定和发布了《征信数据元 信用评级数据元》和《征信数据交换格式 信用评级违约率数据采集格式》等5项金融行业标准，促进了评级机构的规范执业。

五、我国征信业的监管内容

我国征信业监管主要包括征信机构管理、征信业务管理与从业人员管理。

（一）征信机构管理

根据《征信业管理条例》的精神，我国对从事个人征信业务的机构和从事企业征信业务的机构实行分类监管：对经营个人征信业务的征信机构，实行严格的机构准入管理，即通过对征信机构的许可制管理和严格的日常监管，保护个人信息主体的合法权益；对经营企业征信业务的征信机构，实行较为宽松的监管，即采取备案制管理，通过相对低的行业准入门槛，吸引更多的投资和人员从事征信行业，并通过征信机构之间的竞争，提高服务质量和水平，实现企业征信业务的快速、健康发展。

1. 从事个人征信业务的机构准入管理。由于个人征信机构从事的主要业务涉及个人信用信息的采集、加工、整理和分析，为保障个人信息安全，相较于企业征信机构，对个人征信机构的要求宜高起点、严要求，对个人征信机构的资本金、设施和高管人员的要求都必不可少。

《征信业管理条例》与《征信机构管理办法》规定，设立从事个人征信业务的征信机构不仅应当符合《中华人民共和国公司法》规定的公司设立条件，还应具备以下条件：（1）主要股东信誉良好，最近3年无重大违法违规记录；（2）注册资本不少于人民币5 000万元；（3）有符合国务院征信业监督管理部门规定保障信息安全的设施、设备和制度、措施；（4）拟任董事、监事和高级管理人员具备任职条件；（5）国务院征信业监督管理部门规定的其他审慎性条件。

设立从事个人征信业务的征信机构应遵循以下程序：（1）申请设立从事个人征信业务的征信机构，应当向国务院征信业监督管理部门提交申请书和证明其符合设立条件的材料。（2）国务院征信业监督管理部门应当依法进行审查，自受理申请之日起60日内作出批准或者不予批准的决定。决定批准的，颁发个人征信业务经营许可证；不予批准的，应当书面说明理由。（3）经批准设立的经营个人征信业务的征信机构，凭个人征信业务经营许可证向公司登记机关办理登记。未经国务院征信业监督管理部门批准，任何单位和个人不得从事经营个人征信业务。

经营个人征信业务的征信机构设立分支机构、合并或者分立、变更注册资本、变更出资额占公司资本总额5%以上或者持股占公司股份5%以上的股东的，应当经国务院征信业监督管理部门批准。经营个人征信业务征信机构变更名称的，应当向国务院征信业监督管理部门办理备案。

2. 从事企业征信业务的机构备案管理。对于企业征信业务，业内普遍认为，应重在促进企业信用信息的开放透明，而不应作过多限制性的规定，主要市场经济国家对企业征信机构也基本不作专门的规定。因此，我国对从事企业征信业务征信机构的设立适用一般企业设立的规定，不另行设置前置审批。

《征信业管理条例》与《征信机构管理办法》规定，设立企业征信机构，应当符合《中华人民共和国公司法》规定的公司设立条件，自公司登记机关准予登记之日起30日内向所在地的中国人民银行省会（首府）城市中心支行以上分支机构申请办理备案。从事企业征信业务的征信机构办理备案时，应当提供的材料包括：企业征信机构备案表；营业执照复印件；股权结构说明，包括资本、股东名单及其出资额或者所持股份；组织机构设置以及人员基本构成说明；业务范围和业务规则基本情况报告；业务系统的基本情况，包括企业信用信息系统建设情况报告和具有国家信息安全等级保护测评资质的机构出具的企业信用信息系统安全测评报告；信息安全和风险防范措施，包括已经建立的内控制度和安全管理制度。

从事企业征信业务的征信机构上述备案事项发生变更的，应当自公司登记机构准予变更之日起30日内向原备案部门申请办理备案变更。

需要强调的是，无论是从事个人征信业务的征信机构，还是从事企业征信业务的征信机构，在发生解散或者被依法宣告破产等情形，需要退出征信市场的，均应向监管部门报告，并妥善处理信息数据库，保证信用信息安全。信息数据库的处理方式包括：与其他征信机构约定并经监管部门同意，转让给其他征信机构；不能按前项规定转让的，移交给监管部门指定的征信机构；不能按前两项规定转让、移交的，在监管部门的监督下销毁。经营个人征信业务的征信机构解散或者被依法宣告破产的，还应当在国务院征信业监督管理部门指定的媒体上公告，并将个人征信业务经营许可证交国务院征信业监督管理部门注销。

（二）征信业务管理

1. 征信业务一般监管。信息收集和使用是征信活动的主要内容，因此对于征信业务一般规则的设置主要侧重于信用信息的合规采集和使用。

（1）信用信息征集业务规则。国外征信业的发展实践表明，规范的个人信用信息征集行为，是保护消费者利益和规范征信机构运营的基础。我国《征信业管理条例》也主要是对收集个人信用信息进行规定，对收集企业信用信息未设置过多要求。

在信用信息征集的范围和内容方面，监管部门主要是对信息征集的范围和内容进行规定和限制，重点是明确征集信息的法律禁止事项，包括禁止征集和限制征集的内容。我国《征信业管理条例》规定：禁止征信机构采集个人的宗教信仰、基因、指纹、血型、疾病和病史信息以及法律、行政法规规定禁止采集的其他个人信息。征信机构不得采集个人的收入、存款、有价证券、商业保险、不动产的信息和纳税数额信息。但是，征信机构明确告知信息主体提供该信息可能产生的不利后果，并取得其书面同意的除外。同时，征信机构不得采集法律、行政法规禁止采集的企业信息。

在信用信息征集程序方面，监管部门会考虑信用信息的征集是否需要经过信息主体的同意。我国《征信业管理条例》规定：对于征信机构，除法律、行政法规公开的信息外，采集个人信息应当经信息主体本人同意，未经本人同意不得采集。征信机构可以通过信息主体、企业交易对方、行业协会提供信息，政府有关部门依法已公开的信息，人民法院依法公布的判决、裁定等渠道，采集企业信息。征信机构不得采集法律、行政法规禁止采集的企业信息。

在征信机构负面信息的保留期限方面，监管部门往往会作出相应规定和要求。目前，《征信业管理条例》中规定：征信机构对个人不良信息的保存期限，自不良行为或者事件终止之日起为5年；超过5年的，应当予以删除。在不良信息保存期限内，信息主体可以对不良信息作出说明，征信机构应当予以记载。不良信息，是指对信息主体信用状况构成负面影响的下列信息：信息主体在借贷、赊购、担保、租赁、保险、使用信用卡等活动中未按照合同履行义务的信息，对信息主体的行政处罚信息，人民法院判决或者裁定信息主体履行义务以及强制执行的信息，以及国务院征信业监督管理部门规定的其他不良信息。

（2）信用信息使用业务规则。在信息使用环节，监管部门对征信业务的管理主要集中在征信机构信息使用的目的、范围以及信息使用的安全性方面。

对信用信息的使用目的和范围的管理。国外在信用信息使用方面基本都要求必须用于指定的明确目的，应与其征集和处理的目的相关且不得超出该范围。对于我国征信机构而言，个人信用信息的使用也主要集中在授权管理方面，同时以约定用途管理辅之。我国《征信业管理条例》规定，信息主体可以向征信机构查询自身信息。个人信息主体有权每年两次免费获取本人的信用报告；向征信机构查询个人信息的，应当取得信息主体本人的书面同意并约定用途；但是，法律规定可以不经同意查询的除外；征信机构不得违反前款规定提供个人信息；信息使用者应当按照与个人信息主体约定的用途使用个人信息，不得用作约定以外的用途，不得未经个人信息主体同意向第三方提供。

对信用信息使用安全性的管理。信息使用的安全性主要是指征信机构开展征信业务时，应符合国家信息安全和保密要求。具体而言，一是征信机构应当按照国务院征信业监督管理部门的规定，建立健全和严格执行保障信息安全的规章制度，并采取有效技术措施保障信息安全。二是征信机构在中国境内所采集信息的整理、保存和加工，应当在中国境内进行。征信机构向境外组织或者个人提供信息，应当遵守法律、行政法规和国务院征信业监督管理部门的有关规定。三是征信机构应当对其工作人员查询个人信息的权限和程序作出明确规定，对工作人员查询个人信息的情况进行登记，如实记载查询工作人员的姓名，查询的时间、内容及用途。工作人员不得违反规定的权限和程序查询信息，不得泄露工作中获取的信息。

2. 征信业务的其他监管

（1）对信息报送机构业务的管理。目前，从我国实际情况看，从事信息报送业务的机构主要是金融机构。对于信息报送业务的管理要求主要包括：①从事信贷业务的机构向金融信用信息基础数据库或者其他主体提供信贷信息时，应当事先取得信息主体的书面同意；②征信机构应当按照国家信息安全保护等级的测评标准，对信用信息系统的安全情况进行测评；③在发生异议信息时，应及时进行异议处理，保证数据质量；④金融机构要对业务操作系统中数据的查询、上报征信机构数据文件等敏感操作建立登记制度，同时明确信息报送人员的职责及操作规程，保证信用信息的安全；

⑤制定有关信用信息报送、查询、使用、异议处理、安全管理等方面的内部管理制度和操作规程，并报送监管部门备案。其他信息提供者在信息报送业务中，也要遵循信息征集范围、征集程序、安全管理、信息准确等监管要求。

（2）对信贷登记机构业务的管理。目前，我国从事信贷登记业务的机构主要是征信中心，其主要工作是接收金融机构按规定报送的信贷信息，并负责金融信用信息基础数据库的建设、运行和维护。信贷登记机构除应遵循一般征信业务规则外，还应注重信用信息的安全和保密。具体业务要求为：信贷登记机构应建立信用信息保密管理制度，主要包括对信用信息的使用、信息的保密、信息载体的保管、工作人员使用信用信息的要求以及对泄露信用信息行为的罚则和措施等；应建立“防火墙”制度，避免业务部门的人员、业务、档案等与其他部门交叉；建立数据库安全和管理制度，明确不同类别数据的保存期限和保存方式、保管（数据维护）人的责任等内容，确保数据库安全运行；建立信息档案管理制度；建立金融信用信息基础数据库内部运行和外部访问的监控制度，监督金融信用信息基础数据库的用户操作，防范对金融信用信息基础数据库的非法入侵；建立灾难备份系统，采取必要的安全保障措施，防止系统数据丢失。

3. 对信息查询机构业务的管理。目前，我国从事信息查询业务的机构主要是金融机构，对于信息查询业务的管理，重点是金融机构合规查询和使用个人信用信息。

（1）金融机构查询和使用个人信用信息的用途管理。根据《个人信用信息基础数据库管理暂行办法》第十二条规定，商业银行办理下列业务，可以向个人信用数据库查询个人信用报告：审核个人贷款申请的；审核个人贷记卡、准贷记卡申请的；审核个人作为担保人的；对已发放的个人信贷进行贷后风险管理的；受理法人或其他组织的贷款申请或其作为担保人；需要查询其法定代表人及出资人信用状况的。

（2）金融机构查询和使用个人信用信息的授权管理。《个人信用信息基础数据库管理暂行办法》规定，除对已发放的个人信贷进行贷后风险管理的情况，商业银行查询个人信用报告时应当取得被查询人的书面授权。书面授权可以通过在贷款、贷记卡、准贷记卡以及担保申请书中增加相应条款取得。商业银行应当制定贷后风险管理并查询个人信用报告的内部授权制度和查询管理程序。

（3）金融机构查询用户的管理。商业银行应当建立用户管理制度，明确管理员用户、数据上报用户和信息查询用户的职责及操作规程。商业银行管理员用户、数据上报用户和查询用户不得互相兼职。商业银行管理员用户、数据上报用户和查询用户须在中国人民银行征信管理部门和征信服务中心申报备案。当用户工作人员发生变动，商业银行应当在 2 个工作日内向中国人民银行征信管理部门和征信服务中心申报备案变更。

4. 对资信调查机构业务的管理。监管部门对于资信调查业务的管理重点集中在规范资信调查的用途、调查方式、调查程序以及调查报告的内容方面。

资信调查业务的用途主要包括：信用交易的交易方评估已有或潜在客户的信用状况；用于授信决策参考或处理逾期账款和经济纠纷；由调查对象发起的其他合法交易

活动，如保险公司向消费者提供保险服务等。

资信调查机构应明确告知调查对象调查的内容、方式及用途。调查方式主要包括通知调查、实地调查及访谈调查。通知调查是资信调查机构要求被调查人提供相关资料，然后对该资料和记录进行抽样验证、分析的调查方式；实地调查主要是调查人员到被调查人所在地进行的调查；访谈调查是指调查人员为求证事实和疑点，向相关人员进行访谈的调查方式。

资信调查业务的具体流程：第一步，签订委托合同，明确调查项目、调查目的、调查方式。在签订合同前，应审核调查项目的合法性与可行性。第二步，制订调查计划，经资信调查机构负责人或其授权的工作人员批准后实施计划。第三步，实施调查，收集调查对象的背景资料及有关信息，并对之进行核实与整理，采取直接或间接的方式开展调查。第四步，撰写资信调查报告，经调查对象确认后，再向委托人提供资信调查报告。

资信调查报告至少应包括以下内容：对调查目的及针对性的阐述；明确调查信息的使用范围和注意事项；对调查对象基本情况的描述；对调查对象信用状况、履约能力的评价；除信息来源方要求保密外，应将信息来源告知委托方。

根据上述要求，资信调查机构须建立资信调查报告质量控制制度，明确信用调查报告的基本要求、报告内容等，同时明确信用调查项目负责人、报告撰写人、内部审查人等质量保障相关人员的职责；建立实地调查制度，根据委托方委托的调查范围，开展实地尽职调查。

（三）从业人员管理

1. 董事、监事和高级管理人员任职资格管理。征信机构的从业人员需要充分具备开展征信业务所需的专业技能，尤其是高管人员。一般应从法律法规、管理能力和消极条件等方面对其专业性进行规定。

（1）经营个人征信业务的征信机构的董事、监事和高级管理人员，应当熟悉与征信业务相关的法律法规。董事、监事和高级管理人员是征信机构的决策者和主要运营者，熟悉与征信业务相关的法律制度，是保障征信机构规范运营、健康发展的基本前提。其一，与征信相关的法律法规中，国务院征信业监督管理部门所制定的部门规章和其他规范性文件，虽不属于法律、法规，但与征信紧密相连，是经营个人征信业务征信机构的董事、监事和高级管理人员应熟悉的重要制度。其二，征信机构运营中涉及《中华人民共和国民法通则》《中华人民共和国合同法》《中华人民共和国公司法》《中华人民共和国侵权责任法》《中华人民共和国刑法》《中华人民共和国政府信息公开条例》等法律法规的相关内容，经营个人征信业务的征信机构的董事、监事和高级管理人员应对此有明晰的了解。

（2）经营个人征信业务的征信机构的董事、监事和高级管理人员，应当具有履行职责所需的管理能力。其一，公司的运营本身就需要董事、监事和高级管理人员具有符合其职位的管理能力，如决策能力、组织能力、内外协调能力等。其二，征信业务具有较强的专业性，经营个人征信业务的征信机构的董事、监事和高级管理人员应当具备处理征信业务技术问题的能力，包括掌握必要的专业知识，能够从事专业问题的分析研究，能够熟练运用专业工具和方法等。

（3）经营个人征信业务的征信机构的董事、监事和高级管理人员任职资格的消极条件。《征信机构管理办法》规定，有下列情形之一的，不得担任个人征信机构的董事、监事和高级管理人员：因贪污、贿赂、侵占财产、挪用财产或者破坏社会主义市场经济秩序，被判处刑罚，或者因犯罪被剥夺政治权利，执行期满未逾5年的；最近3年有重大违法违规记录的。“最近3年无重大违法违规记录”应是3年内没有因违法违规行为受到刑事处罚或重大行政处罚的记录。由于征信机构经营与信用相关的业务，应对其董事、监事和高级管理人员在信用方面有更高的要求。

2. 从业人员执业资格管理。监管部门统一制定征信机构专职业务人员执业资格考试办法，由征信业协会组织实施。征信业协会负责征信从业人员执业资格的确认、检查、变更和注销等事宜，并建立征信从业人员资格管理信息系统，进行执业资格公示和注册登记管理。通过征信从业人员资格考试，并在征信机构从事征信业务的，应由本人通过所在征信机构向征信业协会提出执业资格证书申请。征信机构不得任用未取得执业资格证书的人员从事征信业务，个人和征信机构不得在办理执业资格证书申请过程中弄虚作假。

【延伸阅读7-7】

互联网征信的监管问题

随着互联网金融业务规模的快速增长，互联网征信活动日益频繁，主要体现在四个方面：一是以阿里巴巴为代表的电商平台对用户在网上交易的行为数据进行采集、整理、保存、加工，提供给阿里小贷或与其合作的商业银行，再经过深度挖掘和评估，形成对客户的风险定价，并用于信贷审批决策；二是以陆金所、宜信为代表的较大型的P2P网贷平台自建客户信用系统，并用于自身平台撮合的投融资业务中；三是以网络金融信息共享系统（NFCS）、小额信贷行业信用信息共享服务平台（MSP）为代表的同业信息数据库通过采集P2P平台借贷两端客户的个人基本信息、贷款申请、贷款开立、贷款还款和特殊交易等信息，向加入该数据库的P2P等机构提供查询服务；四是以北京国政通科技有限公司为代表的互联网大数据公司，通过收集、整理、保存来源于第三方的互联网数据，运用分析模型和信用评分等技术，形成符合客户需要的征信报告、评级报告等产品，提供给第三方客户。

当前互联网征信存在的主要问题有：

（一）发展问题

1. 法律法规体系不健全。2013年实施的《征信业管理条例》使得征信业摆脱了无法可依的境地，当前已初步建立了以国家法规、部门规章、规范性文件和标准为主体的多层次征信业制度体系，但是还不足以构成较为健全的法律法规体系。这主要表现在向上缺少更高层次法律的支撑，如《社会信用促进法》《个人信用信息保护法》等；

向下需要出台更多的针对《征信业管理条例》的实施细则，诸如《征信机构管理办法》，以规范整个征信业的发展。未来还需要出台关于金融信用信息基础数据库管理和使用、互联网征信的信用信息标准、信息主体的权益保护、网络数据采集和使用规范、不同类型数据库的信息共享、社会征信机构的评级等方面的细则。

2. 信用信息标准欠缺。自2005年起，中国人民银行启动了征信标准化建设，相继制定和发布了《征信数据元　数据元设计与管理》等五项金融行业标准，但是整体而言，征信标准化建设仍然相对滞后。一是尚未建立信用信息的国家标准，各部门、各行业和地方政府参照各自标准建设信用信息系统，系统间缺乏统筹协调，给信息跨行业、跨区域的交流和共享造成了较大障碍。二是互联网征信具有与传统征信完全不同的特点，由于当前缺乏个人和企业网络信息采集标准、信用报告格式规范、征信服务标准等，制约了互联网征信机构利用信息技术提高信息采集、加工和应用的效率。此外，还需要制定相应的接口交换标准，打通传统金融和互联网金融、线上和线下之间的信息壁垒。

3. 信息共享机制不完善。目前，国内征信数据库包括国家金融信用信息基础数据库、地方政府建立的公共服务平台数据库、互联网企业建立的基于网络行为的数据库、P2P公司通过线上采集和线下团队人工调查搭建的数据库等，但是不同类型数据库之间大都是相互割裂的，分别面向不同的信息服务对象。同时，同类型数据库之间也是相互割裂的，一方面，不同职能部门、不同地区由于缺乏信息公开、共享和应用的具体制度和规范，信息的条块分割、区域分割和部门垄断现象较为严重；另一方面，互联网金融企业间的数据库由于涉及企业的核心竞争力，在没有建立起相应的利益激励机制之前，大多是不愿意共享的。

4. 失信惩戒机制乏力。当前，互联网金融服务中对失信者的惩戒措施和手段比较少，阿里巴巴主要通过电商内部通告或关停网店等方式来进行惩戒，网络金融征信平台一般通过“黑名单”来进行惩戒，这样的惩戒力度还比较弱。由于互联网金融企业绝大多数未加入央行征信系统，因此，个人或企业的失信行为并不影响其通过传统金融渠道进行融资，也不影响其享受其他公共服务，这必然增加网络借贷者的投机风险和信用风险。在缺乏失信惩戒机制的情况下，信用市场上必然表现出“格雷欣法则”现象，即守信者被失信者驱逐，这极不利于互联网征信乃至互联网金融业的发展。

（二）风险及监管问题

1. 存在一定的法律风险。当前，部分互联网征信活动可能违背了《征信业管理条例》及相关规章制度。如，网络社交平台、电商平台等可能在用户并不知情的情况下采集了大量的用户信息，这就违背了《征信业管理条例》第十三条中“采集个人信息应当经信息主体本人同意”的规定。又如，互联网上可能存在法律规定不能采集的信息，如宗教信仰、血型、病史等，而互联网征信机构可能有意或无意地采集并使用了用户的敏感数据，这就违背了《征信业管理条例》第十四条的规定。再如，《征信业管理条例》第十五条规定，信息提供者向征信机构提供个人不良信息，应当事先告知信息主体本人。目前，互联网金融平台在撮合信贷交易过程中可能忽视有告知信息主体本人的义务，导致征信机构或平台自身建立的“黑名单”和“不良信息数据库”触犯相关规定。

2. 信息安全风险较大。一是通过互联网采集、传输和提供的网络征信服务，容易受到网络黑客和病毒的攻击。一旦出现信用信息被非法访问、截取和篡改的情况，不但信息系统会遭到不可逆转的破坏性影响，对个人隐私和客户权益的保护也将构成重要威胁，而且网络风险的扩散性和破坏性更大。二是很多互联网金融平台本身并不具备技术优势，一般会将数据库防护网建设外包给其他技术公司，从而存在外包公司人员泄露信用信息的风险。三是商业化的个人征信机构刚刚起步，对信息安全体系建设和风险防控的经验相对不足，应急管理能力亟待提升。

3. 信息主体权益保护较弱。一是互联网征信机构非法或过度采集和使用个人信息。在互联网环境下，个人信用信息的采集、共享和使用与信息主体权益保护存在一定的冲突。如互联网征信机构可能在信息主体不知情的情况下完成个人信息的采集，甚至以其自身的强势地位，在用户注册时强制采集用户的个人信息。二是由于互联网征信机构的信息安全漏洞导致信息的泄露，给消费者带来损失。三是互联网征信机构由于内控不严，出现内部人员非法向外部机构或个人泄露客户隐私的行为，或者互联网征信机构故意贩卖客户信息，牟取非法收益。在当前互联网征信监管还比较薄弱的环境下，这些情况均有可能发生。

4. 缺乏行业自律组织。当前，我国征信业缺乏相应的行业自律组织。一方面是由于我国征信业长期以来处于无法可依状态，大多数社会征信机构游离于监管之外，而信用评级机构根据服务市场的不同受中国人民银行、国家发改委和证监会等不同部门的多头监管。另一方面是由于我国征信业发展相对滞后，征信机构和征信市场发育不足。随着《征信业管理条例》《征信机构管理办法》的出台以及个人和企业征信牌照的发放，未来征信业必将步入规范、快速的发展轨道，建立行业自律组织的必要性显得越来越明显。

【思考练习】

一、填空题

1. 美国的征信业始于________年，其第一家征信所是由____________建立的。

2. 美国、欧盟、日本征信业的发展模式分别是____________、____________及____________。

3. 中国征信行业发展可分为____________、____________、____________、____________等四个主要阶段。

4. 在美国征信法律法规中，____________是截至目前，美国信用法律体系中最具代表性的一部，也是影响力最大的一部。

5. ____________的建立，标志着日本建构完成了一个相对完整的，以个人信息保护法为基本法、各部门单行法为补充法的法律体系。

6. 2008 年 5 月 1 日施行的____________，是我国历史上第一部有关政府信息公开的全国性法规。

7. 中国人民银行征信管理局于________年底启动了征信标准化工作，迄今共发布了____项标准。

8. ____________是承担个人信用数据库日常运行和管理的部门。

9.《征信业管理条例》规范的对象主要是____________及____________。

10. 征信标准化是为了保证征信行业有一个有效、规范的运作秩序，解决资源共享的实际问题而制订的共同的和重复使用的指导性文件或规则的活动，包括____________和____________等。

二、判断题

1. 在日本征信体系的形成构建过程中，行业协会发挥着非常重要的作用。(　　)

2. 美国征信立法是由于20世纪70年代征信业的快速发展所导致的系列问题而开始，走的是一条在发展中规范的立法过程。(　　)

3. 在市场主导型的征信体系中，中央银行承担着主要的监管职能。(　　)

4. 从中国征信市场发展的历程和现状看，中国征信市场的发展是典型的政府主导型征信制度模式。(　　)

5. 征信标准体系是由征信体系建设范围内具有外在联系的标准组成的科学的有机整体。(　　)

6. 征信机构是征信市场的组织载体，但不是征信市场的参与主体。(　　)

7. 征信管理体系是制定和实施征信方针和目标，并进而实现这些目标的一系列相互关联的要素的集合。(　　)

8. 目前，我国虽然已经基本确立了征信管理体制，初步形成了征信管理体系，但仍存在体制不健全、法律法规基础薄弱、管理手段不足等问题。(　　)

9.《征信业管理条例》适用于在我国境内外从事个人或企业信用信息的采集、整理、保存、加工，并向信息使用者提供的征信业务及相关活动。(　　)

10.《征信业管理条例》对设立从事个人征信业务的征信机构的管理相对严格，除符合公司法规定的条件外，还需具备主要股东信誉良好，最近1年无重大违法违规记录、注册资本不少于5 000万元等条件。(　　)

三、单项选择题

1. 美国《公平信用报告法》规定消费者个人的不良信用记录允许保留(　　)年。

A. 2　　B. 5　　C. 7　　D. 10

2. 征信要监管，主要目的是（　　）。

A. 保护使用者的利益　　B. 保护数据主体的利益

C. 保护征信机构的利益　　D. 保护政府的利益

3. 经营个人征信业务的征信机构的董事、监事和高级管理人员，应当熟悉与征信业务相关的法律法规，具有履行职责所需的征信业从业经验和管理能力，最近（　　）无重大违法违规记录，并取得国务院征信业监督管理部门核准的任职资格。

A. 半年　　B. 一年　　C. 两年　　D. 三年

4. 《征信业管理条例》经（　　）国务院第228次常务会议通过，现予公布。

A. 2012年12月26日　　B. 2012年10月26日

C. 2010年12月26日　　D. 2010年10月26日

5. 征信业务是指对（　　）等组织的信用信息和个人的信用信息进行采集、整理、保存、加工，并向信息使用者提供的活动。

A. 金融保险机构　B. 银行业　C. 企事业单位　D. 国有企业

6. 《征信业管理条例》对个人不良信用信息的保存期限设定为（　　）年，超过（　　）年的，应当予以删除。

A. 3，3　B. 5，5　C. 6，6　D. 2，2

7. 设立经营个人征信业务的征信机构的，主要股东信誉良好，最近（　　）年无重大违法违规记录，注册资本不少于人民币（　　）万元。

A. 3，5 000　B. 3，3 000　C. 5，5 000　D. 5，3 000

8. 设立经营企业征信业务的征信机构，自公司于登记机关准予登记之日起(　　)日内向所在地的国务院征信业监督管理部门派出机构办理备案。

A. 15　B. 25　C. 30　D. 35

9. 擅自设立经营个人征信业务的征信机构或者从事个人征信业务活动的，由国务院征信业监督管理部门予以取缔，处（　　）万元以上（　　）万元以下的罚款。

A. 5，50　B. 5，30　C. 3，30　D. 3，50

10. 征信机构金融信用信息基础数据库运行机构违反条例规定，违法提供或者出售信息的，由国务院征信业监督管理部门或者其派出机构责令限期改正，对单位处（　　）万元以上（　　）万元以下的罚款；对直接负责的主管人员和其他直接责任人员处（　　）万元以上（　　）万元以下的罚款。

A. 5，50；1，10　B. 1，10；1，5　C. 5，20；2，10　D. 10，20；2，10

四、多项选择题

1. 美国征信产品主要有（　　）。

A. 个人征信调查　B. 企业征信调查　C. 企业资信报告　D. 信用记录

2. 目前，中国征信行业的主体主要有（　　）。

A. 中国人民银行征信中心　　B. 各级政府设立的信息中心

C. 金融行业协会　　D. 社会化征信机构

3. （　　）是美国征信体系的主要监管部门。

A. 财政部货币监理署　　B. 联邦储备理事会

C. 联邦贸易委员会　　D. 消费者金融保护局

4. 设立经营企业征信业务的征信机构，应当符合《中华人民共和国公司法》规定的设立条件，并自公司登记机关准予登记之日起30日内向所在地的国务院征信业监督管理部门派出机构办理备案，并提供下列材料（　　）。

A. 营业执照

B. 股权结构、组织机构说明

C. 业务范围、业务规则、业务系统的基本情况

D. 信息安全和风险防范措施

5. 我国征信业监管主要包括（　　）。

A. 征信机构管理　B. 征信业务管理　C. 征信市场管理　D. 从业人员管理

6. 中国人民银行作为国务院征信业监督管理部门履行（　　）管理职责。

A. 制定征信业管理的规章制度，管理征信机构的市场

B. 对征信业务活动进行常规管理

C. 对征信机构、金融信用信息基础数据库运行机构等报送或查询信息的机构遵守《征信业管理条例》及有关规章制度的情况进行检查，对违法行为进行处罚

D. 受理信息主体提出的投诉

7. 征信机构、金融信用信息基础数据库运行机构违反《征信管理条例》规定，有（　　）行为的，由国务院征信业监督管理部门给予处罚，构成犯罪的，依法追究刑事责任。

A. 窃取或者以其他方式非法获取信息，采集禁止采集的个人信息或者未经同意采集个人信息，违法提供或者出售信息

B. 因过失泄露信息，逾期不删除个人不良信息，未按照规定对异议信息进行核查和处理

C. 拒绝、阻碍国务院征信业监督管理部门或者其派出机构检查、调查或者不如实提供有关文件、资料

D. 违反征信业务规则，侵害信息主体合法权益的其他行为

五、简答题

1. 国外征信业的发展模式有哪些？
2. 中国征信业发展模式具有哪些特点？
3. 国外征信监管的主要模式有哪些？
4. 试分析国外征信业监管对中国有哪些启示。
5. 中国人民银行作为征信业监管机构的具体职责是什么？
6. 试分析当前我国互联网征信平台建设现状及问题。
7. 简述中国征信业监管体系的主要内容。

六、思考题

事件发生经过：2013 年 5 月的一天，某市中国人民银行的征信管理工作人员接到举报电话，称其辖区内的某商贸公司（以下简称“A 公司”）打着“某市企业征信管理中心”的旗号征集企业征信业务信息。随后，某自然人（以下简称“自然人 B”）与其律师匆忙到中国人民银行反映其疑被某征信公司（以下简称“C 公司”）的违法授权所欺骗。

据自然人 B 描述，2013 年 5 月初，他与 C 公司签订了一份 50 万元的加盟合同（当时协商先缴 10 万元，随后补齐），合同载明：C 公司自签订日起授权自然人 B 在某市境内作为“11315 企业征信业务”区域代理。但自然人 B 后来了解到 C 公司还同时

与其他企业或个人签订了同地域授权合同。为此，自然人B以自己没有能力经营为由，请C公司退还所交款项，但对方不予理睬，还要求其尽快缴纳剩下的加盟费。自然人B感到自己受骗了，遂到中国人民银行反映该情况。

事件调查结果：某市中国人民银行工作人员立即对A公司进行了调查，该公司法人代表称：她于2012年2月向C公司缴纳加盟费，注册成立现有公司，开展建立企业信用档案的征信业务，已为70多户企业建立了信用档案，每户收费800元。《征信业管理条例》（以下简称《条例》）实施后，C公司向她颁发了在某市开展企业征信业务的“授权书”。

中国人民银行工作人员查看了A公司的营业执照、机构代码证、税务登记证以及C公司出具的“授权书”等相关资料，初步确认：A公司是在某市工商局注册的独立法人，而非C公司的分支机构；对C公司在全国开展征信业务是否在中国人民银行备案无法确定，《条例》没有征信业务授权的相关规定，只有备案与审批的规定，所以其出具的“授权书”应属无效。

首先，C公司建立的所谓“全国企业征信系统”是在企业并不知情的情况下，按行政区域收集全国所有企业的名称并放入该系统，为企业建立“信用档案”。C公司所谓的分支机构——A公司，打着“某市企业征信管理中心”的名义电话通知企业领取信用档案，应属违规行为。且登录该“全国企业征信系统”的网址查看，该系统大多数的采集信息仅有企业名称和企业信用编码，除缴纳费用企业的“政府监督信息”部分较完整外，其他信息基本为空白。

其次，企业只要缴纳企业信用档案服务费，就可以使用该系统。C公司将缴纳了信用档案服务费的企业视为合作伙伴，给予较高的信用分值，授予“立信企业”称号，对未缴费的企业则给予相对较低的信用分值。另外，C公司还对企业进行评级，并出具《企业信用状况白皮书》，对在系统内分类排前3位的企业还另收取0.8万~2.8万元的特色服务费。

1. 结合以上案例，分析我国企业开展征信业务应具备的条件。

2. 分析加强征信联合监管机构建设的重要意义。

第八章

大数据与征信业的发展

【学习目标】

- 了解大数据时代背景下征信的特征
- 熟悉国内外大数据征信的主要平台和监管的法律法规
- 知道征信数据跨境流动所面临的主要问题
- 掌握发达国家征信数据跨境流动的模式
- 知道推动我国征信数据跨境流动的一些重要举措
- 了解征信业的未来发展，包括互联网经济下的征信模式、我国大数据征信市场的发展方向以及大数据征信业的发展趋势

互联网普及是大数据时代到来的基础。正是由于互联网技术在社交、电子商务、供应链、企业生产经营等领域的普遍应用，信息的沉淀和大规模收集才成为可能，这直接导致大数据时代的诞生。在大数据时代，移动互联、云计算的交互融合，对征信行业具有强大的冲击力，它颠覆了我们对传统征信的一些理念。大数据改变了征信数据收集与整合的方式，征信行业的生产、经营、组织方式正在悄然发生变革，以积极适应大数据时代的新变化。

第一节　大数据时代征信业的创新发展

一、大数据时代的到来

（一）大数据的内涵

按照麦肯锡的定义，大数据是指无法在一定时间内用传统数据库软件工具对其内容进行抓取、管理和处理的数据集合。根据维基百科的定义，大数据又称为巨量数据、海量数据、大资料，是指所涉及的数据量规模巨大到无法通过人工在合理时间内截取、管理、处理并整理成为人类所能解读的信息。国际数据公司将大数据定义为更经济地从高频率的、大容量的、不同结构和类型的数据中获取价值而设计的新一代架构和技术。

大数据的特征主要表现在五个方面：容量大（Volume）、多样性（Variety）、速度

快（Velocity）、价值高（Value）、真实性（Veracity）。

1. 容量大（Volume）。传统征信技术条件下，数据处理一般以 GB 为单位。大数据时代，数据存储量往往以 TB、PB，甚至 ZB 来衡量（1ZB 等于 1 万亿 GB），传统的信息处理单位已不能满足实际需求。中国人民银行企业和个人征信系统收录了 400 多万企业和 3 亿多个人的信贷记录，数据量以 TB 计；美国金融监管局的投资者交易记录数据库，每天提取的交易记录达到 200 亿条以上，并能够按日、月、年等频次进行数据分析，以监测异常交易情况。而运用云技术的大数据征信的数据处理单位达到了 PB。如 Ebay 大数据分析平台，其每天处理的数据量高达 100PB（1PB 等于 1024TB）。产生如此巨大的数据量，一是由于各种传感器的使用，让我们能够感知并量化更多的物理量；二是由于互联网通信技术的提升，使网络交流的数据量呈指数级增加。与此同时，随着电子产业的不断发展，数据存储的成本急速降低，这也是促进全球数据量增长的主要原因。

2. 多样性（Variety）。数据多样性可分为格式多样性和来源多样性。（1）格式多样性是指数据不限于传统的结构化数据，还包括音频、视频、微博、邮件等半结构化和非结构化的文本和行为数据。①结构化数据，又称行数据，是指存储在数据库里，可以用二维表结构来逻辑表达的数据。如信贷数据、财务系统数据、信息管理系统数据、医疗系统数据等。②非结构化数据是不方便用二维表结构来逻辑表达的数据，如视频、图片、音频等。③半结构化数据是介于结构化数据与非结构化数据之间的数据，如 HTML 文档、邮件、网页等。（2）来源多样性是指数据来源的渠道大大拓宽，可来自电子商务、网络点击、社交网络、卫星定位系统等。

3. 速度快（Velocity）。数据的产生和更新频率很快，对数据创新、处理和分析的速度也持续加快，数据的实时性特征凸显。一方面，分布式计算、云计算等大数据技术极大降低了信用采集成本。例如，Facebook 通过 Hive 每半小时就能扫描 105TB 网页数据。另一方面，大数据技术提高了信息处理的效率。大数据技术，尤其是云计算技术使以前需要几个月才能完成的数据处理缩短为几个小时。例如，ZestFinance 公司利用大数据分析和机器学习技术，开发出可以同时处理 7 万个指标的模型，用以判断借款人的信用状况。该模型将运算时间缩短至 3 ~ 5 秒，并使违约率降低 40%。通过高性能的传感器、电脑处理器与性能优化的算法，企业不仅可以快速获取、存储数据，并且能够实时处理、分析数据，将有用信息及时反馈给用户，以便用户作出正确决策。

4. 价值高（Value）。挖掘大数据的价值犹如沙里淘金，从海量数据中挖掘出稀疏但极具价值的信息，使人们从着重于对事物规律的认识到更关注个体特征，为充分满足个性化的定制需求作参考。这有效降低了长尾市场的专注成本，并蕴含着巨大的商业价值。有机构预测，大数据应用将使美国零售业净利润增长 60%，可使制造业的产品开发和组装成本降低 50%。

5. 真实性（Veracity）。数据的重要性在于对决策的支持，数据的规模并不能决定其能否为决策提供帮助，数据的真实性和数据的质量才是最为关键的。追求高数据质量对大数据而言本身就是一个二元悖论，我们必须承认大数据中存在的不确定性，但是可以通过数据融合、模糊等多种处理手段，并结合多个可靠性较低的数据进行相互验证，从中发现数据规律，寻找大数据中的真实性。

（二）大数据时代的影响及发展趋势

人类社会正迈向崭新的数字化时代，存储信息量快速增长，计算机数据处理能力也在大幅提升。过去不可计量、存储、分析和共享的很多东西都被数据化了，数据成为一项重要的商业资本，被用来激发产品和服务的创新，进而创造新的经济利益。各行各业的业务触角都延伸至大数据产业，大数据被应用于经济、金融、电商等各个领域。目前，从全球情况看，大数据分布的行业主要集中在金融行业、气象领域、医疗交通、电信信息、电力/电网/石油、自动化工作制造业、电信设备等。在互联网领域里，大数据的使用尤为普遍，如电子政务、电子商务、社交网络、搜集信息等方面。根据国际数据公司的研究，2008 年全球产生的数据量为 0.49ZB；2009 年为 0.8ZB；2010 年增长至 1.2ZB；2011 年更是高达 1.82ZB，相当于全球每人产生了 200GB 以上的数据。预计 2020 年将达到 35.2ZB。

根据《2017 中国大数据发展报告》，我国大数据发展总体处于起步阶段，北京、广东、上海的大数据发展总指数位居前三，资本和产业是当前地方大数据发展的突出短板，人才短缺问题尤为突出。我国的大数据行业主要集中在互联网、通信、金融、公共部门等，大数据已经开始比较广泛地应用于生产、经营、交易、营销等领域。其中，互联网公司的主要代表有阿里巴巴、百度、腾讯、搜狐、新浪等，通信公司的代表有中国联通、中国移动、中国电信等，金融部门包括银行、证券、保险等，公共部门有工商管理、税务、公安、质检等部门。随着互联网产业的发展，越来越多的企业利用源源不断的大数据，监控生产机器运行、第一时间了解企业生产经营情况、帮助企业决策等。

（三）大数据征信的特征

大数据征信是指依靠大数据技术构建信用评估模型，通过多维度信用评估，形成对个人、企业和组织的信用评价。其信息源大致包括互联网非保密信息、个体提供信息、其他合作机构提供信息。大数据征信相比传统意义征信而言，浅层地从获得数据的渠道来说，传统征信主要通过线下渠道获得，主要以金融机构的数据为处理范围，变量的可选性相对较小；而大数据则是通过互联网获取，有多维度、多变量、综合性的考量。大数据征信的特征主要体现在以下几个方面：

1. 依托互联网，扩大覆盖范围。收入情况、社保缴纳、信用卡消费等，与银行直接发生过这些借贷关系的人群，可以通过全国个人征信数据库查询到信用记录，从而进行相应的风险评估，但这一主要数据库牵涉面十分有限。而在互联网上，只要个体有登记注册、开立银行账户、进行纳税，甚至社交等活动，便能依据这些网络的痕迹，采取数据的深层挖掘与有效分析，同样有可能获得有价值的信用信息。这使征信人群辐射范围扩大，得到延展。

2. 获取广谱数据源，多方渗透。传统征信主要使用传统结构化数据，其主要来源为借贷范畴。而大数据征信不仅限于目前的形式，除了现金流等财务数据外，根据互联网的活动痕迹，还可获知客户的交易行为、社会关系等半结构化的数据。通过对这些半结构化数据甚至非结构化数据进行不同维度、不同层次的挖掘与分析，可以得到关于心理、行为、性格等根本的和有价值的数据源，使之成为新数据的来源之一，继而纳入征信体系。由此可见，大数据提供的广泛而复杂的信息源对征信业务的信用评估渗透力与影响力十分强大。

3. 横向时间展开，实现数据实时性。离线的事后分析数据，让传统征信评价模式陷入了数据少、时效差的泥潭。在飞速发展的“互联网+”金融时代，只关注、分析考察对象的历史信息早已不够，取代传统征信的精确性，大数据把重点转移至数据的相关性方面。依靠大数据所具备的存量和热数据的典型特征，数据已成为一种在线实时更新的状态。在大数据征信的分析对象中，不仅包括考察目标的历史记录，还在时间的横向维度上加入当前信息。当数据的纵向挖掘与横向扩宽相结合时，信用评价的处理速度与决策效率将更加高效。

4. 多元变量，量化全面而精确。科技的持续前进，让使用海量数据有了新的可能。大数据征信中信用评价模型可容纳发展更多的变量，这为量化信用评价结果提供了全面而精确的保障，更适应快速更迭的信息时代。

5. 人性化思路，适用多场景。大数据征信的数据来源、内容模型思路等，主要来自于借贷场景外的生活，例如，预订机票、酒店、租车等需要预授权支付或缴纳押金的场合，其得出的信用评价也更接近于人的本性的判断。基于人性化思路发展，大数据征信有着可持续的发展前景。

二、国外大数据征信的开展

国内外征信机构都在探索如何快速地适应大数据时代的到来。国外很多大型征信机构对自身的定位发生了变化，迅速地从征信机构向信息服务机构转变，不仅服务于征信行业，也广泛运用大数据涉足数据营销领域，丰富自身的数据来源，充分利用自己的专业技能，提升数据服务能力。

（一）国外大数据征信业务的开展情况

国外征信机构在运用大数据从事征信活动时，主要运用多种来源的数据，通过相互验证，了解信息主体的信用状况。大数据的应用主要是帮助弱势群体，包括年轻人、少数族裔、小微企业等，这些群体往往没有信用记录，无法对其进行信用评分，或者信用评分较低，无法进入正规金融体系。通过大数据征信，可以丰富授信机构掌握这些群体的信息，增加评价的维度，帮助授信机构更好地了解其信用状况。

大数据征信的一大特点是每一类数据都不足以对信息主体的信用状况进行判断，信息的准确性也不一定很高（价值的稀疏性）。但是，可以通过综合其多维度的数据，剔除数据噪声，形成一个相互印证、相互支持的信息链条，从而得出该信息主体信用状况的一个判断。这一点只能通过大规模、多维度的信息处理，发现数据与违约率之间的客观规律，应用到信息主体的信用评价上。有人把这一过程通俗地表达为“信用画像”。因此，大数据征信可能不适宜为信息主体出具一个信用报告，但基于大数据的违约模型构建可能会成为大数据征信服务的一种常态。

从国外征信实践看，国外在涉足大数据征信时，除了依赖传统的授信信息外，还有如下几个层次：一是非传统数据的应用，主要是水、电、煤气、通信、房租等缴费信息，这是应用最为广泛的数据；二是广泛地应用于公共数据，包括缴税、法院判决等信息；三是广泛的社交信息、电子商务信息、支付结算流水信息、公共互联网平台产生的信息、物联网产生的信息等，如通过考察信息主体的朋友圈、交通出行规律、书写习惯、网上浏览习惯等，来更全面地识别信息主体的信用状况。

（二）国外主要大数据征信平台

1. 美国 ZestFinance 公司。硅谷越来越多的科技企业开始向金融圈进军，ZestFinance 就是其中之一。该公司主要为个人提供信用评估服务，并运用大数据技术开展征信服务，专注于为得不到传统金融机构服务的人群提供金融服务，力求通过为这些人群提供增信服务，降低融资成本，重塑信贷流程。这家公司打出的旗号是“将 Google 算法带入征信领域”。其利用机器学习和大数据技术，创立了一套和传统模式相异的信用评分方式，其中应用的数据变量是传统模式的上百倍。

目前，美国征信公司个人信用评级都来自 FICO 评分法，绝大部分金融机构使用的信用评分也都来自 FICO 的模型算法。自 20 世纪 60 年代至今，在美国的征信体系中，FICO 的地位从未被撼动。它通过征信公司的海量个人征信数据，经过复杂的模型计算才能形成征信产品。FICO 的评分模型的确首屈一指，但并非十全十美。FICO 信用评分参考的数据变量只有不到 50 个，因此很多人摸清了 FICO 关注的变量后，就可以通过“模型套利”增加自己的信用评分，例如，一个人可以每天反复在图书馆借书还书“刷信用”。FICO 评分体系在美国金融危机后饱受市场质疑。

ZestFinance 公司，2009 年 9 月成立于洛杉矶，创始人道格拉斯·梅里尔（Douglas Merrill）是 Google 的前信息总监兼工程副总裁，他指出，ZestFinance 完全可以取代 FICO 用的算法。针对 FICO 评分体系的缺陷，ZestFinance 重新设计了一套信用评估模型。该模型通过尽可能多的数据信息反映个人信用状况，运用大数据采集与分析技术挖掘个人信用，实现信用增信。

ZestFinance 参考的数据变量多达上万条，并采用非线性化的、更前沿的技术来进行分析，从而防止了“模型套利”的现象，更精确地评估消费者信用风险。ZestFinance 公司在大数据技术运用于征信方面创立了新的领域。一方面，其信用评分系统充分借鉴传统信用评分体系，将个人信贷信息，账单、还款记录等结构化数据作为信用评分的重要依据。另一方面，ZestFinance 公司借助大数据技术，广泛采集非结构化数据。这些数据既包括个人的生活习惯信息，如消费信息、旅游信息；也包括个人的基本信息，如居住地和租房记录等；还包括个人的行为信息，如个人的上网习惯、书写习惯和交友圈等。大数据技术采集的结构化和非结构化数据信息，充分反映了个人的整体信用状况，也为信用分析提供了数据支撑。收集如此众多的信用信息，需要借助多方面的渠道实现。ZestFinance 的数据主要来源于三个途径：一是通过第三方机构获取传统信贷数据、法律记录等信息；二是通过自身系统提取用户电话账本、缴费单等记录；三是通过互联网抓取技术获取用户的网络行为、网络社交等信息。

ZestFinance 大数据处理技术是建立在机器学习预测模型基础上的，而在数据归纳与分析方面则采用了集成学习技术。其数据分析处理流程包括三个方面：第一，通过网络等各种渠道获取非结构化数据，同时获取第三方提供的结构化数据，并将两方面数据导入数据库。第二，利用机器学习预测模型和集成学习技术，将数据进行分类汇总，形成数据决策板块。其中，ZestFinance 开发了 10 个基于机器学习的分析模型，对每位信贷申请人的超过 1 万条数据信息进行分析，并得出超过 7 万个可对其行为做出测量的指标，整个过程在 5 秒钟内就能全部完成，其决策性能远远好于业界的平均水平。第三，将数据决策板块的变量导入评分模型，得出最终信用评分。

ZestFinance 提供金融包容服务（“金融包容”正在成为一个新兴词汇，它的含义是指让没有银行账户或信用记录不好的人群公平地享受金融服务），为无银行账户或信用记录不好的借款人创造公正透明的信用评分。通过成千上万的数据变量，每个人都可以拥有一份公正的信用评价。ZestFinance 帮助信用记录不好的人贷款，主要通过两种方式：一种是直接从 ZestCash（ZestFinance 贷款平台）对其发放贷款；另一种是让使用 ZestFinance 评分系统的金融机构，通过 ZestFinance 的评分结果对其发放贷款。目前，ZestFinance 已经帮助了超过 10 万名没有银行账户或信用记录不好的美国人获得了贷款。ZestFinance 公司结合了商业化数据和信贷数据开展大数据征信，其信用评分数据库囊括了结构化和非结构化数据，数据来源渠道多元，数据处理技术充分利用机器学习预测技术和集成学习技术。这些对我国的大数据征信模式的选择和数据处理分析技术的发展，都具有较强的借鉴意义。

2. 网商放贷 Kabbage。美国的 Kabbage 于 2008 年创立，是一个基于大量数据和算法征信的在线贷款平台，其开创了“网商贷款”的新模式，采取大数据技术重新策划征信方式，给予网络小店信贷服务。

微小电商，特别是网店，通常规模小，没有固定资产，在经营过程中经常遇到资金短缺、暂时性周转不良的情况。面对困境，微小电商又很难从银行等传统金融机构获得信用贷款或者尽快得到放款，Kabbage 就是从这一市场需求切入的。借款方需要提供多少预付款的决策，依据网店自身的运营数据。Kabbage 的合作伙伴 Google Analytics 向其提供网络分析信息，网商经常用来记账的软件商 Quickbooks 提供账务信息，UPS 等物流公司提供物流信息，Kabbage 甚至提醒客户将 Facebook 和 Twitter 与网站账户绑定，用以考察店家在社交网络上与客户的互动情况和行为习惯等指标，并将所有这些信息塞入征信评估模型。这是革命性的数据整合。从运营交易数据、物流发货数据，到社交网络数据，Kabbage 把互联网上相关的每一种数据转化为与信用相关的数据，开创了电商放贷的新模式。

网店商家在 Kabbage 申请贷款后，会进入初步审查。Kabbage 的初审包括审查商户是否有足够的网络销售时间和交易数据，经营情况如何（销售量、库存量、营业收入等）。对通过初审的借款方确定其预付款申请的批准和利率的数值，主要依靠 Kabbage 核心的审核模块。审核模块利用 Kabbage 在数据挖掘和处理技术方面的创新得到一份独特的信用报告，根据报告结果来确定是否可以向商家进行放款以及相应的利率是多少。

作为大数据背景下的新金融模式，Kabbage 与国内阿里巴巴“阿里小贷”的经营模式类似，具有两个核心环节：数据获取与数据分析利用。虽然核心环节趋近，但仍存在差异。特别是在数据获取上。Kabbage 的信息来自多元化的收集数据，而阿里系的金融产品则是借助旗下平台的数据积累。当商户有大量的历史交易支付数据时，阿里能通过这些数据作出放贷的决策判断，贷款成本相对降低。反之则上升。这意味着商家自主提供的数据直觉决定最终的贷款额度和成本。

此外，阿里贷款平台并没有向第三方开放，那些希望在平台上获得金融服务的机构并没有机会获得相关数据的共享。而 Kabbage 收集数据的思路则不一样，它的数据来自第三方平台数据，如信息数据、物流公司的配送数据、第三方软件公司提供的记账数据，甚至是社交网络平台的行为数据。这些第三方不仅提供数据，也能提供相应的金融服务，相对开放。

3. 个人征信机构 Equifax。美国知名征信所 Equifax 利用大数据，结合全球的 8 000 亿条企业和消费者记录，开发新的分析产品。作为美国三大征信所之一，Equifax 公司存储着美国所有成年人以及另外 16 个国家公民的财务数据，其中包括全球 5 亿个消费者和 8 100 万家企业。这些信息包括电话号码或地址、牙齿治疗贷款的申请、杂志订阅、租赁历史记录、房地产资产、投资理财、购买零售商品、纳税申报单类型、婚姻状况、就业状况、水电费缴付、有线电视账户、犯罪记录、债务收入比、地址更改、机动车档案、邮政信箱、推断某人能否支付账单、预测某人的支付意向，以及与过去和潜在的欺诈犯罪有无关系等。这些看起来杂乱无章的海量信息，经过交叉分析和索引处理后，变成 26PB 的数据。这个数字所包含的信息已经超过了美国联邦调查局调查数据仓库（据说是联邦调查局最庞大的数据存储库）的 10 亿份不重复文档。利用 Equifax 存储的海量数据，可以开发利润更丰厚的产品和服务。

Equifax 还有一款新产品，可以用来实时监测信用报告查询系统，以及时发现犯罪苗头。公司推出的“未公开债务监测”（Undisclosed Debt Monitoring）服务，用来监测借款人从抵押贷款获审批到截止日期这段时间内的主要支出情况。例如，借款人可能因在抵押贷款获批后办理汽车贷款，从而改变借款人的还款风险评估状况，这将超出银行为其抵押贷款交易而设定的条件。

此外，Equifax 还将这种技术融入了创收产品中，以适应完全不同的情况。比如，实时的身份验证有助于电信公司避免遭到欺诈。电信公司还可以向 Equifax 购买市场营销服务。实时的身份验证和“决策”服务可以让零售商、电信公司及其他商家成交更多价值更高的单子。2011 年，Equifax 开始帮助美国国土安全部和美国公民及移民服务局核查移民的就业资格。

除了艾可飞（Equifax），全球还有两大商业个人征信巨无霸，益百利（Experian）和环联（Trans Union）。这三大巨头通过收购和信用合作等方式不断向全球扩张，以在海外广泛设立分支机构的方式把业务几乎覆盖全球，逐步发展成为完全国际化的世界性个人征信组织。这三家巨头已经不仅仅是单纯的征信公司，其业务还涉及数据相关的解决方案，凭借对数据的增值服务能力，成长为全球的征信业领袖。

（三）国外大数据征信监管法律法规

从国外情况看，法律法规和监管部门对于信息主体的权益保护是非常严格的，并且正在进一步加强。以电信信息的使用为例，美国有专门的《电信数据法案》对运营商进行法律约束，美国联邦贸易委员会（Federal Trade Commission）在保护信息主体权益方面也扮演着重要角色，美国电信运营商数据的使用、分析都需要向政府部门进行申请，并且仅限使用于所申请的单一项目。因此，美国电信运营商收录的信息比较广泛，包括电视、手机、固定电话的信息；信息的挖掘使用主要是供平台内部使用，目的是为了更好地服务客户；对外提供的只能是群体的总体信息，不是能够定位到个人的个人特征信息。

在欧盟等国家，《个人数据保护法》正在修订，关于个人信息的保护正在加强，典型的一项权利是被遗忘权，即权利人有权要求相关机构删除有关他们的个人数据，同时阻止个人数据的进一步传播。

因此，在国外，大数据征信反而没有国内火爆，在数据利用方面受到更多的限制。例如，互联网公司采集、分析用户在互联网上留下的痕迹，并根据结果推送广告时，会给予信息主体充分的选择权（有多项选择），可以由信息主体自由选择授权，而不是采用“霸王条款”要求必须全部授权才能使用相关服务，赋予了信息主体充分的自由权利，即使信息主体不允许自身信息被采集，仍然可以享受到相关服务。

另外，国外更注重信息与信用状况的直接关系。例如，他们往往认为，有与钱发生关系的授信活动的数据才能很好地反映一个人的信用状况，并且越来越多的证据表明，个人的行为在网络上与现实中会有很大的偏差，如果数据维度和信息量不够多，往往会导致误判。

三、大数据在我国征信业中的应用

我国在大数据征信方面起步较晚，随着供应链金融、P2P、第三方支付的兴起，征信行业不断向前发展。目前，很多拥有大数据的机构已经或者准备进入征信业，有些机构也开辟了多种新型的征信渠道，我国大数据征信市场前景广阔。

（一）专业的征信数据平台

数据征信在信用数据积累相对比较完善的国家发展较快。在国外，有专门为互联网公司提供数据征信服务的公司。这些公司通过多种渠道搜集原始数据，如自我挖掘数据或从其他平台购买数据等，他们利用自身数据分析工具，开展数据分析，形成分析结果，并卖给需要这些征信数据的公司。在国内，由于数据库建设和各个平台之间的数据封闭，开展此项业务相对比较困难。中国人民银行在逐渐放开对个人的数据征信查询，企业独立的征信平台也开始出现。

1. 阿里巴巴大数据征信。阿里巴巴的征信数据主要来源于两个方面：一是基于企业信用的量化产品诚信通；二是基于电商平台的支付宝。

阿里巴巴征信模式的优势：一是多渠道的信用信息来源。截至2014年底，阿里巴巴中国站注册会员数量突破5 000万，会员覆盖了全国34个省级行政区、3 000多个县（市）。而在阿里巴巴中国站批发平台上，聚集了2亿多种商品，商品覆盖40个大行业、5 000多个三级行业。遍布全国各地的网络商户交易记录以及品种繁多的商品交易信息，为其数据的采集提供了稳定便利的渠道。二是出色的信息数据。阿里巴巴掌握着大量贴近市场主体信用状况的数据，包括网络商户的交易信息、企业资金状况、产品销售情况、客户满意度等实时数据，并且能够做到及时更新，这是国内任何一家征信机构都无法实现的。另外，通过支付宝平台，阿里巴巴还能够积累各类消费者的购买信息、消费还款记录，这些信息也有助于其分析研判未来的业务发展趋势。三是独有的风险控制能力。除利用自身的数据平台外，阿里巴巴还积极与金融机构合作，将自身数据与信用风险评价模型相结合，开发风险防范系统。依据企业在阿里巴巴建立的第三方认证数据和信用数据，制定贷前准入机制，设置合适的风险费率。四是高效的信贷流水线。

阿里巴巴依托其海量的信用数据库、独特的数据来源、贴近实际的评估模型，通过网络完成贷款的审核、批准、跟踪和回收。通常商业银行客户经理最多能管理100家小微企业，而阿里巴巴将这个数字扩展成1 000家以上。且银行单笔信贷成本在2 000元左右，而阿里小贷只有2.3元左右。

2. 上海新金融数据征信系统（NFCS）。2013年8月，上海资信发起设立全国首个网络金融征信系统，主要为企业和个人提供征信服务，也为上海小贷公司接入人民银行征信系统提供接口，是集企业和个人征信服务为一体的服务平台。

NFCS借助政府的力量，通过网络金融征信系统为企业开展网贷服务，目前该系统收集的信息包括企业主体基本信息、贷款申请信息、借款合同与偿还信息、特殊交易信息等，形成了信贷全流程的信息资源库。该系统还积极尝试将网贷企业的信用信息收集整理，并最终实现网贷企业之间的信息资源共享；积极打通线上线下的信息壁垒，实现企业债务的全方位记录与监测，力争成为央行征信数据库的重要补充。

截至2015年6月，NFCS共收集81.5万借款人和392亿元业务等信息；与全国584家机构合作，246家机构向其报数，为129家机构提供查询服务，累计查询158万次，日均查询5 900次。P2P机构借助NFCS征信平台，可以全面及时地跟踪借款企业信用状况，从而有效降低网贷借款违约成本，减少贷款违约率。2015年4月，上海市信用服务行业协会和上海资信有限公司牵头，共同成立上海新金融信用管理专业委员会。上海新金融信用管理专业委员会的正式成立，标志着互联网征信有了自律组织。目前，专委会拥有互联网金融会员单位23家，包括P2P行业的一些知名机构。加入专委会的机构都需进入网络金融征信系统（NFCS），接受数据审核。

3. 九次方企业大数据征信平台。九次方企业征信大数据，作为一个企业大数据服务平台，利用互联网大数据挖掘技术采集互联网全部与企业相关的信用指标，如企业违法违规信息、行政处罚信息、客户投诉信息等。同时，九次方还联合20多个省市政府，协助政府搭建当地的企业征信大数据平台，获取地方政府的数据授权，通过脱敏处理之后，向银行、小贷公司、担保公司等客户提供企业信用分析服务。凭借综合的信用征集和评价体系，九次方的企业信用大数据拥有较高的价值。

此外，九次方大数据形成了独特的企业综合信用征集和评价体系，构建了衡量信用的完整指标，包括信用等级、核心竞争力、投资价值、成长性、抗风险能力、投资潜力等。这些细致的指标，让九次方的企业大数据征信评价体系内容翔实、数据可靠、分析透彻、结论有效。

（二）大数据征信的政策管控趋于严格

2013 年 3 月国务院下发的《征信业管理条例》（以下简称《条例》）和 2013 年 12 月人民银行出台的《征信机构管理办法》，放开了市场化个人征信机构的开设。2015 年，国务院出台了多项政策，鼓励互联网金融和大数据征信健康发展。如《关于积极推进“互联网 +”行动的指导意见》提出，利用大数据发展市场化个人征信业务，加强网络征信和信用评价体系建设；《关于运用大数据加强对市场主体服务和监管的若干意见》提出积极培育和发展社会化征信服务，推动大数据征信产品在行政管理、公共服务以及金融领域的应用；《关于促进互联网金融健康发展的指导意见》明确规定，鼓励从业机构依法建立信用信息共享平台，允许有条件的从业机构依法申请征信业务许可，接入央行征信系统。2015 年 1 月，中国人民银行下发了《关于做好个人征信业务准备工作的通知》，要求芝麻信用等 8 家机构做好首批个人征信业务的准备工作。

大数据征信将会受到越来越严的管控。随着信息主体维权意识的提升，我国在公民和企业信息保护方面的力度将会越来越大，这是一个必然的趋势。而大数据征信涉及众多的个人隐私，包括资产类信息、行为类信息等，一旦操作不慎，会对信息主体权利造成严重侵犯。因此，我们可以预期，今后大数据征信必将被纳入更严格的法律监管框架之下，以加大对信息主体权益的保护力度。

第二节　新时期跨境数据征信

一、跨境数据流动概述

跨境数据流动（Transborder Data Flow，TDF）这一概念由经济合作与发展组织在 20 世纪 70 年代提出，指的是跨越国家和疆界的信息数据流动。当今社会，任何一个国家都不可能孤立地存在和发展，经济的发展更是离不开全球大市场。社会经济的发展要求物资、人员、信息等生产要素在全球范围内自由流动，这是一国经济得以高速发展的重要前提。网络技术的发展则为信息的自由流动提供了可能。通过互联网，各种信息得以在国内、国际迅速传递，大大提高了信息的利用效率。以征信数据为主的数据跨境流动地域越来越广，包含的内容越来越丰富，传递也更为快捷方便，给各国社会经济发展带来了广泛深远的影响。而其带来的问题也极为复杂。由于各国个人数据保护体制差异较大，个人数据跨境流动面临很多障碍和挑战。

（一）征信数据跨境流动的背景

1. 经济全球化需要数据跨境流动。随着经济全球化程度的不断加深，各国都以关税同盟、自由贸易区、联系国协定、合作协定伙伴等形式建立了双边、多边的紧密贸易联系，如欧盟建立的泛欧——地中海自由贸易区、欧盟——墨西哥自由贸易区，美国建立的北美自由贸易区、欧美自由贸易区，中国建立的中国——东盟自由贸易区与现阶段的“一带一路”国家战略，依靠与他国建立的双边与多边机制，借助区域合作平台，发展与沿线国家的经济合作伙伴关系，打造政治互信、经济融合、文化包容的利益共同体。在信息不对称情况下，信息资源成为重要的生产要素。经济全球化推动信息的国际流动，而信息技术的快速发展也为大量数据的跨境转移提供了可能。由于国际贸易往来日益增加，企业和消费者的流动更加频繁，金融市场也变得越来越泛区域化和全球化，对信息主体的境外征信服务产生了迫切的需求，由此也带来了征信数据跨境流动的诉求。

2. 征信数据跨境流动的影响。数据跨境流动在主权国家的经济安全、公民个人隐私保护等方面产生了重要影响，有其积极的方面，同时也带来诸多挑战。

（1）征信数据跨境流动的积极影响。一是信息共享发挥激励惩戒机制作用。当不同国家的授信机构能够共享企业和个人的不良信用记录或违约行为等负面信息时，授信机构就会要求那些有负面信息的申请者支付较高的利率来获得贷款或规定更加严格的赊销付账条件，从而做出合理的授信决策。二是促进商业合作和国际贸易便利化。征信数据跨境流动满足了全球一体化过程中的信息需求，有利于促进各项跨境活动的顺利开展。

（2）征信数据跨境流动带来的挑战。一是加大了信息富有国与信息匮乏国之间的差距。由于发展中国家的信息基础结构相对薄弱，原始数据一般从发展中国家流向发达国家或跨国公司总部，数据经过这些国家或者机构处理后再反馈给数据来源国。这样就造成一些发展中国家严重依赖外部信息，形成了对发达国家的信息依赖，对本国信息主权构成威胁。当前，越来越多的国家正在吸取国际金融危机的经验教训，加强信息基础结构的建设和信息主权的维护。二是加大了对数据主体的侵权威胁。通过TDF，个人、法人的有关资料可以在全球范围内传播，加重了数据主体面临的各种侵权威胁，包括对个人隐私权的侵犯、对知识产权和商业秘密的侵犯等。三是加重了数据使用者的责任和负担。随着各国对数据跨境流动的重视程度越来越高，相关的法律法规和框架协议日趋完善，数据存储者、使用者需要承担的安全责任随之提高。

（二）征信数据跨境流动面临的问题

1. 数据保护立法制度的限制。如何在不同国家不同的法律框架下使信息依据清晰、透明的规则流动，确保信息安全，保障信息主体合法权益，是征信数据跨境流动面临的最大挑战。为有效保护个人信息，同时也为了便于信息的有序流动，许多国家或地区的个人信息保护法均规定了一些基本原则。1980 年，经合组织发布了保护个人数据隐私和跨境流动指引（the OECD Guidelines on Protection of Privacy and Transborder Flows of Personal Data），为了在隐私保护和信息自由流动之间找到一个平衡点，提出了八项原则：（1）收集限制原则；（2）数据质量原则；（3）列明目的原则；（4）使用限制原则；（5）安全保护原则；（6）公开原则；（7）个人参与原则；（8）责任原则。

在个人信息保护立法模式方面，欧盟和美国在全球最具影响力。

欧盟将数据保护看作一项基本人权，在欧盟数据保护立法方面最具里程碑意义的是1995年欧洲议会和欧盟理事会颁布的《个人信息处理和数据自由流动中个人数据保护指令》（以下简称《欧盟数据保护指令》）。该指令的目的是保护信息主体权益，消除欧盟各国对数据流动的原有制度阻碍，促进内部市场一体化。随后，欧盟各国纷纷根据该指令制定和修改了本国的个人数据保护法。根据《欧盟数据保护指令》，欧盟规制数据跨境流动分为欧盟境内成员国间、欧盟与其境外国家两个层次，各国数据保护水平的充分性是欧盟决定推行跨境信息流动的基本原则。欧盟成员国之间按照《欧盟数据保护指令》的要求建立同等的数据保护制度，为数据在成员国之间自由流动奠定基础；如要向欧盟境外转移数据，则要求满足一些条件，如第三国经欧盟认定在数据保护制度方面达到了充分保护水平、信息主体明确同意向外转移、未经欧盟认定的成员国采取了充分的数据保护措施等。

美国将个人信息保护建立在隐私权保护的基础上，强调个人权利与商业利益、表达自由之间的平衡。美国没有专门的个人数据保护法，而是针对重点，分行业和部门立法，更依赖于市场自律。欧盟禁止将数据转移到欧盟以外数据保护不充分的国家，给美国的贸易经济带来了巨大的压力，最终导致了安全港系统（Safe Harbor System）的建立，该系统允许符合适当保护条件且同意接受该系统约束的美国公司接收从欧盟转移的数据。

此外，有一些国家也没有专门的数据保护立法，对于跨境数据流动的规则也不明确，数据主体隐私和权益保护问题无法得到有效解决，因此，也阻碍了数据流动特别是征信数据跨境流动的进程。

2. 各国征信体系标准存在差异。世界各国的政治、经济、文化背景各有不同，征信体系建设的相关制度、规范、特征也不相同。各国征信系统建设标准实际上存在的较大差异，客观上也对征信数据跨境流动带来了障碍。例如，各国采集信用数据的范围不同，有些国家全面采集个人和企业的正面和负面信贷记录，而有的国家由于立法的限制仅采集负面信息。此外，信息采集的标准存在差异，如信贷业务类型划分标准、采集的数据项、数据采集频率、数据上报最低限额、信用报告产品的形式与设计等均有很大差异。同时，各国征信数据库系统架构和技术实现水平也参差不齐，使得在法律允许的假设条件下开展数据转移和交换存在一定困难，这也是未来跨境数据转移过程中需要解决的问题之一。

3. 对于国家金融信息安全的担忧。征信数据跨境流动为促进贸易经济的发展和经济全球化进程创造了基础条件，但它在提高社会整体福利水平的同时，也给国家金融信息安全带来了挑战。一国的征信数据具有非常大的政治、经济价值，一般由本国的征信机构所掌握，并在本国的法律框架下得以保护，一旦泄露或被他国征信机构所掌握，不仅会为信息主体带来各种侵权的风险，包括对个人隐私权的侵犯、对知识产权和商业秘密的侵犯等，更严重的情况则会冲击一国金融信息的安全，危及一国金融和政治基础的稳定。因此，尽管征信数据跨境流动问题被提升到国家战略的高度，受到广泛重视，但它实际上被视为一把“双刃剑”：一方面，各国政府提倡促进征信数据在各国之间流动，支持贸易经济的发展；另一方面，各国也审慎地通过各种制度规范加强信息保护，避免危及国家安全。

二、发达国家征信数据跨境流动的模式

征信数据跨境流动的可行模式可以归纳为以下四种：一是征信机构交换数据模式，指征信机构之间通过协议方式定期交换借款人信用数据；二是征信机构代理查询模式，指本国征信机构委托境外征信机构作为代理方，向境外信息使用方提供征信查询服务；三是信息主体发起传输模式，指由信息主体自身发起，实现征信数据的跨境转移；四是统一征信系统服务模式，指相关国家发起建立统一的征信系统，或由同一家征信机构提供服务的方式。

（一）征信机构交换数据模式

这一模式一般需要相关国家或征信机构之间签订数据交换协议，商定数据交换标准，通过统一数据传送接口等方式定期实现跨境借款人信息的批量快速转移，以高效地满足境外信息使用机构的信息需求。以欧盟为例，2003 年，为促进公共信贷登记系统之间的数据交换，欧盟 7 个成员国（比利时、德国、西班牙、法国、意大利、奥地利、葡萄牙）签署了中央银行行长谅解备忘录，约定对负债超过 2.5 万欧元的借款人的信用数据按季度通过专线网络进行交换。该协议同时适用于法人和自然人的信用信息交换，但目前主要集中于法人主体，信息交换的内容局限在公司借款人的负债总量。中央银行可将其所接收的数据用于银行监管，授信机构也可通过本国公共信贷登记系统跨国查阅与其存在借贷关系的受信方的相关信息，评估信用风险。

一些区域性征信协会也积极鼓励各成员开展信用信息共享与互换。欧洲征信协会的部分成员（如德国、荷兰、比利时、意大利、瑞典、波兰和奥地利等国私营征信机构）通过签署《征信机构数据交换双边协定》（CEDE - Contract），在遵守各国数据保护制度的前提下推动数据的跨境流动。

（二）征信机构代理查询模式

在这种模式中，境外征信机构作为代理方，帮助本国授信方间接从他国征信机构处获取借款人的信用信息。在这种代理查询的模式下，两国征信机构之间需要签订代理查询协议，通过单笔信用报告查询请求实现单个借款人信用信息的间接转移，满足授信方的信息使用需求。由于不存在大批量的征信数据转移，该模式相对较安全，代理机构需遵守相关约定，确保信息在传输和对外提供过程中的安全性。

（三）信息主体发起传输模式

信息主体发起传输模式可以分为两种：一是信息主体从本国征信机构获取自身信用报告，并提供给境外授信方使用；二是由信息主体委托本国征信机构直接向境外授

信方发送信用报告。随着互联网技术的飞速发展，信息可在国与国之间便捷地无障碍传递。很多征信机构都建立了基于互联网的征信服务平台，满足信息主体查询自身信用报告的需求，提高便利性，同时也为信息主体主动向境外合作伙伴提供信用报告提供了支持。以上两种模式，在信息主体授权的条件下，实现了将信息快速、便捷地向境外传输。这种由信息主体主动发起的数据跨境流动不受各国数据保护法的限制，未来也将成为跨境征信数据转移的一种主要形态。

（四）统一征信系统服务模式

实现跨境数据传输最便捷的方式是通过建立区域内统一的征信系统，实现对各国标准统一的征信服务。在这种模式下，跨境数据实质上是集中管理的，所以实践起来有一定难度。如欧洲中央银行 2014 年开始建设统一信贷登记系统项目（Analytical Credit Dataset Project，简称 Ana Credit Project），以更好地满足欧洲中央银行及其他监管部门对于信贷市场监管、货币政策分析、金融市场统计和研究的需求。此外，实力较强的私营征信机构采用“中心—辐射”模式，通过建立一个单独的、跨国运作的征信机构来为多个小规模的市场提供服务，如环联通过这种模式为中美洲部分国家提供统一的征信运营服务。

三、推动我国征信数据跨境流动的措施

（一）加快和完善数据保护法律制度

欧盟等国家和地区相关法律中有关跨境数据流动的规定，其核心均是要在跨境数据流动过程中确保数据保护的充分性，以切实保障信息主体的权益。因此，推动征信数据跨境流动，应当首先建立和完善本国数据保护的相关法律制度。目前，我国对于信息主体的数据保护尤其是个人数据的保护，相关立法比较分散且过于原则，不利于落实。因此，我国迫切需要在参考国外立法经验的基础上，推动制定一部专门的个人数据保护法：一是要赋予信息主体相关权利，包括知情权、选择权、异议更正权等，并建立起一个接受信息主体投诉、处理投诉和解决争议、落实赔偿和处罚的行政或司法机制，保障信息主体享有充分的救济权；二是应明确在数据采集、处理、加工和对外服务过程中各参与主体的职责，保障基于合法、合理和适当目的的数据采集，力求整个过程公开透明，确保数据质量，并采取必要措施确保数据的安全和特定目的的使用等。只有健全数据保护的相关法规，达到数据保护的充分性要求，建立我国对于跨境数据流动的原则和具体操作指引，才能为未来推动征信数据跨境流动扫清障碍。

（二）完善征信数据跨境流动监管规定

目前，在《征信业管理条例》中，对于征信机构向境外机构或者个人提供信息并没有予以明确，应尽快细化有关规定。在数据交换便利化大幅提高的时代，可能出现非法信息转移或者监管空白区域，这在一定程度上影响着征信业的正常秩序。在制度设计上，要坚持对等原则，实现互利互惠的双向征信数据跨境流动，确保征信机构之间在交换信息的范围、内容等方面实现对等，确保公平性。应建立有效的执行监管机制，赋予监管部门足够的监管资源和职权，对征信数据跨境流动产生的潜在风险进行

识别和适当管理。对于数据输出机构，则应严加管理，建立责任追究机制，确保数据跨境流动的安全性。

（三）升级征信系统业务和技术标准，与国际接轨

即使征信机构之间没有直接的跨境信息共享，统一数据采集格式也有利于债权人和监管机构间实现信息共享。统一不同国家征信系统建设的业务规则、技术架构的标准，可以大大降低数据跨境转移的成本，提升效率。我国征信机构在建立和升级征信系统的过程中，应充分借鉴国际经验，参考国际征信业标准和最佳实践经验，在信用信息范围的定义、采集内容、数据规范、存储规则等方面做到与国际接轨，为未来实现跨境批量数据转移奠定良好基础。同时，在评分模型设计、增值产品开发、充分利用大数据和云计算技术等方面积极创新，做好各种技术准备，便于对转移数据的再加工和利用，有利于充分发挥数据的价值。

（四）鼓励信息主体参与数据跨境流动

根据国际立法经验，在信息主体同意的情况下，信用信息实际上可以无限制、无障碍地实现跨境转移。这对于一些尚未建立数据保护法或法律不够完善的国家来说，是唯一的可行途径。随着互联网征信服务的飞速发展，由信息主体主动发起直接对境外机构提供信息，或授权本国征信机构对外提供征信信息，在未来有很大的发展空间。未来，我国应加强对信息主体的宣传教育，提升信息主体的信用意识，推动信息主体在主动传播自身信用信息过程中积极发挥作用。同时，征信机构应完善对信息主体、第三方合作伙伴的服务机制，提升互联网征信服务的效率和安全性，确保通过这种方式转移信息的安全性，保障信息主体的合法权益。

第三节　征信业发展的未来

一、互联网经济下的征信模式

目前，互联网征信有四种模式：以征信中心为代表的政府主导型模式、以地方政府及各部门主导的社会诚信发展模式、以电商征信机构和金融征信机构为代表的市场主导型模式、以互联网金融协会信用信息中心为代表的行业会员制模式。

（一）政府主导型模式：中国人民银行征信中心

出于金融监管的需要，我国央行创建了中国人民银行征信中心。中国人民银行征信中心采集的金融机构贷款、信用卡记录，有系统技术成熟、具规模效应、信息保密性强等优势，可逐步接入 P2P、众筹等网络贷款平台，并征集相关信用记录，可在为互联网金融企业提供服务的同时丰富数据库。互联网金融和中国人民银行征信系统可互相补充完善、共同发展。

（二）社会诚信发展模式：地方政府和各个部门建立征信机构

是指由于全社会或地区信用体系建设的需求，各个地方政府和相关面向社会的部门主导进行的社会诚信发展模式。例如公安、工商、民政等政府职能部门的信用体系；

一些省市自主推动发展的征信体系，如上海、深圳、浙江模式。

（三）市场主导型模式：互联网、电商平台或金融机构设立征信机构

我国市场主导型模式基本分为互联网、电商平台或金融企业成立的征信机构。互联网企业或电商企业背景下的征信机构，先天基因是用户行为信息多，有些企业只将这些信息用于自身业务拓展，不一定对外提供征信服务，例如阿里社区的征信体系、腾讯征信。金融机构背景的征信机构，大多依靠其全面的金融综合牌照、业务系统内全局风控优势，把交易信息与综合资产负债等数据集中把握风控，也可能不仅限于对内服务，例如中国平安集团的前海征信。

（四）行业会员模式：互联网金融协会设立征信机构

互联网金融协会设立征信机构，通过采集互联网金融企业信贷、物流信息开展征信活动，并免费向会员共享，亦可向非会员开展收取金融中介服务费用。

在互联网征信业务发展初级阶段，可以政府主导型模式为主，充分利用中国人民银行征信系统。互联网金融企业，特别是 P2P、众筹模式等自身数据缺乏的，可试点通过接入中国人民银行征信系统，了解借款人信用，控制信贷风险。逐步引导市场主导型模式健康发展，鼓励互联网电商平台、金融机构组建征信机构，在充分保护个人信息和企业商业秘密的前提下，开展征信活动，条件成熟的可以对外提供征信服务。完善相关立法，成立互联网金融协会，加快建设互联网金融征信行业标准。

二、我国大数据征信市场的发展方向

（一）多样化的信息采集主体

大数据时代除目前的征信机构以外，更多的互联网企业和金融机构也会进军征信业，建立新型的征信机构。通过电商企业组建的征信机构，建成涵盖数十万家企业的信用信息数据库，通过大数据分析开展网络联保货款、小额贷款等多项增值业务，具备成立专业征信机构的基础和实力。金融机构成立的征信机构，例如中国平安集团通过采集个人借款信息、银行信贷记录以及车险违章等信用信息成为专门挖掘金融数据的征信机构。此外，随着互联网金融的兴起，一些成熟的第三方网络借贷平台将转型成为行业征信主体，利用大数据技术提供征信服务。

（二）全局性的信息采集内容

大数据时代信用信息征集范围将不断扩大，既有从电子商务等平台采集的非银行信用信息也有政府部门和事业单位的社会公共信息。传统的社会征信机构将利用互联网技术扩大信息征集范围，除了企业和个人的基本信息，更加注重对非银行信息的采集。同时阿里巴巴、腾讯等互联网公司依托电子商务、社交网络和搜索引擎等技术工具，使用大数据技术分析海量的网络信用数据，形成能够真实反映企业和个人信用状况的数据档案。各级政府部门也将以电子政务工程为基础，将分散在各部门的社会公共信息加以整合，依托互联网实现各级政府及其主要职能部门所掌握信用信息的互联互通。

（三）深层次的信息加工程度

随着对大数据与云计算技术的应用，基于大数据拓展应用服务的公司不断崭露头角。他们对各种结构性与非结构性的海量数据，应用集成，技术实现信息集成，实现不同业务系统之间和异构数据库之间的互通互联。利用大数据技术从大量信用信息数据库中提取用于信用评价的关键性数据，此谓数据的一次挖掘。在此基础上，将这些关键性的数据信息与征信专业知识相结合，用于开发新的征信产品与服务，实现对数据的二次挖掘，这些信息成为信用评价的重要参考依据。

（四）广泛化的信息应用范围

云计算和数据挖掘等技术的进步将推动传统征信服务升级，并扩大信用信息的应用范围。一方面，征信业务可以拓展到金融领域的其他授信公司、担保公司、保险企业、房地产企业等；另一方面，诸如信用风险管理类、营销类以及反欺诈类等高端的征信产品和服务也将被逐步开发并应用。例如，民生银行利用逻辑回归与决策树分类技术构建客户流失预测模型，以预测客户流失的可能性；广东发展银行通过对个人或企业的行为、消费模式和还款数据进行跟踪和监控，建立了相应的数据挖掘模型并根据模型结果调整信用评价。

三、大数据时代征信业的发展趋势

（一）大数据征信和普惠金融

央行的征信系统现阶段来说虽然是我国发挥实质作用的信用体系，可是覆盖人群依然十分有限，远远低于美国征信系统对人群85%的覆盖程度。截至2014年，我国公民有个人借贷记录的仅有3.5亿人左右，可是剩余70%以上的更多没被传统征信体系涵盖的人群也希望得到信用服务并享受金融普惠。既然传统征信做不到全面信息对称，就应该研究新的征信方法，而大数据时代的征信恰好就能完成这个使命。

据中国互联网络信息中心第33次报告《中国互联网络发展状况统计报告》统计，我国是世界上互联网使用人口最多的国家，截至2016年1月，网民规模达6.88亿人，互联网普及率首次过半；手机网民在整体网民规模中的占比以及网民通过无线网络接入互联网的比例均超九成，创历史新高。这么多人使用互联网，这么高的设备使用率，就会形成海量而且丰富的互联网数据资源，这些数据可以在征信体系建设时充分被利用，通过分析互联网上这些个体的行为记录，就能够挖掘并给出对应个体的信用评估结论。

（二）全社会大联网平台的大金融模式趋势

互联网平台聚集了海量信息和供求双方，他们通过各类金融功能和服务完成交易并形成良性循环的新商业模式。比如，阿里巴巴、招商银行、平安集团都将购物消费、支付结算、财富管理、征信等各类业务整合到统一的网络系统中。互联网可以使金融服务跨界，实现产品的跨领域和多样化的销售。例如，阿里小贷、人人贷等互联网企业将开发横跨银行、证券、保险等领域的产品并进行网上销售，多触角向传统领域进军。大数据平台本身的优势成就了大金融模式的基础。

（三）金融市场功能将酝酿质的飞跃

大数据时代，金融市场通过互联网实现了联通，信息的自由流动减少了信息的非对称性，资源配置突破时间、空间、行业被高效利用。大数据征信的应用，使得在社交网络上都可能形成交易市场，成本大大降低。

通过网络获取的个人行为追踪记录，反映了个人的动机。这些人本的因素加入到风险定价和金融决策中，使得信用评价和征信更加全面，风险管理与决策模式也从静态转为动态。综合上述优点，非对称性的减少和参与个人意愿都被收入定价模型中，使得金融市场的定价能力大大提升。

（四）跨国合作趋势

与国外优秀企业合作，既能发挥国外企业多年先进的大数据征信风控优势，又能借助本主企业对国情和市场的熟悉，进一步整合优势资源给出更好的征信服务。跨国合作化是一大趋势，但要明确数据安全问题。例如，好贷网与美国 FICO 合作创建了大数据征信系统，该系统集结了各方信息资源，创立了很多领域的信用库，主要是积累高风险群体数据，其数据资料高达 7 000 万份，并基于知名的 FICO 评估模型面向信贷机构开展征信业务。

随着时间的推移，大数据技术对征信业的浸入性会越来越强，在大数据时代，征信领域有更多具有深度和广度的信息可被挖掘与分析。随着征信体系的发展，辅以互联网更加普及深入，不规则信息将会在商家和个人数量以及对于信用描述的数据项这两方面呈几何级增加，这对大数据技术的性能要求愈加严苛。

从他国经验来看，实时性处理会是以后征信发展的潜在方向。大数据给征信业带来新动力，已经促使其出现了很多商业模式，以后还会有更加广阔的场景应用。正如之前理论解释的，征信行业其实是信息经济学和数据管理交叉的专业领域，科技发展必然使征信业进行升级甚至变革，集现代信息技术大成的大数据技术也必然促使征信业走向质的飞跃。

未来，随着征信体系更加健全，对一个人的信用评估维度来说，也许能从央行的征信中心、征信机构、电商平台、金融机构、社交平台等方面同时获取一个人的信用组成以及这个人的信用集合，再结合实际应用场景，从而更加准确地做出对一个人的授信。

【延伸阅读 8 -1】

阿里征信模式的应用

阿里巴巴集团（以下简称阿里巴巴）利用电商平台积累交易数据，构建自己的信用数据库，属于商业征信的范畴。但其将商业征信的数据应用于金融领域，仅用两年多时间便向 20 万客户提供了超过 500 亿元的信贷资金，以独特的创新模式（阿里征信模式）分享了金融征信体系的市场蛋糕。以平台和数据作为支撑，阿里巴巴将业务拓展到了金融领域。

1. 与银行合作开展信贷业务。2007 年，阿里巴巴与中国建设银行和中国工商银行合作试水信贷业务，阿里巴巴在其中只是作为一个信贷中间人的角色：接受会员的贷款申请后，阿里巴巴将申请与其信用信息一同交由银行审核，贷款与否由银行决定。截至2008年5月，阿里巴巴以与银行合作的放贷形式向会员企业共发放贷款4.29亿元，并计划将贷款范围由浙江省扩展至全国。

2. 与风投合作为会员企业融资。2008年，阿里巴巴在信贷中介的基础上再进一步，与VC（风险投资）联合推出了“网商融资平台”，为其广大的会员企业提供资金帮助，同时也借助风险投资来重新认识和整合自身的资源。与金融企业合作期间，阿里巴巴建立和完善了自己的信用数据库以及信用评分体系，并开始摸索应对贷款风险的控制机制。

3. 成立小贷公司，创建“阿里金融”。2010年6月，阿里巴巴开始尝试自营金融业务，其联合复星集团、银泰集团和万向集团在杭州成立了浙江阿里巴巴小额贷款公司，这也是国内首个面向网商放贷的小额贷款公司。2011年，重庆市阿里巴巴小额贷款公司宣告成立，自此阿里巴巴集团旗下金融业务板块“阿里金融”正式诞生。目前，阿里小额贷款公司主要面向B2B平台的会员商户群体和淘宝、天猫平台的小微企业及个体商户群体推出有针对性的信贷产品。截至2012年年底，其已累计向20万客户提供了超过500亿元的贷款。

【延伸阅读8-2】

欧盟统一信贷登记系统项目

由于目前欧盟各成员国中有些国家建有中央信贷登记系统，有些国家只有私营征信机构，并且各成员国征信机构所覆盖的信贷产品类型、所采集信贷的额度门槛、数据项的定义、借款主体的身份标识、数据的明细度都存在差异，信用数据存在着存储分散、数据标准不一、缺少明细信贷数据等问题，这些问题不利于欧洲中央银行实施有效监管。因此，在欧盟拟建立“单一监督机制”（Single Supervisory Mechanism，SSM）的背景下，欧洲中央银行2014年上半年开始建设统一信贷登记系统项目。

该项目拟实现统一采集、存储、提供欧盟各成员国的信用数据，完成各成员国信用数据在欧洲中央银行层面的汇总，从而更好地满足欧洲中央银行及其他欧盟监管部门对于信贷市场风险分析和监管、货币政策分析、金融市场统计和研究的需求。欧洲中央银行于2015年第二季度发布了《中央信贷登记系统条例》，为系统运行和管理提供了制度保障。

欧洲中央银行于2014年2月24日通过了《关于欧盟中央银行体系采集明细信贷数据准备工作组织的决定》（ECB/2014/6），确定了统一信贷登记系统的工作实施框架、欧洲中央银行及各成员国需进行的准备工作和各项工作的完成时间表、数据采集标准的制定等。

1. 项目大体将分三个阶段实施：2014年到2016年底之前，完成长期数据采集框架和各相关准备工作；到2017年下半年，统一信贷登记系统一期建设完成并正式上线运行；从2017年下半年至2019年，完成系统的二期建设。

2. 已确定的数据采集基本框架

覆盖业务范围：贷款（Loan）、金融衍生工具（Derivatives）及表外敞口（Off-balance Sheet Credit Exposures）。此外，系统将和欧盟中央证券数据库（Centralised Securities Database，CSDB）、证券持股统计数据库（Securities Holdings Statistics Database，SHSDB）互联，向用户提供包括证券在内的全面风险暴露和负债情况。

覆盖的数据源机构和借款主体：系统一期建设覆盖的数据源机构主要是银行（含国外分行），先期重点采集非金融法人实体和其他法人组织的借款、个体户经营性贷款、个人住房贷款等信息，均逐笔采集；系统二期建设将把覆盖的数据源机构扩大到从事贷款、金融工具业务的金融公司（含国外分支机构）和其他放贷机构，并采集其他贷款信息。

【思考练习】

一、填空题

1. 大数据的特征包括________、________、________、________、________。

2. 目前美国征信公司个人信用评级都来自________评分法。

3. ________公司于2009年9月成立于洛杉矶，创始人是道格拉斯·梅里尔。

4. 美国的Kabbage于2008年创立，它开创了________的新模式，它采取大数据技术重新策划征信方式，给予网络小店信贷服务。

5. 我国首个网络金融征信系统是________。

6. 跨境数据流动（TDF）这一概念由________在20世纪70年代提出，指的是跨越国家和疆界的信息数据流动。

7. 根据《欧盟数据保护指令》，欧盟规制数据跨境流动分为________、________两个层次，各国数据保护水平的充分性是欧盟决定推行跨境信息流动的基本原则。

8. 征信数据跨境流动为促进贸易经济的发展和经济全球化进程创造了基础条件，但它在提高社会整体福利水平的同时，也为国家________安全带来了挑战。

9. 征信机构代理查询模式，指本国征信机构委托________征信机构作为代理方，向境外信息使用方提供征信查询服务。

10. ________和数据挖掘等技术的进步将推动传统征信服务升级并扩大信用信息的应用范围。

二、不定项选择题

1. 根据《2017中国大数据发展报告》，我国大数据发展总体处于起步阶段，（　　）省份的大数据发展总指数位居前三。

A. 上海　　B. 北京　　C. 深圳　　D. 广州

E. 南京

2. 大数据征信的特征在于（　　）。
A. 依托互联网，扩大覆盖范围　　B. 获取广谱数据源，多方渗透
C. 横向时间展开，实现数据实时性　　D. 多元变量，量化全面而精确
E. 人性化思路，适用多场景
3. 全球三大商业个人征信公司包括（　　）。
A. 艾可飞（Equifax）　　B. 益百利（Experian）
C. 环联（TransUnion）　　D. 阿里巴巴（Alibaba）
4. 互联网征信的模式包括（　　）。
A. 政府主导型模式　　B. 社会诚信发展模式
C. 市场主导型模式　　D. 行业会员制模式
5. 世界上互联网使用人口最多的国家是（　　）。
A. 美国　　B. 英国　　C. 中国　　D. 日本
6. 1980 年，经合组织发布了保护个人数据隐私和跨境流动指引，为了在隐私保护和信息自由流动之间找到一个平衡点，提出了（　　）。
A. 收集限制原则；数据质量原则　　B. 列明目的原则；使用限制原则
C. 安全保护原则；公开原则　　D. 个人参与原则；责任原则
7. 征信数据跨境流动的可行模式包括（　　）。
A. 征信机构交换数据模式　　B. 征信机构代理查询模式
C. 信息主体发起传输模式　　D. 统一征信系统服务模式
8. 2003 年，欧盟为促进公共信贷登记系统之间的数据交换，（　　）成员国签署了中央银行行长谅解备忘录，约定对负债超过 2.5 万欧元的借款人的信用数据按季度通过专线网络进行交换。
A. 5 个　　B. 6 个　　C. 7 个　　D. 8 个

三、思考题

1. 大数据对金融产业有什么影响？
2. 大数据时代的征信模式有哪些？
3. 征信数据跨境流动面临的主要问题有哪些？
4. 结合实际，谈谈大数据征信发展的未来。

参考文献

[1] 安建. 征信业管理条例释义 [M]. 北京：中国民主法制出版社，2013.

[2] 章政，田侃等. 中国信用发展报告 [M]. 北京：社会科学文献出版社，2013.

[3] 胡大武，杜军等. 征信法律制度研究 [M]. 北京：法律制度出版社，2012.

[4] 叶谦，常胜等. 征信理论与实务 [M]. 北京：高等教育出版社，2015.

[5] 唐明琴. 征信理论与实务 [M]. 北京：中国金融出版社，2015.

[6] 王晓明. 征信体系构建、制度选择与发展路径 [M]. 北京：中国金融出版社，2015.

[7] 王艳君，郭瑞云，于千程. 商业银行授信业务 [M]. 北京：中国金融出版社，2012.

[8] 赵素春. 商业银行信贷业务 [M]. 北京：经济科学出版社，2010.

[9] 周建松. 信用卡知识读本 [M]. 北京：科学出版社，2008.

[10] 刘新海. 征信与大数据 [M]. 北京：中信出版社，2016.

[11] 中国人民银行征信管理局. 现代征信学 [M]. 北京：中国金融出版社，2015.

[12] 庄志龄. 中国征信所 [M]. 上海：上海远东出版社，2016.

[13] 周琼. 关于企业征信系统建设的探讨 [J]. 现代经济信息，2016 (6).

[14] 邹小芃，余君，钱英. 企业信用评估指标体系与评价方法研究 [J]. 数理统计与管理，2005 (01).

[15] 马燕. 全新视角下的信用担保尽职调查 [D]. 厦门：厦门大学，2013.

[16] 征信管理条例，2013 年 1 月 21 日中华人民共和国国务院令第 631 号.

[17] 关于公布失信被执行人员名单信息的若干规定，最高人民法院，2013 年 7 月 19 日.